赣南师范大学中国语言文学省级重点学科资助项目

明 湖 文 丛

南康方言研究

温珍琴 ◎ 著

中国社会科学出版社

图书在版编目（CIP）数据

南康方言研究 / 温珍琴著. —北京：中国社会科学出版社，2018.9
ISBN 978-7-5203-3061-9

Ⅰ．①南…　Ⅱ．①温…　Ⅲ．①赣语–方言研究–南康　Ⅳ．①H175

中国版本图书馆 CIP 数据核字（2018）第 200431 号

出 版 人　赵剑英
责任编辑　任　明
责任校对　韩天炜
责任印制　李寡寡

出　　　版　中国社会科学出版社
社　　　址　北京鼓楼西大街甲 158 号
邮　　　编　100720
网　　　址　http://www.csspw.cn
发 行 部　010-84083685
门 市 部　010-84029450
经　　　销　新华书店及其他书店

印刷装订　北京君升印刷有限公司
版　　　次　2018 年 9 月第 1 版
印　　　次　2018 年 9 月第 1 次印刷

开　　　本　710×1000　1/16
印　　　张　18.25
插　　　页　2
字　　　数　286 千字
定　　　价　85.00 元

序

大约在四个月前，温珍琴老师联系我，嘱我为她即将完成的《南康方言研究》提点批评意见并作序。尽管我对客家方言了解不多，但还是欣然接受此"任务"。温珍琴老师是我在南昌大学中文系工作时指导的研究生，她于 2000 年毕业，之后我们时有通信联络。在校期间，她学习刻苦，做事认真，善于思考，有比较强的钻研精神，任课老师都对她留下了极为深刻的印象。当时她就参与了陈昌仪老师的《江西省方言志》的调查与撰写工作，奠定了一定的方言研究基础。毕业以后，她回到赣南师范学院，一直从事语言学类课程的教学，科研工作也主要围绕客家方言进行。涓滴之水终于汇成潺潺溪流，现在撰成的《南康方言研究》一书，实属功到自然成，是她多年勤奋努力的结晶。

自 1922 年罗香林《客家研究导论》问世以来，就不断有人研究客家方言和文化。总的来说，闽西和粤东客家方言研究较全面、系统而深入，赣南客家方言研究相对来说较零散。进入 21 世纪后，赣南客家方言宏观研究、比较研究逐渐增多，如刘纶鑫《客赣方言比较研究》（1999）、《江西客家方言概况》（2001）和陈昌仪《江西省方言志》（2005）都有较多的赣南客家方言的语料，但仍稍显笼统。就赣南客家方言的某个点作系统而细致的研究，迄今所见专著似乎只有谢留文《于都方言辞典》（1998）、刘泽民《瑞金方言研究》（2006）和蔡文芳等《石城方言研究》（2010）。深入做一个点的研究，进行拉网式的调查，可以让许多沉积的方言语料浮出水面，为人们的进一步研究提供非常宝贵的资料。温珍琴老师是南康人，以自己的母语作为研究对象，更能够发掘其中的细微奥妙之处，书中的"南康方言内部分片"就是一个很好的范例。像北片表示处所"里""处"的语素为口[nɔ²²]，如该口[nɔ²²] (这里)、哪口[nɔ²²] (哪里)、你口[nɔ²²] (你这里)、我口[nɔ²²] (我这里)、口[nɔ²²]子 (这里)、别口[nɔ²²] (别处)，这个口[nɔ²²]在刘纶鑫《客赣方言比较研究》中没有一个点有。由此可见，扎扎实实地做好一个点的研究是非常有必要的。

这本书的绪论部分除谈了南康概况与历史沿革这个一般方言著作都会有的内容外，还着重谈了南康人的迁入情况与姓氏源出情况。我们知道，人口迁徙和方言的关系是非常密切的，移民情况可以用来解释方言的部分成因，同样，方言现象也可以为移民史提供有力的佐证。与汉语其他方言相比，客家方言与移民的关系更为密切。书中的大量材料证明，南康人除了一些家族是从赣北赣中迁来外，还有相当数量是明清之际从广东（主要是兴宁）迁入的，南康居民格局由此奠定。从方言的角度来说，闽西粤东人的返迁也造成了赣南方言的一次大融合，从而使其脱离赣方言，成为客家方言的重要组成部分。

本书的词汇调查分类，基本上是依据李荣的《现代汉语方言大词典》，这样做材料对比整齐，有利于各地方言的比较研究。但本书也根据南康方言特点有一些必要的调整，尤其是日常活动和动作行为方面分类较细，材料翔实而集中，如日常活动中睡眠活动词条有 20 条，饮食活动有 22 条，言笑活动达 66 条之多。其中很多词条是第一次被挖掘出来，颇具价值。

本书的另一个特色是专辟一章（第六章）论述"南康方言与文化"，这在以往的方言论著中不多见。虽然这不是语言的本体研究，但我们依然认为这样的研究还是有必要和有价值的。语言与文化关系密切，可以说，语言是文化的基石，透过语言能看出该民族的历史、生活方式、思维方式以及人生观价值观等。作者从谚语、詈语、禁忌语、委婉语、口彩语、歇后语、地名等诸多方面分析了南康方言与文化的关系，我们据此可以管窥客家这一族群在南康演绎的文化。这里面既有客家文化的共性，也有赣南甚至南康特有的地域文化。作者这部分做得很扎实，看得出下了很多功夫。如地名的调查就非常全面，用了数据统计的方法，把南康地名的用字情况完全展现出来，所作结论是可靠的，相当有说服力，读起来也不枯燥乏味。

当然，本书或有少许不足之处，如语音的研究不够深入，语法的研究特点不太突出，内部分片研究也显得有些简单仓促，但这些都瑕不掩瑜。

抚摸厚厚的一叠书稿，脑海中突然冒出了杜甫的两句诗："昔别君未婚，儿女忽成行。"对于一个学者来说，论文、专著不正是她生养哺育的"儿女"吗？我与珍琴师生分别十五年，十五年来她始终默默耕耘，发表了多篇学术论文，如今又捧出了凝聚并见证她多年心血和努力的专著，我感到十分欣慰。温珍琴老师以盛年逢盛世，衷心期望她继续保持这种执着精神，砥砺奋进，今后一定会有更多更好的作品呈现在我们面前。

是为序。

孙力平
2015 年 9 月于西子湖畔

目　录

第一章 绪论

一 南康概况及历史沿革

赣州市南康区位于江西省南部，赣江主流章江的中下游。地理坐标：东经 114° 29′ 9″—114° 55′ 24″，北纬 25° 28′ —26° 14′ 24″。东邻赣县、章贡区，南连信丰、大余，西接上犹、崇义，北接遂川、万安，地形南北长，东西窄。区治蓉江街道，至赣州城 22 千米。地形上，东西狭，南北长，似弧形，南北最长处达 85.45 千米，东西最窄处只有 11.45 千米。地势上，西高东低，南北高中部低，全区平原占 14%，丘陵占 59%，山地占 27%，是赣南地势相对较平坦的一个县市。具体来说，中部的蓉江、潭口、唐江、凤岗、三江一带，属赣州盆地，为低丘岗地。北部横市、坪市、隆木一带为中低山，属诸广山。南部赤土、浮石、龙回一带为低山，属大余岭。①

南康古名"南埜""南安"。春秋，先属楚，后属吴。晋太康元年（280）改名南康县，因"地接岭南，人安物阜"而得名，属南部都尉。太康三年属南康郡。南朝宋永初元年（420）属南康国。齐、梁、陈、隋属南康郡，唐武德五年（623）属虔州。五代十国属百胜军。南唐属昭信军。宋属南安军。元属南安路。明、清属南安府。民国元年（1912），废府，南康直属江西省。民国三年，属赣南道。后属第十一、四行政区。1949 年后，南康一直属赣州地区（专区）。1995 年撤县设市（县级）。2013 年 11 月，南康正式撤市设区，成为赣州市的第二个区（第一个是章贡区），同时，南康市原辖的潭东镇、潭口镇划归赣州市章贡区管辖。尽管南康历史悠久，但唐以前，却无籍可征，"兹南埜为邑，自西汉始，乃汉事寥寥；虽唐之中叶，罔所记述，是以君子深憾焉！"②"余至其地，访其故事，杳不可稽。"③宋代之后，记载才多起来，"南康于秦汉为南埜，立邑二千余年，宋代文物

---

① 江西省南康县志编纂委员会编：《南康县志》，新华出版社 1993 年版，第 52 页。
② 嘉靖《南康县志》序。
③ 乾隆《南康县志》序。

已着。"①明代嘉靖三十四年（1555）始有县志，这样才有清晰的全方面的史籍可查。

全区 2011 年年末总人口为 817517 人。区内人口主要是汉族，占 98.67%，其次是畲族，有 1 万多人，畲族人在语言上与汉族一样，其他零星民族有回族、蒙古族、藏族、苗族、彝族、壮族、布依族、满族、侗族、瑶族、土家族、黎族、维吾尔族、朝鲜族、白族、佤族、土族、仫佬族等。畲族主要分布在赤土、凤岗、龙华、东山等地。目前全区辖 2 个街道、6 个镇、12 个乡：蓉江街道、东山街道，唐江镇、凤岗镇、龙岭镇、龙回镇、镜坝镇、横市镇，浮石乡、赤土畲族乡、横寨乡、朱坊乡、太窝乡、三江乡、龙华乡、十八塘乡、麻双乡、大坪乡、坪市乡、隆木乡。另外，潭口、潭东两镇虽然在 2013 年划归赣州市章贡区管辖，但本书的方言研究中依然包含此二镇。

南康历史悠久，自古以来，南康为"剧邑也。上下乎江广，襟带乎闽楚，郁然东南大都会"②，"雄据赣南通湘粤"③。封建社会主要以农业为主，商业"虽十倍之利，宁弃弗顾，弃农作商，康人绝少"。④但中部的唐江镇是一个具有千年历史的古镇，历来商贾云集，经贸繁荣，中华人民共和国成立前，唐江的商品流通十分活跃，为江西的四大历史名镇之一。改革开放之后，南康经济发展迅速，目前以民营经济为主，在全国有影响的主要有：柚子、家具和成衣。南康为"中国甜柚之乡"，"斋婆柚"驰名中外。南康家具规模大，现有家具企业 7200 多家，已成为中国中部最大的家具生产基地和批发市场。南康家具产业起步于 20 世纪 90 年代，经过 20 多年的发展，成为南康的支柱产业、富民产业、优势产业，家具产业及相关配套产业总产值超 700 亿。⑤南康拥有赣南最大的成衣市场，是"江西省纺织服装产业基地"。其他如矿产品、电子信息、精细化工、食品、生猪、饮食娱乐、商贸物流等都在全市有一定影响。1997 年 5 月，著名社会学家费孝通前来考察后，将南康经济现象概括为："无中生有，有中生特，特在其人，人联四方"。

二　南康人迁入情况

通过对《南康地名志》（1984 年）的统计，南康从外地迁入 10 代以上情况如下表：

---

① 民国《南康县志》叙。
② 同治《南康县志》序。
③ 民国《南康县志》叙。
④ 同治《南康县志》序。
⑤ 南康区人民政府网新闻，2015 年 5 月 28 日。

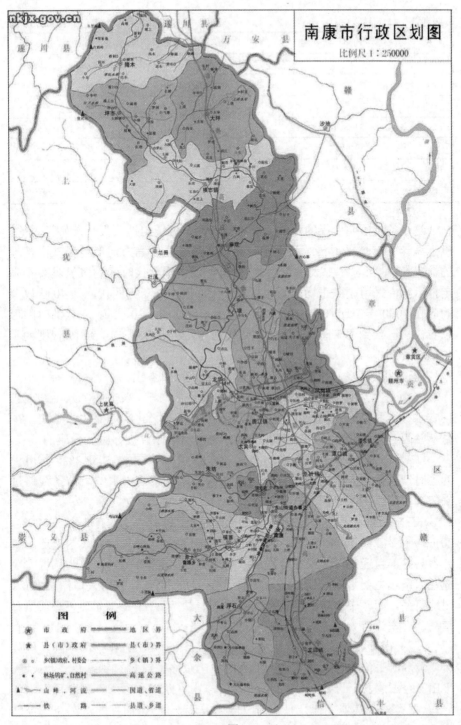

图

40 代以上（唐末以前）			30—39 代（五代至宋末）						
广东	吉安	河南	福建	广东	赣南	湖南	吉安	宜春	不明
2	2	2	1	2	5	2	4	1	3
20—29 代（元至明中）						
吉安		广东	赣南	湖南	不明	南京	福建
24		31	22	4	11	2	5
10—19 代（明末清初）								
福建	吉安	广东	赣南	南京	湖南	抚州	九江	不明
19	49	227	357	1	2	2	1	没统计

　　这里的"不明"指的是从南康本地迁入，但迁出地又没有此姓记录的。以上统计由于是采用传统的手工计数，难免会挂一漏万，但能反映出基本的情况。《地名志》中大多数用的是"代"，由于一代时间为多长具有不确定性，我们采用稍微平均的数字折算一下，以 100 年为四代，则 40 代以上的应在 1000 年前迁入的，可以确定是唐末以前的；30 代到 39 代的时间可以看作从五代到两宋时期；20 到 29 代则为元明中时期；10 到 19 代则为明末清初时期。

　　通过以上表格、数据及《地名志》，我们可以看出：

　　（一）迁入南康超过 10 代的人中，主要是从广东（兴宁最多）、吉安（包括吉水、泰和、遂川等县）和赣南其他县市迁入，其次是福建、湖南，少量从赣西、赣北和南京。没有发现哪一支是从中原直接移民入南康的。

　　（二）在 30 代以上的人中，"北六乡"占了 14 个，约占 58.3%，这可说明当时迁徙路线是以从吉安遂川进入南康隆木这条线为主的。这条线路过来的人在南康待的时间较久了。

　　（三）从吉安迁入的人越往近占的比例越小，30 代以上的有 6 个，占 29%，20—29 代中 24 个，占 24%，到 10—19 代中 49 个，则占 6%（这里还没统计本县内部自迁的，如果统计进去，这个比例又要降许多），说明从吉安等地迁入南康主要是在清代以前，史籍记载，明代初年，赣南人口流失严重，田地荒芜，而赣中一带人口密度大至"肩摩袂接"，于是朱元璋下令奖垦，南昌、吉安等府大批人口迁到赣南。

　　（四）南康在明末清初有大量从广东（最多是兴宁）和赣南地区其他县市（最多的是信丰、上犹）迁入的人。从广东移民较多的乡镇为"十八塘、平田（今属唐江）、潭东、潭口、龙岭、东山、龙华和赤土"，"北片"除了"十八塘"外，其他乡镇几乎没有（隆木发现一例），南片的"三益（今已合并到龙回镇）、龙回"也没发现，"镜坝、三江"也较少。这就可以解释为什么"平田"等地有不少说"客籍话"的。以上特点与史籍记载也是相符的。清乾隆十八年（1753）《南康县志》载："雍正九年，东粤新民五十一户入籍南康"，"自雍正九年新民立籍，招来垦辟，逮今土著之民渐居其少，外来之民日居其多"。"潭口一带，清初兴宁人徙来占籍者众。"

关于南康的人口变化，宋以前没有确切记载，据《晋书·地理志》的记载，太康三年（282），南康郡在籍户口 1400 户，人口失考。时南康郡下辖赣县、雩都、平固、南康、揭阳五县，每县平均户数为 280 户。而当时全国每县平均户数为 2037.68 户，南康郡所在的扬州每县平均户数为 1794.22 户，相邻的庐陵郡每县平均户数则为 1220 户，均大大超过南康郡的每县平均户数，可见当时赣南人口尚少！到南朝刘宋大明八年（464），南康郡有户数 4493 户，人口数 34684 口。时南康郡下辖 7 县，每县平均户数为 651.86 户，比全国每县平均户数 743.42 户尚差一百来户。而到隋大业五年（609），南康郡户数已上升为 11168 户，①人数有所增加，但人口密度仍较低。据 1993 年《南康县志·人口》记载的人口情况：宋，主客户 81105 户，127244 口。元，26661 户，2552 名（丁）*。明永乐十年（1512），户数 7551，人口 39657，嘉靖十一年（1524），3513 户，20976 口。清顺治十一年（1654），3922 口*，连年兵乱，人口速减。康熙年间，人口一直只有 5000 多口，如康熙四十五年（1706），5912 口。到了乾隆四十七年（1782），40925 户，人口为 124621 口。

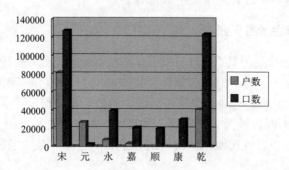

以上数字可以反映出：唐以前赣南的人口较少，地偏荒凉。从宋末到

---

① 罗勇：《客家赣南》，江西人民出版社 2004 年版，第 15 页。

* 元代的丁指的是男丁。

* 清代人口数记在赋役志内，故这里的"口"应是"人丁数"，吴慧先生在其论文《清代人口的计量问题》中提到，清代前期人口的数据计算方法应按照丁与人口的比例大约以 1∶4.99 来计算。下面的柱状图中的顺、康中是用统计的人口乘了 4.99 的大致口数。乾隆六年（1751）开始才以"大小男妇"统计，是比较全面的人口数字。

前清，南康人口一直低迷，究其原因，主要有战争、自然灾荒、瘟疫等导致人口减少。尤其是元代，男丁才 2552，说明男人少寡妇多。整个明代南康人一直不多，尽管明代朱元璋下令奖励垦荒，有赣中赣北人南下，但肯定数量有限，没有到蜂拥而入的状况，另一个重要原因，就是元明时期，赣南战乱，人口锐减，有记载的有：（元）钟明亮 1289 年领导农民起义，占据南康；（明）朱能永乐四年（1406）领兵伐黎苍；（明）谢志珊、蓝天凤正德十一年（1516）率农民起义，攻南康；第二年，王守仁镇压谢志珊起义。清初，南康人口也不多，《南康县志·大事记》（1990）记载"顺治三年（1646），二月，大雨雹，秋大疫至次年春，死者无数。康熙十五年（1676），春，战事频繁，大饥复大疫。康熙四十九年（1710），夏，大旱，到润七月乃雨；秋九月，严霜如雪，禾不实"。直到乾隆年间，南康才恢复宋代的人口数。而此时，闽西粤东经过长期发展，人口膨胀，土客械斗严重，人多地少矛盾突出，在清廷多次"募垦令"下，大批闽粤客家人在原先就已在赣南屯垦的"新民"的招引下，纷纷迁到赣。罗勇在《略论明末清初闽粤客家的倒迁入赣》中提到"南康在宋末时建立的村庄仅 24 个，不到全县总村数的千分之六"。"县城睉奚商蔡李五姓与唐江卢姓住最久，但皆唐宋时迁来，亦非土著也。"所以说"目前赣南居民的格局是在明末清初闽粤客家大批倒迁入赣之后形成的"。当时南康人口中有 30%—40% 为倒迁人口。从方言的角度来说，闽粤的返迁也是赣南方言的一次大融合，从而使其脱离赣方言，成为客家方言的重要组成部分。

三　南康主要姓氏源流

1985 年统计县内共有 151 个姓氏，2013 年统计区内有 198 个姓氏，位于南康区城南南山的中国—南康百家姓和谐城于 2010 年年底胜利竣工，该城共有 108 姓宗祠神位，是我国江南最大的姓氏文化城。下面主要根据《南康文史》（第十四辑姓氏文化专辑）及其他一些谱牒资料介绍其中一些姓氏的源出情况。通过姓氏源出情况，可以更好地了解南康方言的形成时间和过程。

（一）刘姓。据《南康市刘氏通谱》（2008 年修）记载，南康刘姓族人数有 11 万多，为南康市第一大姓，占全市人口总数的 1/8。最早迁入南康的刘姓有两支：一支是汉高祖刘邦的后裔刘应魁于唐昭宗天佑元年（904）从泰和迁至南康双溪里（今上犹县双溪里，唐时属南康）。宋初，应魁四世孙刘元亨从双溪里迁到蓉江洋江坝村竹山下定居；另一支是刘邦之弟刘交后裔 139 世祖刘祖翁于唐昭宗天佑元年从虔州（今赣州）水脉洞迁入南康坪市竹头下定居。横市的庄上的刘姓于南宋末年从赣州迁入。南康刘姓人口的主流是入粤始祖刘开七后裔明末清初由广东兴宁迁入的。

（二）朱姓。南康朱姓有 6 万多人，是江西朱氏人口最多的县市。最早入康的是朱尧典，他于南北朝梁大同二年（528）从大余水南迁居南康唐江马齐坝，至今有近 1500 年。这支人口有 25000 多人。另一支较早的是太窝乡朱窝子的朱姓唐末从广东河源迁入。第三支是朱缘三于宋淳佑年间从长江下游北部迁居南康大坪上期秧田，这支人口有 4500 多人。其余朱氏多为朱熹后裔，是明清时从福建、广东、赣中及周边的县市迁入。

（三）陈姓。陈姓在南康有 6 万多人，据《南康陈氏联谱》记载，南康陈氏有 122 位开基始祖。最早的是凤岗的下雨塘的陈姓唐末从泰和迁入。

（四）张姓。张姓在南康有 55000 多人，为张良的后裔。大部分为明末清初从广东福建迁入。据传南康最早的张姓有 50 多代，1100 多年历史，但此说证据不足。大坪的张坑的张姓从赣县（经麻双圩下）迁入，有 22 代。

（五）李姓。南康李姓人口 5 万多人。据《李氏族谱》记载，南康县城李氏开基祖为李紫舟，北宋时为南康县令，后隐官辟乡。其他李姓人多为明清时从福建、广东、赣中及周边的县市迁入。

（六）黄姓。南康有黄姓人口 5 万多人。南康境内的黄姓人氏，均为黄香后裔，主要有三支。一支是黄香（居湖北江夏）后裔黄傲，于唐末五代时任通判驻守虔州（今赣州），在后唐同光二年及清泰年间（934 年至 936 年）隐居信丰。其后裔黄王廷从信丰小河迁入南康，先在赤土居住，后迁至镜坝城埠定居。另一支唐末从江北迁福建邵武禾坪的黄锡，生有五子，其中长子叫黄峭山。黄峭山的 17 代孙黄伯、黄僚由福建邵武迁广东兴宁一带。现居住在南康市境内的大多数的黄姓都是由广东兴宁、河源、龙川迁入南康的。黄峭山的另一支后裔由湖北徙居金陵（南京），后辗转入居南康。还有一支是黄庭坚（其先祖由湖北江夏迁入江西修水）的曾孙黄藻由分宁（修水县）双井村徙遂川县禾源川坳。黄藻 11 代孙黄文端、黄文宠、黄彦道由遂川迁上犹木砦定居。黄文端的后裔由上犹迁南康北乡土桥牛坪，后迁龙华田头。黄文宠后裔则由上犹木砦迁南康十八塘药塘、木山下等地居住。

（七）廖姓。南康廖姓有 4 万多人。人数虽多，但迁入时间都不长，基本都是明清时期由广东福建及周边的县市迁入的。最先入康的是明朝天启年间（约 1621 年）的廖锡麟等由广东兴宁迁入潭口的思姑坳。

（八）钟姓。南康钟姓有 3.8 万多人。上千人的村就有：坪市的钟屋村，龙华的沙田墩，唐江的钟屋村、磨形村，东山的窑边村，潭东的东坑村。最早的唐末（903 年）由钟立本从湖南衡阳移居南康相安官场（坪市钟屋村），还有就是钟才伯宋崇宁年间由金陵（南京）移居南康唐江水南兴贤坊（唐江钟屋村）。其余钟姓多为明末清初由广东福建迁入。

（九）王姓。南康王氏始迁祖有 82 位，房系多，多为太原王氏支派。较早的有南宋淳照年间由泰和迁至南康蓉江的王化宣，南宋绍兴年间由广东茂名卜居南康金鸡的王行修，宋末元初迁至南康的王永达，明初立基南康的王启贤。其余王氏多为明末清初的闽粤的返迁人口。

（十）卢姓。南康卢姓人口有 3 万多人。卢姓赣南始祖为卢宗泰，唐玄宗时任作吉州刺史，唐开元癸丑年（713）举家游于虔州，北宋元丰八年（1085）卢宗泰十三世孙卢世兴自龙泉县（今遂川）迁居唐江龙泉巷定居，成为南康卢氏开基祖。但唐江卢屋村的卢氏祖先是从宁都麻田过来的。卢屋村是个千年古村，现有人口 1 万多人，是赣南最大的姓氏村。卢屋村在清代和民国时期，人文辉煌，才俊辈出，清光绪二十六年（1900）卢屋村人自编的《卢氏族谱》记载，卢屋村中举人、进士或当过知县以上官职者竟多达 72 人。

（十一）邱姓。南康有邱姓人口 2.9 万人左右。全区邱姓有 68 位开基祖。最早徙居的是明永乐十八年（1420）由福建上杭迁入南康隆木乡上东坑，建有的"丘氏宗祠"*至今保护完好。其余邱姓多为清初时从福建、广东及周边的县市迁入。

（十二）谢姓。南康有谢姓人口 2.4 万人。最早入康的是中唐时期（约882 年）由南京四牌楼迁来谢亨一脉，至今有 1100 多年，这支人口超 4000。其次是约公元 1376 年由南京四牌楼迁入的谢元泗一脉。第三支是约公元1389 年由信丰迁入的谢茂一脉。第四支是约公元 1434 年由南京迁入的谢兴发一支。其余谢姓多为明清时从福建、广东及周边的县市迁入。

（十三）董姓。南康"衍庆堂"始祖董茂彩、董茂兴兄弟，1684 年举家从广东兴宁迁居南康鹿鸣乡得俊里长坑孜（今唐江镇平田），之后人丁兴旺，富甲一方，这一支在南康有 32 个处分布，人口有 2.2 万余人。凤岗镇大塘村董屋的"九井十八厅"建于 1800 年前后，是著名的客家民居。南康董姓另有"三庆堂""嘉德堂"，后裔各约 1500 人，均为清时由广东兴宁迁入。

（十四）赖姓。南康有赖姓人口 2.1 万人。赖荣于南宋时期在南康县城立基，为南康赖氏的开基祖。其余赖姓多为明清时从福建、广东及周边的县市迁入。

（十五）林姓。南康林氏有 1.6 万多人。南康林氏绝大多数是福建莆田唐九牧林家的后代，并且大多数是明清时期从福建长汀、龙岩、上杭、南靖，广东潮州、兴宁、河源、和平及赣南的信丰、赣县等县迁入。

---

* 邱本姓丘，清雍正三年（1723），颁诏避孔子圣讳，凡姓氏、地名，丘字一律加邑部为邱。

（十六）邓姓。邓士奇，唐大中元年做广州金判，后卜居粤东梨水山，邓士奇长子邓如岳在唐干符六年因提兵平息黄巢起义有功，被提为行营都统，镇虔州六年，唐亡，邓如岳思避居地，因杨筠松指点，卜居顺化乡呈龙里（今大坪乡南良村）（912 年）。今南康邓姓多为其后裔。南康邓姓人口有 1.6 万多人。

（十七）何姓。南康何姓人数有 1.6 万左右。南康龙华何屋村的何姓原籍南京四排楼，元末明初，陈友谅攻陷南京，何谷辅兄弟三人遂辗转来到龙华卜居，这一支在南康有 9500 多人。其余何姓多为明末清初由广东福建迁入。

（十八）叶姓。南康有叶姓人口 1.1 万左右。全球叶姓华人公认的始祖为公元前 545 年出生于楚国郑都（今湖北省荆州市江陵县）的沈诸梁。较早一支为叶姓三十四祖叶达，为唐刑部侍郎，徙居江西南安（今大余），其后裔叶攀在宋末元初举家迁居鹿鸣乡沙溪（今唐江镇平田沙溪）。其余几支是多为明清时从福建、广东及周边的县市迁入。

（十九）曹姓。南康曹姓有 1.06 万多人。主要有：元至顺年间（1220—1221 年）曹高由吉水迁到南康龙回，繁衍至今有 27 代；曹元惠从广东河源县灯塔圩迁至唐江磨形已 22 代；曹惟玉、曹惟荣兄弟于明洪武年间（1368—1398 年）由信丰迁至龙回。其余曹姓多为明清时从福建、广东及周边的县市迁入。

（二十）严姓。南康有严姓人口约 1 万人。据《南康地名志》记载，唐江大岭石塘的严姓于南宋景定年间（1260—1264 年）严金一从广东兴宁迁入。石塘有严姓人数超 2400 人。《赣南严氏族谱》记载南康严氏祖籍浙江省桐庐县，为楚庄王十九世祖庄光*的后裔，严光在浙江富阳富春山隐居，严姓的堂号因名"富春堂"。

（二十一）彭姓。南康彭姓人口有 1 万多。唐代天宝年间（约 742 年）居住在四川成都霸陵桥攀桂坊的一支彭氏族人，为避安史之乱，迁至赣州水脉洞，后再迁南垦吴田（今南康坪市彭屋村）。另一支派是清朝由广东兴宁回迁的，这一支源自唐代江西宜春郡，后唐时期彭彦昭迁至庐陵吉水，宋时彭延年及子孙再迁至潮州、揭阳、梅州等地，清康熙年间回迁赣南。

（二十二）黎姓。黎延昌于宋治平三年（1066）由万安石州迁入南康东门外，是南康黎姓的开基祖，目前，南康世居的黎姓多为其后裔。

（二十三）温姓。据《赣南客家温氏文化发展史》记载，入籍赣南最早的温氏开基祖是唐代的温颙，他于唐咸亨三年（672）任虔州刺史，至今有

---

* 严姓出自庄姓，避汉明帝刘庄的讳而改姓严。

1300 多年，已传 50 多代，后裔遍布赣南各地，其中石城就有 6 万人，南康温姓也主要是其后代。赣南温姓还有一支是唐宰相温彦博的后代，唐咸通九年（868），庞勋攻陷彭城（今徐州），徐泗观察使崔元鲁及其幕府温庭皓等被俘，庭皓命二子启泰逃离徐州，来到赣州，他的后代后来分布于宁都、吉安、南康等地。南康唐江一支温姓（即笔者所在世系）不属于上述两支，而是北宋初期温肇庆（本居金陵）到宁都任尹尉，后入籍当地，肇庆的曾孙温贤彦自宁都迁居信丰铁石堡在荣坊长远茶园，逐步形成了以信丰为中心的温氏旺族。肇庆的第 17 世孙温美俭从信丰来到南康芙塘坑，后代的温光汉再迁到唐江。

（二十四）罗姓。坪市的石磨的罗姓从遂川迁入，有 31 代。坪市的老屋里的罗姓从遂川迁入，有 34 代。坪市的罗洞村有罗姓 2242 人。

（二十五）谭姓。坪市的谭邦的谭姓从湖南迁入，有 30 代。谭邦古城是 500 多年前，谭乔彻因追随右金都御史、南赣巡抚王守仁平定桶冈、横水等地起义民众，并协助王守仁建立崇义县治，战功卓著，王守仁上书朝廷，要求犒赏谭将军。明武宗亲封"威武大将军"，玺书"威武克振"匾赠谭乔彻，并敕赐建造谭邦城。

（二十六）杨姓。大坪的西垒的杨姓从定南迁入，有 34 代。

（二十七）吴姓。横市的田心的吴姓于唐末从遂川和年迁入。镜坝的洋江口的吴姓于宋初从虔州迁入。蓉江迎恩坊吴姓因避黄巢之乱，由安徽凤阳迁虔州，宋隆兴中（1163—1164 年）复迁蓉江。

（二十八）蔡姓。南康蔡氏主要支系有：宋绍兴年间（1131—1162），蔡敏龙等从赣州迁居南康横市蔡屋；宋理宗绍定年间（1228—1243）蔡太宝从福建建阳迁入南康南水；宋理宗淳佑年间（1251—1252）蔡起渭从上犹营前迁入南康赤土；公元 1274 年，蔡荣从河南考城县迁入南康县城。南康有蔡姓人数 7600 多人，排列第 35 名。

（二十九）幸姓。南宋末年，即公元 1270 年前后，幸登巍从高安迁上犹安河桐子，十年后，移居"康邑长伯图鹿鸣乡石塘堡幸屋坊"，即今唐江幸屋村，有 32 代，村中人口逾三千。

（三十）巫姓。南康巫姓有 2000 多人，排在第 69 位。西华的沙背的巫姓从广东兴宁迁入，有 44 代。南康巫姓主要是 1660 年左右巫谋等家人从广东兴宁迁入后的后裔。

（三十一）施姓。蓉江街办稍江桥头施氏是在南宋期间，直接由吉水麻村迁徙而来，有 30 代。而其余八个地方的施氏宗亲是由信丰大塘沛东老屋下迁徙而来，至今已有几百年历史。据 1997 年版《施氏族谱》（第十一修）记载"敷同公，公迁浙江湖州，为吴兴世系一世之祖。传五世至公廉公，又徙宣城。十二世，启宗公于元祐中，出判吉州，见麻村风物秀美，兼避金乱，遂家焉，为江西施氏之始。后五世有稽尧公，出判袁州。我祖茂叔，泰定元年（1324），游学章贡，占籍信丰之桃溪，卜家城之南隅，是为信丰始祖。迨三世祖敬远，家颇浩富，而长子懋昭、三子永昭克绍其裘，宏扩基宇。乃分次两房，一居沛东老屋下，一居水东故宅。厥后生齿日繁，枝叶纷披，其徙于南康、赣县及他处者不可胜举"。

（三十二）周姓。南康有周姓人口 8000 多人。隆木乡大黄石周氏，于南宋高宗年间周本立开基，黄石周氏"本立堂"，为南康文物。唐江镇隘孜前的周氏，于宋庆元年间周石泉开基，但此支元末明初遭血洗，当时仅剩 1 人。现在南康周氏均为清朝由广东迁入。

（三十三）明姓。明绍自上犹麻园于宋绍兴三十年（1160）迁入南康隆木乡明屋村。

（三十四）胡姓。南康胡姓有 7000 多人。多数为明代从吉安庐陵迁徙而来。如朱边胡氏于明永乐年间从吉安迁入。

（三十五）蒋姓。南康蒋姓人口 2900 人左右。唐末天佑年间，马殷据荆湖称王，为避马殷之乱，蒋绍铎迁居江西遂川汤溪，蒋绍録迁徙江西泰和，此二人为江西蒋姓两大开基祖。其后裔从汤溪、梅溪迁入南康横寨小河村等地。

（三十六）梁姓。元代初期，梁学文从遂川迁入南康，为南康梁姓之始祖。

（三十七）段姓。南康有段姓人口 2700 人左右。段文哲于元大德年间（1279—1307 年）由遂川客游南康十八塘群丰村一带，见其山川秀美，不忍离去，遂家于此。南康段姓均为其后裔。

（三十八）蒙姓。南康蒙姓始祖蒙念五是北宋嘉佑年间由湖南湘潭迁至南康崇文保（今南康朱坊乡桥头村赖屋），后人又迁入龙华乡蒙河坝上蒙、下蒙二村。

（三十九）蓝姓。南康的蓝姓，主要是畲族，有 1 万多人。《蓝氏迁居始末》中记载："唐昭宗光化元年一百一十五世祖宗训，避朱温茂真之乱迁豪州之定远。宋理宗宝庆元年，一百二十纵裤子弟吉甫，遇金人兀术之难，奔闽始居福清县五福乡……明洪武年间，一百三十世祖（念五郎之孙）先灏、先硕（传泰之子）兄弟迁居信丰赤土堡（今正平）……至清乾隆 46 年，辛丑建祠信丰城，遂为不迁之地"，由此可看出，畲族是由北往南迁徙到广东、福建，再由福建迁徙到江西赣南。据《南康县地名志》记载：朱坊乡新民村蓝屋，由蓝汝郎从信丰天心坝迁康已 25 代；平田乡横江村蓝屋，由蓝玉田从福建牛栏坑迁康已 24 代；太窝乡石龙村蓝屋，由上犹油石荒基坪迁康。由此可推断蓝氏畲民最早进入南康居住迄今有五百多年的历史。现虽繁衍分枝，散居多处，但追溯其源，源头均来自福建。"畲族在元朝以前已改用客家话"，[①]也就是说，蓝姓在进入赣南之前就已不说苗瑶语，而说客家话了。

（四十）奚姓。蓉江岭背村奚屋的奚姓隋朝年间奚永清从河南迁到芙蓉村，后迁至此。

（四十一）袁姓。蓉江镇东门村秋千坪袁姓隋末由河南开封迁至此。

（四十二）赵姓。南康赵氏人口有 4000 多人，均为明清时从广东南雄、江西寻乌迁来。

（四十三）郭姓。南康郭氏均为郭子仪的后裔，基本上都是从金陵迁出，先徙赣北赣中，再进一步迁到赣南各县市的。如三江乡斜角里的郭氏族谱序中记载："吾郡蓉江有郭姓者，其基祖大经公系唐汾阳王之裔明滁阳王之曾孙也。居金陵，遭鼎革之变，徙江右，采风景，盼山川，睹湖头斜角里右环山水，左绕溪湖，俗美风淳，遂家焉。"唐江马齐坝是赣南最大的郭氏村落。

（四十四）申姓。居住在赣南的早申姓皆为开基祖申碧岩的后代。申碧岩于明朝宣德年间任广东梅县、兴宁二县知府，其子孙因以为家。1667 年其后裔由广东兴宁迁居南康，现有近万申姓居住在南康。

（四十五）江姓。江姓于清朝初年由广东迁入，目前在南康有 6000 多人。

（四十六）范姓，均为清朝初年由广东迁入。

（四十七）康姓。据《康氏族谱》记载，康姓世居河南，隋时迁金陵朱衣巷，宋初康子忠、康子信兄弟奉母迁江西泰和，明末清初，二者后裔徙至赣南各县，包括南康。康姓人口居南康第 52 位。

根据统计资料，南康并没有什么特殊生僻的姓氏，几乎全是《百家姓》中常见的姓氏。通过对《南康地名志》和《南康文史》第十四辑"中国南康百家姓和谐城姓氏文化研究专辑"的记载，南康唐代（含唐代）以前迁入的姓氏有：朱、奚、袁、陈、刘、巫、邓、彭、谢、眭。这些姓氏的后裔并不是南康人口的主流，如刘氏，虽唐代已有迁入，但南康刘姓人口的主流是入粤始祖刘开七后裔明末清初由广东兴宁迁入的。从人口数的排名情况来看，全国姓氏人口排名前 30 名（2013 年）的是：李、王、张、刘、陈、杨、赵、黄、周、吴、徐、孙、胡、朱、高、林、何、郭、马、罗、梁、宋、江、郑、谢、韩、唐、冯、于、董，南康姓氏人口排名前 30 名的

是：刘、朱、陈、张、李、黄、廖、钟、罗、王、卢、郭、曾、谢、董、邱、赖、邓、何、林、叶、吴、严、蓝、彭、曹、申、肖、范、周。对比宁都 1990 年人口普查的姓氏人口排名前 30 位的为：李、曾、黄、陈、廖、温、刘、谢、赖、郭、张、何、罗、肖、胡、宋、杨、邓、邱、王、彭、崔、吴、宁、黎、丁、严、林、钟、郑。石城 1993 年姓氏人口排名前 30 位的为：温、陈、黄、刘、李、邓、许、廖、吴、熊、王、曾、罗、何、谢、郑、魏、邱、潘、周、杨、龚、肖、朱、白、胡、徐、孔、邹、董。对比这几个地方，都是一些常见姓氏，而且与全国姓氏人口相同的都超过了一半。另外，这三个县中除与全国相同的外，钟、廖、邱、曾也都是人口较多的姓。据李辉等（2003）的遗传学分析，从父系遗传的 Y 染色体 SNP 的主要成分看，客家人和中原汉人最近。从客家的姓氏看，客家人无疑是中原人的后裔。张如山（2004）在研究福建上杭姓氏人口时发现，"上杭客家大半源于赣南，这一事实足以表明，赣南是客家民系的重要发祥地。另一方面，明末清初，大批的上杭客家人倒迁江西特别赣南，这一事实表明赣南在客家民系的发展壮大中同样作出了重要贡献。"[①]以上说明，赣南客家文化与整个华夏文化是一脉相承的，同时又是客家文化的重要发祥地。

四　标音及符号说明

（一）南康方言可以分为北片坑声、唐江声、蓉江声、潭口声、龙华声、龙回声和河源声。这几片的详细分析见第五章。本文的方言研究以笔者本人的母语唐江*话为研究对象。唐江是一个具有千年历史的古镇。中华人民共和国成立前唐江的商品流通十分活跃，素有头唐江、二营前之美称，成为江西的四大历史名镇之一。清道光三年五修《南康县志》载，圩场经营的商品有从遂川、万安等县来的油米、茶叶、金橘等，有从吉安、樟树来的棉花、黄豆、布匹、洋纱等，有从广东等地来的海盐、海味等，有从上犹、崇义等地来的竹木及其制品，商品远销南昌、广东、南京、上海等地。因此，唐江镇集市贸易空前活跃，市场繁荣，素有"小赣州"之称，为虔州第一镇，唐江声因此辐射面也较广，是基本可以代表赣南客家话中心片的。

在文中有必要列其他片材料的时候，会加以标注，如条起 (龙华片)：起床。

（二）南康唐江的声调有五个，即阴平 24，阳平 21，上声 31，去声 51，入声 5，为了书写更清晰简便，本文一律用 ¹ 表阴平，² 表阳平，³ 表上声，

---

① 张如山：《上杭客家与江西的亲缘关系》，《客家文化论坛》第一集，第 111 页。

* 唐江原名塘江，1929 改为唐江。

⁴表去声，⁵表入声。如：唐江辣妹子：［tʰɔ²］kɔ̃¹］［laʔ⁵］［me⁴］［tsɿ³］。涉及南康其他片为了避免混淆，则用调值记录，如菜［tsʰe²²］（北片），调值对应的调类请参看第五章"南康方言的内部分片"。

（三）/单斜线，表示可供选择的两项隔开。∽替代符，表示代替前文出现的字。

（四）本文注明相应的普通话意义的词语或句子用下标字注在方言语料后面，没有标注普通话意义的语料则说明与普通话意义一样，不需另行注释。

（五）本文方言语料一般采用本字书写。本字不明但有约定俗成的写法则沿用传统写法，如舞_做；有的本字已明但习惯上已采用别的写法，如偓，已证明其本字就是"我"，但为了更突出方言性，本文还是写成"偓"；有音无字的音节，则尽量用同音字代写，如拈起（那些）；对于本字不明又不适合用同音字代写或没有同音字代写的，用口表示，在后面标注国际音标。

第二章　语音

第一节　声母

一　声母（二十个）

p 布班捧驳	pʰ 步别怕扶	m 门问蚊望	f 飞符胡苦虎
t 到打胆岭李	tʰ 太道同择	n 难年软日严疑	l 兰老卢轮
ts 糟祖争只捉	tsʰ 昌虫粗杂		s 苏书死散生
tɕ 焦蒸周精经	tɕʰ 枪桥穷顺杰		ɕ 线圣仇晨气
k 贵街嫁官公	kʰ 跪康客概	ŋ 咬眼人业鱼	h 开灰好去系
Ø 元约袄然缘	v 威话滑煨		

二　声母特点

（一）浊音清化，古全浊声母今逢塞音、塞擦音，不分平仄，大部分读送气声母。这是客赣方言共同的特点。如：

并母 [pʰ]：皮排步白　　　　定母 [tʰ]：徒唐度毒

澄母 [tsʰ]：除迟重直　　　　从母 [tsʰ] 或 [tɕʰ]：存曹字杂

崇母 [tsʰ]：查床助状　　　　群母 [tɕʰ] 或 [kʰ]：权旧杰共

不读送气的有：并母 [p] 并笨币毙敝弊陛办拔棒，定母 [t] 队盾饨，崇母 [ts] 铡闸炸，群母 [tɕ] 渠忌拒，澄母 [ts] 稚，从母 [ts] 皂载 [tɕ] 脐。另外船母所有的字都读成擦音 [ɕ] [s]。

（二）帮滂並明组字读 [p] [pʰ] [m]，非敷奉读 [f]，微读 [v]，非组字保留重唇读音的有：痱 [p]，辅扶伏孵 [pʰ]，尾袜蚊问网忘望的声母为 [m]。另外，北片坑声将"一晚""夜晚"说成 [iɛʔ⁵mã¹] [ia⁴mã¹]，这个 [mã¹] 刘纶鑫在记上犹方言时写作"暝"，其实可能就是"晚"字，"晚"字在先秦已出现，《楚辞·九辩》："白日晼晚其将入兮，明月销铄而减毁"。"晚"为山摄阮韵明母字，读 [mã¹] 符合客家方言保留重唇读音的特点。

（三）端透定泥一般读 [t] [tʰ] [n] [l]，[n] [l] 不混。来母细音前大部分读 [t]，洪音前读 [l]，如李 [ti³]，关于这一点，罗美珍（1994）

认为可能是来自上古的复辅音 tl 或 tr，有的地方丢 t 变 l，有的地方丢 l 变 t。罗肇锦则认为这是受赣方言的影响，是底层赣语。孙宜志（2007）在谈赣方言来母细音前读 [t] 时认为："来母细音前之所以读 t、tʰ、d 是语言求简、省力的内在要求……l 与 i、y 元音结合，气流先从舌头的两头通过，后再从舌面通过。显然，比前者复杂、费力。"① "发音省力说"解释南康方言显然不可行，因为南康方言中来母还有一些细音前也读 [l]，效摄的三四等字读 [liɔ]（如了聊辽燎撩寮疗料廖嫽口（用脚轻踢）髝（量词，细长物的单位）口（伸出舌头舔）等），流摄开一等字读 [lio]（如楼瘘篓劙（用针刺）漏陋㺒（唤家禽家畜）等），流摄开二等字的"流柳"也读 [liu]。

（四）精清从心邪组字一二等字读 [ts][tsʰ][s]，三四等字读 [tɕ][tɕʰ][ɕ]［例外：脆（蟹合三）为 [tsʰ]，止摄三等字读 [ts][tsʰ][s]，遵（臻合三）为 [ts]，通合三读 [ts][tsʰ][s]］。

（五）知庄章三组字大多数读 [ts][tsʰ][s]，但在流开三、深开三、臻合三、曾开三、梗开三中读 [tɕ][tɕʰ][ɕ]。

（六）日母字的声母多为 [n]，少数为零声母和 [l]。

日母字读 [n]：惹热耳二人饶绕揉染软忍认日韧让弱瓤肉

日母字为 [ø]：如任然而饵仁闰润绒茸

日母字读 [l]：儒乳芮扰柔冉辱

（七）古开二等韵的字见组字未腭化，还是读 [k][kʰ][ŋ][h]。如家 [k] 蟹 [kʰ] 交 [k] 咬 [ŋ] 减 [k] 间 [k] 孝 [h]。值得注意的是流开一韵母为 [io]，[k][kʰ][ŋ][h] 可以直接与细声相拼，未腭化，如"狗 [kio³]口 [hio³] 藕 [ŋio³] 抠 [kʰio¹]"，其他的与细音相拼则读成 [tɕ][tɕʰ][ɕ]，这跟精组字与细音相拼无异，不分尖团。

（八）疑母的读音比较复杂，可读 [ŋ][ø][n][v] 及 [ŋ̍]。

读 [ŋ]：牙芽研鱼呆碍爱艾熬傲咬藕偶岩严业岸眼颜雁研顽昂鄂仰硬额

读 [ø]：衙雅渔语御愚娱虞议谊尧言砚元源原愿岳乐玉狱

读 [n]：艺倪仪牛孽月银虐迎逆语宜义（后二字也可读零声母）鱼（坑片）疑拟

读 [v]：吴梧蜈误悟桅外危伪

读 [ŋ̍]：五伍唔午

（九）有几个古溪母字读音较特殊，这些字中除"裤糠"外，都有文白异读，文读音声母均为 [kʰ]，特殊读音均指其白读音。

读 [f]：苦 fu³（表味道）、裤 fu⁴

---

① 孙宜志：《江西赣方言语音研究》，语文出版社 2007 年版，第 40 页。

读 [h]：去 he⁴、开 hue¹、口 hio³、糠 hɔ̃¹、坑 hã¹、肯 hẽ³、系 he⁴ ₍是₎、兀 hɔ̃⁴ ₍龙华声，起床₎

读 [ɕ]：气 ɕi⁴、起 ɕi³、溪 ɕi¹

读 [tɕ]：券 tɕĩ³

读 [k]：廓 koʔ⁵

刘泽民（2010）、郭沈青（2013）考察了粤、客、赣、平话都有不少溪母字读擦音的特点，鉴于读 [f] [h] [ɕ] 为白读音，读 [kʰ] 为文读音，认为这是早期壮侗语和汉语接触后留下的底层，属于早期南方汉语遗留，不是发音省力导致的音变。在这一点上，粤语更显着，溪母字发 [f] [h] 的是发 [kʰ] 的两倍，客赣方言为5—12个不等。

（十）晓匣母字一般洪声读 [h]，细音读 [ɕ]。但有不少特殊的读音。

读 [f]：呼胡湖狐壶户虎浒戽互护护　　　　读 [pʰ]：瓠

读 [v]：话歪滑核会~不~　　　　　　　　读 [∅]：镬黄

（十一）影母喻母主要读零声母和读 [v]，少量读 [ŋ]。

读 [v]：蛙洼乌污坞恶煨萎委威踠碗腕弯湾温瘟稳翁屋沃

读 [ŋ]：爱捱欧安~全案

三　特殊声母分析

（一）次清读全清

坡玻（果合一滂母）：[p]　　　　　撮（山合一清母）：[ts] *

齿（止开三昌母）：[ts]　　　　　　廓（宕合一溪母）：[k]

券（山合三溪母）：[tɕ]　　　　　　捧（通合三敷母）：[p]

（二）全清读次清

关关门（山合二见母）：[kʰ]　　　　窄（梗开二庄母）：[tɕʰ]

笺（山开四精母）：[tɕʰ]

（三）塞擦音读擦音 [溪母字见本节声母特点（九）]

匠（宕开三从母）：[ɕ]　　　　　　自~家（山开三从母）：[s]

乘绳塍（曾开三船母）：[ɕ]　　　　食蚀（曾开三船母）：[s]

神（臻开三船母）：[ɕ]　　　　　　唇顺（臻合三船母）：[ɕ]

船（山合三船母）：[s]　　　　　　射麝（梗开三船母）：[s]

实（臻开三船母）：[s]　　　　　　舐（止开三船母）：[s]

蛇（假开三船母）：[s]　　　　　　龇（止开三庄母）：[s]

（四）擦音读塞擦音、塞音，除械读的是不送气音的外，其余都读送气

---

* 撮有两个读音，作量词读 [tsoʔ⁵]，如一撮毛。作动词时读 [tsʰoʔ⁵]，如撮起该滴子草来。

的音，这也是闽语的主要特点。

松~树（通合三邪母）：[tsʰ]　　　饲词祠（止开三邪母）：[tsʰ]

斜谢姓氏（假开三邪母）：[tɕʰ]　　席~子（梗开三邪母）：[tɕʰ]

寻（深开三邪母）：[tɕʰ]　　　　像（宕开三邪母）：[tɕʰ]

袖囚泅（流开三邪母）：[tɕʰ]　　兽（流开三书母）：[tɕʰ]

仇酬（流开在禅母）：[tɕʰ]　　　潲（效开二生母）：[tsʰ]

戏（止开三晓母）：[tɕʰ]　　　　蟹（蟹开二匣母）：[kʰ]

械（蟹开二匣母）：[k]　　　　　荷（果开三匣母）：[kʰ]

纤~维（咸开三心母）：[tɕʰ]　　　树坑片（遇合三禅母）：[tɕʰ]

荤（臻合三晓母）：[kʰ]　　　　　膝（臻开三心母）：[tɕʰ]

（五）少量保留古无轻唇音［见本节声母特点（二）］和古无舌上音的字。

澄水~清择择菜（梗开二澄母）：[tʰ]

知（止开三知母）：[tʰ]［此音只保留中"知天"指小孩懂事一词中］

第二节　韵母

一　韵母（38 个，包括 11 个入声韵，1 个声化韵）

开口呼	齐齿呼	合口呼
ɿ 资支知诗	i 耳第地雨	u 故祖土裤
a 架牙打话	ia 爹爷摸写	ua 瓜花夸华
o 波多禾挪	io 茄瘸楼搜走	
	iu 收手九臭	
ɔ 包保桃交	iɔ 条雕肖廖	
æ 败介坏爱		uæ 坏怪帅快
e 倍妹猪堆		ue 害贵跪开
ã 胆间含减	iã 饼命姓星	uã 惯关掼逛
ɔ̃ 党爽谎江	iɔ̃ 娘想抢良	
	ĩ 连圆检先	ũ 官短酸欢
	ə̃ 本温根曾	uə̃ 魂滚困昆
əŋ 东中工蒙	iəŋ 新珍贞圣	
ɿʔ 食	iʔ 力滴	uʔ 忽谷突竹
aʔ 狭辣袜客	iaʔ 壁踢惜劈	uaʔ 刮阔
eʔ 十直革则	iɛʔ 日列七歇	
oʔ⁵ 学各浊择	ioʔ⁵ 药育约削	

　　　　　iuʔ⁵菊粟六足

ŋ̍　五唔伍午

韵母语音说明：

（一）没有撮口呼。

（二）鼻化韵丰富，没有前鼻韵，后鼻韵只有两个：［əŋ］［iəŋ］，其他阳声韵的字均读鼻化韵。

（三）o 的发音比标准元音［o］要稍低一些，且圆唇没那么明显。

（四）eʔ⁵的读音介于［e］［ɛ］之间。

（五）u 的读音没有［u］这么圆。

（六）入声韵尾为喉塞音ʔ，较明显。

二　韵母特点

（一）各韵摄分析

1. 果摄

果摄字大部分韵母为［o］，只有茄瘸二字为［io］。

果摄有部分字读［æ］：搓［tsʰæ¹］哪［næ³］大［tʰæ⁴］个［kæ⁴］我［ŋæ²］荷［kʰæ¹］矬［væ³］。

2. 假摄

开口二等字韵母为［a］，包括牙喉音（疑母"雅"只有文读［ia］）。

开口三等字精组知组日母喻母为［ia］，章组字为［a］

假合二韵母为［ua］，疑母影母为［a］，例外：瓜［kua¹］花［hua¹］瓦［ŋa³］蛙［va¹］

3. 遇摄

遇合一为［u］，疑母姥韵的五伍唔午读［ŋ̍］，没有韵母。

遇合三鱼：泥母来母精组见组影母喻母为［i］，知组照组日母主要韵母为［u］，但下列字的韵母为［e］，猪［tse¹］苎［tsʰe¹］煮［tse³］鼠［se³］薯［se³］鱼［ŋe²］去［he⁴］，"女"表示女儿义时读［nie³］*，表示女性时读［ni³］。

遇合三虞：来母精组见组影母喻母为［i］，非组知组照组日母韵母为［u］，没有读［e］的，如煮［tse³］与主［tsu³］不同音，说明鱼虞两韵还没有全部混同，其中部分还是有区别的。

4. 蟹摄

开一开二的韵母主要为［æ］，牙喉音亦如此。但一等字有部分字韵母

---

* ie 这个韵母只见于这一个词，故未在韵母表中列出。

为 [e][ue]，二等字则无。这说明保留一二等字有区别的痕迹。如"台 [tʰe²] 袋 [tʰe⁴] 待 [tʰe⁴] 代 [tʰe⁴] 来 [le²] 财 [tsʰe²] 裁 [tsʰe²] 菜 [tsʰe⁴] 在 [tsʰe¹] 盖 [kue⁴] 海 [hue³] 害 [hue⁴] 开 [hue¹] 该 [kue¹]（待开代该四字有文白异读，文读为 [æ]，白读为 [e][ue]）。

蟹开三四：韵母为 [i]，知照为 [ʅ]。"係"读 [he⁴]，相当于普通话的"是"，现在也简化为"系"。

蟹合一除了"块 会（会计）"为 [uæ]，其余为 [e][ue]，蟹合二为 [uæ]，画卦话为 [ua][a]，这说明一二等字还是有区别的。

蟹合三四："岁废肺"为 [i]，其他的为 [e][ue]。

5. 止摄

止开三的精组知组照组为 [ʅ]，其他的主要韵母为 [i]，脂韵帮组的"悲鄙美霉"为 [e]，支韵生母的筛为 [æ]，支韵船母的舐读 [se¹]，儿而只有文读音 [e]。

止合三的韵母主要为 [e][ue]，脂韵精母的"醉"为 [i]，微韵非组的"非飞妃肥匪费尾"为 [i]。

6. 效摄

效开一二等为 [ɔ]，见组字未腭化。

效开三四等为 [io]，知章组字为 [ɔ]。

7. 流摄

流开一韵母为 [io]，见组字可以与细声相拼，未腭化。如"狗 [kio³] 口 [hio³]"，"母拇牡"为 [u]"，"茂贸"为 [ɔ]

流开三尤：非组庄组字为 [io]，其他为 [iu]，精知章见合流。所以"秀（心母）嗅（晓母）受（母禅）"三字同音，但与"瘦（生母）"不同音，"邹 [tɕio] 周 [tɕiu]"不同音。非组字可与 [io] 相拼，如"否浮"读 [fio]。

8. 咸摄

咸摄在南康方言中没有韵尾，其主要元音鼻音化，保留入声调，入声韵尾为喉塞音 [ʔ]。咸开一覃合韵的韵母为 [ã]，咸开一谈盍的韵母为端泥精为 [ã]，见组字为 [ũ]，两韵入声除见组字 [oʔ] 外，其余为 [aʔ]。

咸开二韵母为 [ã]，见组字未腭化。入声为 [aʔ]。

咸开三四等除知庄章为 [ã] 外（陕闪为 ẽ），韵母为 [ĩ]，入声为 [iɛʔ]。

咸合三凡乏：[ã]，入声为 [aʔ]。

9. 深摄

深摄字除庄组字为 [ã] 外，其余为 [iən]，入声为 [iʔ iɛʔ ɛʔ]。

10. 山摄

山开一二等字除一等字的见组为端泥精影喻为 [ũ][oʔ]，其余皆为 [ã]

[aʔ]。

　　山开三四等字除知章为 [ẽ][eʔ] 外，其余为为 [ĩ][iɛʔ][ɛʔ]

　　山合一为 [ũ][oʔ]，山合二 [uã][uaʔ]，二等字中"幻闩患宦"等只有文读音 [ũ]。

　　山合三四等字非组字为 [ã]，精组和见组为 [ĩ]，知庄章为 [ũ] 入声为 [iɛʔ]。

　　11. 臻摄

　　臻开一为 [ẽ]，臻开三为 [iəŋ]，精知庄章见合流，如"津珍真巾"同音。入声则知庄章为洪音 [ɛʔ]，其余为细音 [iɛʔ]。

　　臻合一为 [ẽ]，入声为 [uʔ][oʔ]。臻合三非泥来精为 [ẽ]，知章见影喻为 [iəŋ]（盾为 ẽ），入声为 [oʔ]。

　　12. 宕摄

　　宕开一、合一三等字韵母均为 [ɔ̃][oʔ]。宕开三为 [iɔ̃][ioʔ]，知庄章日为 [ɔ̃][oʔ]。

　　13. 江摄

　　江摄韵母为 [ɔ̃][oʔ]，见组二等字未腭化。

　　14. 曾摄

　　曾摄一等字韵母为 [ẽ][eʔ]，三等字知章为 [iəŋ][eʔ]，其余为 [ẽ][iɛʔ]。特殊的为：食读 [sɿʔ]。

　　15. 梗摄

　　梗摄最大的特点是开口字有文白异读。

　　梗开二庚陌韵母为 [ã][aʔ]（泽宅为 [eʔ] 择为 [oʔ]）。

　　梗开二耕麦为 [ẽ] 影母为 [iəŋ] 入声帮知为 [aʔ]，庄精影为 [eʔ]。

　　梗开三庚陌：[iəŋ][iã][iʔ]。

　　梗开三清昔：章组字 [ã][aʔ]，精知为 [iəŋ][iaʔ]，其他为 [iã][iaʔ]。

　　梗开四青锡：[iəŋ][iɛʔ]。

　　梗摄合口字没有文白异读，读音较杂，有 [ɔ̃][ã][əŋ][iã][iəŋ][oʔ][uaʔ][iɛʔ]。

　　16. 通摄

　　通合一为 [əŋ][uʔ]。通合三日晓影以为 [iəŋ][ioʔ]（肉畜为 [iuʔ]），其余为 [əŋ][iuʔ]。

　　（二）韵母特点分析

　　1. 假开二、蟹开二、效开二、咸开二、山开二的见组字均未腭化，没有介音，声母是 [k][kʰ][h]。如：家 [ka¹] 街 [kæ¹] 交 [kɔ] 咸 [hã²] 间 [kã¹]。

2. 果摄有部分字读［æ］：搓［tsʰæ¹］哪［næ³］大［tʰæ⁴］个［kæ⁴］我［ŋæ²］跛［væ³］，由此可推出表"挑、担"义的"荷"（《嘉应府志》"担谓为荷"），其本字就是"荷［kʰæ¹］"，"荷"《广韵》"匣母，哿韵，负荷也，胡可切。"《左传·昭七年》其子弗克负荷。《注》"荷，担也。"《论语》"有荷蒉而过孔氏之门者。"《疏》："荷，担揭也。"匣母字读［kʰ］，这是属于南康方言部分擦音读成塞擦音的一个特点，如蟹（蟹开二匣母）也读成［kʰæ²］，"荷"［kʰæ¹］读阴平则客家方言全浊上部分读阴平的特点。当然，"我"长期写作"偓"，其实"我"就是其本字。但"偓"在南康读为阳平，这是较特殊的声调读法。"拖"表示藤蔓延开来的意思时有个读音为［tʰæ²］，长期不知其本字，其实就是"拖"字，如"拖藤"。这是客家方言保留上古歌韵字的体现。

3. 遇合三的鱼虞韵部分字有区别，主要是鱼韵部分字有读［e］的，虞韵则没有，如猪［tse¹］与朱［tsu¹］不同音，本地人一般不会开姓朱的玩笑。

4. 蟹摄开口一等字二等字保留区别的痕迹，一等字中有读［e］［ue］的，二等字则无。蟹摄开四等字"係"（简化为系）意为"是"，在南康各片统一读［he⁴］。

5. 庄初崇山与章昌船书有别的韵摄有：流开三尤韵，庄组为［io］章组为［iu］，如邹［tɕio¹］瘦［ɕio⁴］与周［tɕiu¹］受［ɕiu⁴］语音上有区别。深开三庄组字为［ẽ］章组字为［iəŋ］，如参人参［sẽ¹］深［ɕiəŋ¹］读音不同。

6. 江摄和宕摄字合流，主要韵母是［ɔ］。由于江摄和宕摄的知庄章组不分，所以"张庄章桩"同读为［tsɔ¹］，"霜伤双"同读为［sɔ¹］。

7. 咸摄字山摄字和梗摄字部分合流，主要韵母为［ã］，三咸开一杉咸开二山山开二生梗开二都读［sã¹］，散伞山开一省梗开二，节省都读［sã³］。

8. 深摄、臻摄、曾摄、梗摄、通摄部分字合流，如心深开三辛臻开三读［ɕiəŋ¹］，淫深开三寅臻开三云臻合三蝇曾开三荣梗合三容通合三都读［iəŋ²］。

9. 流开三、深开三的精知章见组字合流，如流开三的囚邪母绸澄母仇禅母球群母都读［ɕiu²］。臻合三、曾开三、梗开三的精知庄章见组字合流，如臻合三的津精母珍知母臻庄母真章母巾见母都读［tɕiəŋ¹］。

三　特殊韵母分析

（一）摸［mia¹］：《广韵》为明母，模韵。遇摄一等字在南康方言的主要韵母为［u］，但"摸"读［mia¹］，其中声调读阴平符合平声字中部分次浊声母字跟清声母走的特点，但韵母［ia］为特殊。根据这个语音特点，可推出南康表示"手脚冻僵不能伸展"义的 [tɕia¹] 的本字应为"据"（不是繁体"据"
的简化），《广韵》"手病诗云予手拮据毛芒曰拮据撧捛也"，还有表示"芋头刺
激喉咙"的 [ia²] 的本字为"芋"，表"蜘蛛"义 [la²tɕhia²] 的"蝓蠷"，
表示"手指挠"的"扚"[tɕhia⁴] 都是上古鱼部字读 [a] 的表现（温昌衍，
2012）。

（二）凭 [pẽ⁴]：靠。《广韵》"依几也皮证切"，为曾开三并母字。曾开
三有些字与一等字读韵相同（熊正辉，1982），在很多方言中都有这个特点，
因此"澄"读 [thən²]、"应"读 [ẽ⁴] 也就很正常了。另外，这个"凭"不
是"凭"的简化字，因为"凭"只有"扶冰切"，是阳平字。"凭"有"皮
证切""皮陵切""扶冰切"三个反切，其中"皮证切"音意皆合。

（三）拉：有两个读音，读 [la¹] 见于"拖拉机、拉琴、拉货、拉链"
等词，这个读音与普通话较一致，显然，这些词都是后来从共同语中引入
的。拉在《广韵》中为"卢合"切，为合韵入声字，本义为"摧折"义，
如成语"摧枯拉朽"保留此义，在唐代就有了"引、扯"等义，如刘禹锡
《花下醉中联句》"谁能拉花住，争换得春回。"按照语音演变规律，次浊入
是演变为去声的，但普通话读阴平表"拖、拉"，读去声表"落下"，这是
一个特殊读音。南康方言读 [læ¹] 表示"拉、拖"义，声调和韵母都较
特殊。

（四）背：有三个读音，读 [pa¹] 作动词，表背负，如背人、背带。读
[pe⁴] 作名词，驼背。读 [phe⁴]，作动词，背诵，如背书。读 [pe⁴][phe⁴]
与普通话及《广韵》是对应的。读 [pa¹] 则较特殊。鉴于南康有不少语音
内部屈折，这个也可能是名词和动词变换的一种内部屈折。

第三节　声调

一　声调（5 个）

阴平：24 高天暖冷　　阳平：21 才平人扶　　上声：31 口好五女
去声：51 唱世用汉　　入声：5 急月七俗

二　声调特点

（一）阴平阳平的区分依古声母的清浊，清声母归阴平，浊声母语归阳
平。这一点与普通话是一致的，客家方言内部也基本如此。

有不少次浊声母字的声调跟清声母走，读阴平。这一点刘纶鑫《江西
客家方言概况》及黄雪贞《客家方言声调特点续论》都有论述，他们指出，

这是客家方言声调的特点。南康方言中的例字有：

拿、摸、捞、拈、蚊、蒙、笼、毛、髦、研、聋、萦、揉、谋、溜、磨 (磨蹭)、嬤 (母,《广韵》莫胡切)、鑢 (锈,《广韵》落胡切)、縅 (縅机: 土织布机,《广韵》女心切)、摎 (拌和,《集韵》力交切)、澜 (口水,《广韵》落干切)、髹 (量词, 一髹子,《广韵》落萧切) 等。

另外，还有一些本字待考的次浊声母字也读阴平，如：

□ liəŋ¹：原地转圈　　　　　　□ nẽ¹：睁眼

□ lũ¹：偷汉子　　　　　　　　□ lũ¹：扒拢

□ nia¹：小孩娇气黏人　　　　　□ lo¹：拖

□ lɔ¹：把贝壳串成一圈用以跳房子的玩具　□ liɔ¹：伸出舌头舔

□ liɔ¹：用脚轻踢　　　　　　　□ me¹：小孩娇气易哭

□ lɔ̃¹：荡　　　　　　　　　　□ nɔ̃¹：腻

□ lɔ̃¹～爽：做事马虎　　　　　□ le¹：滚

（二）上声不分阴阳，只有一个调。

1. 有部分次浊、全浊上声归阴平调。这也是客赣方言的一个共同特点。

全浊上归阴平的有：坐颗下肚苎柱在被 (被子) 舐徛弟厚妇断淡旱辫近上动荷 (挑) 重嫂舅

次浊上读阴平的有：惹蚁买里尾鲤咬亩有荫懒暖软冷痒两 (斤～) 岭拢满 (排行最小的) 奶 (奶奶) 忍养也领晚 (坑片) 蘦 (蕨类,《广韵》郎古切)

2. 其他次浊上归上声，其他全浊上则与普通话一样大部分归去声，还有一小部分仍读上声，例字有：

蟹 kʰæ³　　　　　　　　　下 ha³ 下饭: 把饭扒到别的地方

上 sɔ³ 上起来: 安装起来　　　舅 tɕʰiu³ 舅公: 舅舅

辅 pʰu³ 辅导　　　　　　　　皂 tsɔ³

挺 tʰiəŋ³　　　　　　　　　艇 tʰiəŋ³

（三）去声不分阴阳，就一个调。

（四）入声保留入声韵尾ʔ，不分阴阳。不读入声的有：射、易、液、划。

三　特殊声调分析

（一）与古声调一致，与普通话不一样

（1）鼻：《广韵》"毗至切，并母"，本是去声字，普通话读 bí，南康方言读去声 [pʰi⁴]，

（2）跳，单字音读去声，与普通话一致，但在"AA跳"中读阳平，如"急急跳 [tʰiɔ²]"，《广韵》"徒聊切"，为平声迢韵。

（二）平声字特殊读音

1. 古平声全浊声母字读阴平。次浊声母字有不少读阴平的前文已分析，

全浊声母字读阴平则较少见。

脐 [tɕi¹]，从母齐韵，从声母看，也不符合南康方言浊声母清化读送气的特点。

渠，群母鱼韵，北片坑声读成阴平 [ku¹]。唐江声读的是阳平 [tɕi²]。

2. 古平声清声母字读阳平

（1）该，《广韵》古哀切，是阴平字，旧时公文常用指上文出现的人或事，如该文、该案，相当于"这"或"那"。但在南康表示"这"的意思的"该"读阳平 [kæ²]，为阴平字读阳平调。前面说过，蟹摄开口一等字在南康有些读 [e] [ue]，"该"的白读音就是 [kue¹]，意为本当，如该死，该渠得。文读音 [kæ¹] 只见于"应该"一词，是受普通话影响的读音。所以，这个指示代词的本字是不是"该"还存疑。笔者认为，这个字的本字也有可能是"个"。"个"早在唐代就可作代词，如（唐）李白《秋浦歌》"白发三千丈，缘愁是个长"，这里的"个"就是"这么，这样"的意思。（唐）寒山《诗》之一八八："饱食腹膨脝，个是痴顽物。""个是"意为"这是"。宋晏几道《玉楼春》词："春来还为个般愁，瘦损宫腰罗带滕。""个般"就是"这般"。这"个"作为果摄的字，在南康唐江就读 [kæ⁴]。南康的指示代词读 [kæ²]，表示近指，读 [kæ⁴]，表示远指。如果这个代词 [kæ²] 本字是"个"，又涉及清去读阳平的问题了。这种语音现象虽然在南康不明显，但与南康毗邻的上犹社溪乡、崇义横水镇以及会昌县都有这一特点。

（2）上文说过，"拖"表示藤蔓延开来的意思时有个读音为 [tʰæ²]，长期不知其本字，其实就是"拖"字，如"拖藤"。但"拖"为透母平声字，应为阴平调，在南康读的是阳平调。

（三）上声字读阳平，练春招（2001）在分析"脍"字时，认为这个字在《广韵》中为"上声侵韵如甚切"，而此字在客家方言中读阳平，因此她认为不可能是本字，她认为"客家话上声字不可能变读阳平"。这有点以偏概全。南康方言中确有一些上声字读阳平的。反过来可以认为表示"松软"义的"脍 [nẽ²]"就是其本字。

（1）我：《广韵》"五可切"，疑母，上声，普通话中读 wǒ，南康方言读阳平 [ŋæ²]。

（2）跪：《广韵》"渠委切又去委切"，为群母上声字，普通话中读 guì，南康方言读阳平 [kʰue²]。

（四）去声字的特殊读音

1. 去声读阴平。在赣南，上犹东山镇，没有去声，所有去声字都读阴平。大余则去声浊声母字归阴平。南康只有少数几个字是这种情况，有清也有浊。

（1）碰（古作掽）：《字汇》"蒲孟切，彭去声。搚掽，撞也"，普通话读 pèng，南康方言中读阴平 [pʰəŋ¹]。

（2）胵：《广韵》"腻也，乃亚切"，南康方言读 [nia¹]。

（3）亚：《广韵》"衣架切"，在南康的白读音中读 [a¹]，文读音为 [ia⁴]。

（4）焖：此字不见于《广韵》《集韵》《康熙字典》等古代工具书，普通话读去声 mèn，南康方言声阴平 [mẽ¹]。

2. 去声读上声。练春招认为浊去归上声不见于赣南，其源头在闽西，并在迁入粤东粤北之前完成。南康发现有一例浊去归上声属于这种情况。还有另一例清去读上声的。

（1）浊去读上声

调 [tʰio³]：调换。这个字《广韵》有"徒聊切"和"徒吊切"两个读音，南康方言有此两读音，分别表示调和与调动义。但南康"调"还有一个声调：上声，表调换义时读，如：调肩（换肩），调手（换手），调位子（换位子），该两家人的细眼子调了啦（这两家人的小孩子换掉了）。

（2）清去读上声

券 [tɕ̃ĩ³]，《广韵》去愿切，溪母字，去声。这个字在南康读音与"卷"一样，声母由次清读成全清，声调也由清去读成上声了。

（3）浊去读阳平

晾 [lɔ̃²]，《集韵》郎宕切，暴也。这个字基本上被公认的表示晾晒衣物的 [lɔ̃²] 的本字，在南康方言中读阳平，不读去声。

（五）古音有不同的声调，南康话和普通话选择不一样。

虹 [kɔ̃⁴]，《广韵》古巷切，又音红，有去声和平声两读，南康读去声 [kɔ̃⁴]。

第四节　音变及文白异读

一　语流音变

（一）"唔"的连读变调。南康方言的否定词"唔"与其他词连读时，会出现增音、同化、脱落现象，最后可变为一个音节。

（1）唔要 [ŋ̍ io⁴] — [ŋ̍ nio⁴] — [nio⁴]：不要，有的写作"嫑"

（2）唔挨¯ [ŋ̍ æ¹] — [ŋ̍ ŋæ¹] — [ŋæ¹]：不愿

（2）唔肯 [ŋ̍ hẽ³] — [ŋ̍ ŋẽ³] — [ŋẽ³]：不肯

（4）唔系 [ŋ̍ he⁴] — [ŋ̍ ŋe⁴] — [ŋe⁴]：不是

（5）唔好 [ŋ̍ hɔ³] — [ŋ̍ ŋɔ³] — [ŋɔ³]：不好，有的写作"孬"

（6）唔曾 [ŋ tsʰẽ²] — [ŋ nẽ²] — [nẽ²]：不曾（潭口片、龙回片）

（7）唔争 [ŋ tsã¹] — [tsã¹]：不必

（1）、（2）先是增音，增的是相同或部分相同的音 [ŋ] [n]，然后进一步脱落 [niɔ⁴] [ŋæ¹]。（3）（4）（5）先是完全同化，把 [h] 读成 [ŋ]，然后进一步脱落为 [ŋẽ] [ŋe⁴] [ŋɔ³]。（6）是先部分同化，先把 [tsʰ] 发 [n]，然后把 [ŋ] 脱落。（7）是直接脱落，去掉 [ŋ]。以上词以第二个音和第三个音为常见，只有为了强调才读没有音变的本音。（2）"唔挨"中的"挨"为同音替代字，本字不清楚，没有对应的肯定词 [æ¹]。另外，（6）（7）中的"曾""争"也没有对应的肯定用法，如：唔曾去过赣州——去过赣州，唔争拿钱——要拿钱，不能说成"曾去过"或"争拿钱"。

（二）"一下" [iɛʔ⁵ha⁴] – [ia⁴]：全部，这个合音主要是脱落，把前一个字音的后部及后一个字音的声母都脱落了，读起来与"夜"音相同。

（三）"克系"有两种合音，① [kʰeʔ⁵he⁴] — [kʰe⁴]：是不是，这个合音保留了前一个字的声母韵母，声调用的是后一个字的去声。口 [kʰe⁴] 主要用于征询，往往是自己有答案，但不太肯定，印证一下是不是如此，相当于"是吗""是不是"。口 [kʰe⁴] 与前面的句子可以连在一起说，也可以略顿一下，等一下别人的反应再说。

你唔要口 [kʰe⁴]（你不要，是不是）？

小东去上海啦，口 [kʰe⁴]（小东去上海了，是不是）？

你唔想去读书，口 [kʰe⁴]（你不想去读书，是吗）？

如果重读口 [kʰe⁴]，则有训斥，甚至威胁的语气在内，主语一般是第二人称"你"，这时不用回答"系"或"唔系"，而是用行动来表示。

你唔怕打，口 [kʰe⁴]（你不怕打，是不是）？

你净只晓得嫽，口 [kʰe⁴]（你就只晓得贪玩，是不是）？

② [kʰeʔ⁵he⁴] — [kʰeʔ⁵]，即直接把"克系"说成"克"，这属于语音脱落，如：

该本书克（系）你的（这本书是不是你的）？

（四）蚂蚁 [ma¹i³] — [ma¹mi¹]，后一音节受前一音节的影响，加上了声母 m，声调也归阴平了。但也有可能这个词是"蚂尾"，那不存在音变问题了。

二 内部屈折

南康方言有几个词有内部屈折，屈折方式为改变声调（具体分析见语法章）。

（一）指事代词"该"读阳平 [kæ²]，表近指，相当于"这"，读 [kæ⁴]，表远指，相当于"那"。指事代词"拈"读阴平 [nĩ¹]，表远指，相当于"那"，读 [nĩ⁴]，表更远指。

（二）来，读 [le²] 相当于普通话的"来"。读 [le⁴] 则相当于"去"。

（三）人人 niən⁴ niən²˙ 把第一个"人"由阳平改为去声，意为"谁"。日日 nie³nieʔ⁵，把第一个"日"的声调由入声改为上声，意为"不确定的但又太久的将来的某一天"。如果不变读，则"人人""日日"就是一般的名词重叠，意为"每人""天天"。

（四）"把""拿"作介词时都读为入声 [paʔ⁵] [naʔ⁵]，做动词分别是上声和阳平。

（五）"馳"本为上声字，作母亲的引称"馳佬"，北片坑声"馳馳"表姨母时，龙华潭口的"馳公馳婆"（外公外婆）均读上声，但各片"馳"读入声时则为伯母，如大馳二馳（大伯母二伯母）。

（六）潭口声"婆"用得较多，读上声称母亲为"婆"me³¹"，称伯母为"伯婆me³¹"，称婶婶则读阳平"婆婆me²¹"。这个区别只有本地人能分得清，在外人听起来几乎一样。

三　强调式音变

南康方言在表示强调时，往往把其他声调读成高升调，调值一般为35，当然说话更用力些，音重也加强了。如果是量词，还可以再重叠一下，强调意味更浓了。从词义上来说，适合这种表达的一般都有"小、少"的含义。如：

1. 崽子，如果读一般上声调，指一般小称；如果读得高升而重，则表示强调特别小。如"狗崽 [tse³¹] 子"，指的是小狗，"狗崽 [tse³⁵] 子"指特别小的狗。

2. 一股子，表示一小段绳子、路程之类的，读上声 [ku³¹]，表示一小段，若读成 [ku³⁵]，则表示主观上认为特别短。如果再重叠一下说成"一股股 [ku³¹ku³⁵] 子"，则表示觉得更短了。

3. 一滴 [tiʔ⁵] 子，一鬃 [liɔ²⁴] 子，都表示一点儿，若读成一滴 [ti³⁵] 子或一鬃 [liɔ³⁵] 子，表示主观上感觉特别少，如果再重叠一下，说成一滴滴 [tiʔ⁵ ti³⁵] 子或一鬃鬃 [liɔ²⁴ liɔ³⁵] 子，则表示觉得更少了。

四　文白异读

所谓白读音指的是口语音，文读音就是读书音。一般来说，方言固有语词、日常生活上常用的动作、器物、语法功能词多是白读，借自古代汉语、普通话、其他方言及语言的多为文读音。

（一）有些白读音只见于姓氏和专名，其他词为文读音。

谢（白）[tɕʰia⁴] 姓氏　　　　　（文）[ɕia⁴] 凋谢、感谢

坑（白）[hã¹] 山之间的山谷地带　（文）[kʰəŋ¹] 坑蒙拐骗

幸（白）[hẽ⁴] 姓氏　　　　　　（文）[ɕiən⁴] 幸福、幸运、幸会

黄（白）[hɔ²] 姓氏　　　　　　（文）[ɔ̃²] 黄色

伍（白）[ŋ³] 姓氏　　　　　　（文）[vu³] 退伍

（二）有些词，年轻人较少用白读音，基本上用文读音来说，老年人则
将白读音和文读音区分较明显。这是处于渐渐消失状态的白读音。

开（白）[hue¹] 开水、开会　　　（文）[kʰæ¹] 开始、开关

海（白）[hue³] 海带、海参　　　（文）[hæ³] 东海

关（白）[kʰuã¹] 关门　　　　　（文）[kuã¹] 关系

外（白）[ve⁴] 外头、外婆、外氏　（文）[væ⁴] 外国

（三）有些词意义与普通话一样，白读音和文读音分别构成一些词，不混淆。

口（白）[hio³] 口水、口干　　　（文）[kʰio³] 口才

争（白）[tsã¹] 争到来、争气　　（文）[tsẽ] 斗争、争滴子 (差点儿)

该（白）[kue¹] 该死　　　　　（文）[kæ¹] 应该

会（白）[ve⁴] 会开车　　　　　（文）[hue⁴] 开会

代（白）[tʰe⁴] 一代人　　　　　（文）[tæ⁴] 代表

（四）有些词的意义普通话没有（除了"正月"），用白读音，其他用文
读音。

精（白）[tɕiã¹]（谷子）蛮精　　（文）[tɕiən¹] 精神

正（白）① [tsã³] 舞正 (弄好)；刚刚

　　　　② [tsã¹] 正月　　　　（文）[tɕiən⁴] 正确

整（白）[tsã³] 整表 (修理)　　　（文）[tɕiən³] 整齐

荷（白）[kʰæ¹] 挑　　　　　　（文）[ho³] 薄荷、荷花

安（白）[ũ¹] 安子 (安慰、叫做)、安纽子、安灯泡

　　　　　　　　　　　　　　（文）[ŋã¹] 平安、安全

拖（白）[tʰæ²] 拖藤　　　　　（文）[tʰo¹] 拖地

渠（白）[tɕi²] 第三人称　　　　（文）[tɕʰi¹] 章汇渠 (水渠名)

解（白）[kæ⁴] 解 (锯) 板　　　　（文）[kæ³] 解放、解开、解释

（五）在浊上归阴平的现象中也存在文白异读，白读音为阴平，文读音
次浊为上声，全浊为去声。

动（白）[tʰəŋ¹] 动一下　　　　（文）[tʰəŋ⁴] 运动会

断（白）[tʰũ¹] 断手断脚　　　　（文）[tʰũ⁴] 判断

重（白）[tsʰəŋ¹] 蛮重　　　　　（文）[tsʰəŋ⁴] 重要

被（白）[pʰi¹] 被窝　　　　　　（文）[pʰi⁴] 被动

领（白）[tiã¹] 风领　　　　　　（文）[tiã³] 领情

（六）非敷奉微中读成 [p][pʰ][m] 的有几个白读为 [p][pʰ][m]，文读为 [f][v]。

扶（白）[pʰu³] 扶手　　　　　　（文）[fu³] 帮扶

伏（白）[pʰuʔ⁵] 伏倒　　　　　（文）[fuʔ⁵] 埋伏

问（白）[mẽ⁴] 问人　　　　　　（文）[vẽ⁴] 问题

尾（白）[mi¹] 尾巴　　　　　　（文）[ve⁴] 尾气

（七）来母部分字细音前白读为 [t]，文读为 [l]。

领（白）[tiã¹] 风领　　　　　　（文）[liã¹] 领导

零（白）[tiã³] 零钱　　　　　　（文）[liã³] 二〇〇一年

理（白）[ti³ʼ] 唔要理渠　　　　（文）[li³] 理解

礼（白）[ti³] 礼簿　　　　　　（文）[li³] 礼貌

（八）梗摄部分字白读为 [ã][iã¹][aʔ]，文读为 [iəŋ][ẽ][eʔ⁵]。

1. 白读为 [ã][iã¹]，文读为 [iəŋ]

声（白）[sã¹] 声气、唐江声 、声唔得

　　　　　　　　　　　　　　　（文）[ɕiəŋ¹] 声张、声望

成（白）① [sã²] 办成了、冇滴成

　　　　② [tsʰã²] 分成　　　　（文）[ɕiəŋ²] 成功、成本

城（白）[sã²] 城墙　　　　　　（文）[ɕiəŋ²] 城管

青（白）[tɕʰiã¹] 青菜、青砖　　（文）[tɕʰiəŋ¹] 青霉素

平（白）[pʰiã²] 蛮平　　　　　（文）[pʰiəŋ²] 水平，公平

命（白）[miã²] 命好　　　　　（文）[miəŋ⁴] 命令

正（白）[tsã¹] 正月　　　　　（文 [tɕiəŋ⁴] 正确

2. 白读为 [ã]，文读为 [ẽ]

生（白）[sã¹] 生鱼子、翻生　　（文）[sẽ¹] 生活、生动

争（白）[tsã¹] 争到来　　　　（文）[tsẽ¹] 争取、争滴子（差点儿）

省（白）[sã³] 蛮省、省净　　　（文）[sẽ³] 省份

3. 白读音为 [aʔ][iaʔ]，文读音为 [eʔ][iɛʔ]

格（白）[kaʔ⁵] 格子　　　　　（文）[keʔ⁵] 严格

客（白）[kʰaʔ⁵] 人客、客套　　（文）[kʰeʔ⁵] 客气

席（白）[tɕʰiaʔ⁵] 席子　　　　（文）[ɕiɛʔ⁵] 上席

惜（白）[ɕiaʔ⁵] 蛮惜（很疼爱）　（文）[ɕiɛʔ⁵] 可惜

（九）有些词的不同读音没有场合或色彩上的差异，都是口语中的常见词，但二者的意义或功能有些不同，应该说是多音词或同音词。从语音对

应关系来看，前面一列是白读音，后一列更接近文读音。

气（白）[çi⁴] 气死、气色　　　　　　（文）[tɕʰi⁴] 空气 、沼气

个（白）[ke⁴] 助词，我个　　　　　　（文）[kæ⁴] 量词，一个

女（白）[niɛ³] 女儿　　　　　　　　　（文）[ni³] 女人

肚（白）[tʰu¹] 肚痛　　　　　　　　　（文）[tu³] 猪肚子

该（白）[kue¹] 该死　　　　　　　　　（文）[kæ²] 代词 这

满（白）[mã¹] 满叔　　　　　　　　　（文）[mũ³] 满足

像（白）[tɕʰiɔ̃⁴] 蛮像　　　　　　　　（文）[çiɔ̃⁴] 画像

扑（白）[poʔ⁵] 扑克　　　　　　　　　（文）[pʰuʔ⁵] 扑过来

自（白）[sɿ⁴] 自家　　　　　　　　　（文）[tsʰɿ⁴] 自私

羹（白）[kã¹] 米羹　　　　　　　　　（文）[kẽ¹] 调羹（小勺子）

苦（白）[fu³] 味道　　　　　　　　　（文）[kʰu³]（生活、心里）苦

席（白）[tɕʰiaʔ⁵] 席子　　　　　　　（文）[çiɛʔ⁵] 上席

里（白）[ti¹] 一里路　　　　　　　　（文）[ti³] 屋里

第五节　南康方言的声韵调配合关系

南康方言声韵调配合表之一

	ɣ/ɣʔ⁵	i/iʔ⁵	u/uʔ⁵	a/aʔ⁵	ia/iaʔ⁵
	阴阳上去入 平平声声声 2421315 15	阴阳上去 入 平平声声 声 242213151 5	阴阳上去 入 平平声声 声 242213151 5	阴阳上去 入 平平声声 声 242213151 5	阴阳上去 入 平平声声 声 242213151 5
p pʰ m f v		碑　比毙 批皮　鼻 尾迷米泌 飞肥 肺	晡　补布 铺扶普步 扑 模姆幕 木 肤胡苦裤 福 乌吴舞雾 屋	疤　把霸 八 爬　怕 白 妈麻马骂 袜 　　　　发 挖　话 滑	⑦　　　壁 ⑧⑨　　劈 摸　　　⑩
t tʰ n l		低犁抵利 力 梯提体替 你女二 铝离理莉	都　赌妒屡 肚图土吐 突 奴努怒 蠕 虪卢卤路 鹿	打　答 　　　　踏 拿③　　纳 拉蝓　辣	爹提嗲　⑪ 　提　⑫粜 惹　　⑬ 　　　⑭
ts tsʰ s	知　指志 痴迟耻刺 撕时死事食		朱　主注 竹 粗厨础住 ① 书　暑树 叔	渣　者炸 只 车茶扯岔 尺 沙蛇舍射 杀	
tɕ tɕʰ ɕ		鸡渠几记 蛆棋取汽 西　洗气			据　驰借 迹 斜　谢席 ⑮　写谢 惜

续表

	ɤ/ɤʔ⁵	i/iʔ⁵	u/uʔ⁵	a/aʔ⁵	ia/iaʔ⁵
	阴阳上去入 平平声声声 242131515	阴阳上去入 平平声声声 242131515	阴阳上去入 平平声声声 242131515	阴阳上去入 平平声声声 242131515	阴阳上去入 平平声声声 242131515
k kʰ ŋ h			姑　古故谷 枯　苦库 ② 　　　忽	加　假嫁夹 掐　卡　客 睚芽瓦挜 轧 虾④⑤夏吓	
∅		医移椅亿		丫　哑⑥　鸭	也爷野夜 熁

①tsuʔ⁵：呛到　　　　　　　　②kʰuʔ⁵：水淹
③na²：黏　　　　　　　　　　④ha²：胳肢
⑤ha³：把东西下给别人　　　　⑥aʔ⁵：硬塞东西给别人
⑦pia¹：蹲　　　　　　　　　　⑧pʰia¹：双腿叉开
⑨pʰia²：～～跌　　　　　　　⑩mia²：用巴掌打
⑪tia²⁵：一～土　　　　　　　⑫tʰia⁴：一种民间乐器，唢呐
⑬nia²⁵：～甜，很甜　　　　　⑭lia²⁵：剖开
⑮ɕia¹：手掌伸开，有人写作"奢"。

南康方言声韵调配合表之二

	ua/uaʔ⁵	o/oʔ⁵	io/ioʔ⁵	ɔ
	阴阳上去入 平平声声声 242131515	阴阳上去入 平平声声声 242131515	阴阳上去入 平平声声声 242131515	阴阳上去入 平平声声声 242131515
P Pʰ m f v		波　②簸剥 婆　破泼 嬷魔拍磨 末 　　　　物	亩谋某茂 　浮否	包　饱报 抛刨　炮 毛茅卯帽
t tʰ n l		多　躲剁掇 拖驮椭 择 　　揉 踩 ③笋　乐	莬 抖斗 偷头敨豆 ⑥⑦纽⑧弱 楼篓漏略	刀　导到 涛桃讨道 　铙脑闹 摎捞老甓
ts tsʰ s		左做着 坐　错出 梭④锁 勺		招　早灶 操潮草造 烧韶少扫
tɕ tɕʰ ɕ			邹　走皱脚 ⑨糗揉凑确 馊　瘦削	
k kʰ ŋ h	瓜　剐挂刮 夸　垮跨阔 花划　画①	哥　果过郭 科　可课壳 鹅　饿岳 ⑤河火货学	沟　狗够 抠⑩口扣 欧　藕 厚猴口后	高　搞告 敲　考铐 咬熬⑪傲 豪好孝

续表

	ua/uaʔ^5	o/oʔ^5	io/ioʔ^5	ɔ
	阴阳上去入 平平声声声 242131515	阴阳上去入 平平声声声 242131515	阴阳上去入 平平声声声 242131515	阴阳上去入 平平声声声 242131515
Ø		屙讹　恶	瓯　呕沤药	拗坳

①huaʔ^5：把东西拨开　　　　　　②poʔ^2：~碎：指人过于谨慎

③loʔ^1：拖着　　　　　　　　　④soʔ^2：人蠢

⑤hoʔ^1：哄人　　　　　　　　　⑥nioʔ^1：把东西弄皱

⑦nioʔ^2：稠　　　　　　　　　　⑧nioʔ^4：逗小孩

⑨tɕʰioʔ^1：把鞋跟拉起来　　　　⑩kʰioʔ^2：指人佝偻

⑪ŋɔ^3：用盐酱油腌制

南康方言声韵调配合表之三

	iɔ	æ	uæ	e/eʔ^5	ue/ueʔ^5
	阴阳上去入 平平声声声 242131515	阴阳上去入 平平声声声 242131515	阴阳上去入 平平声声声 242131515	阴阳上去入 平平声声声 242131515	阴阳上去入 平平声声声 242131515
p	标　表俵	①　摆拜		杯　鄙背北	
pʰ	飘薸　票	牌败		胚赔呸倍③	
m	苗秒庙	买埋　卖		④煤美妹默	
f					
v		歪怀崴外		煨危伟胃⑤	
t	雕　屏吊	呆　代		堆　逐对得	
tʰ	挑条调跳	汰大		推台腿退特	
n	绕　尿	奶哪耐		⑥	
l	鬃聊了料	拉粶籁		⑦来策类勑	
ts		斋载债		猪　煮嘴则	
tsʰ		猜柴踩蔡		苎财　罪直	
s		筛豺②赛	帅	衰薯水　舌	
tɕ	焦绞叫				
tɕʰ	锹桥巧轿				
ɕ	消小笑				
k		街该改介	乖拐怪	个革	归　鬼桂
kʰ		荷蟹溉	拷筷	咳	亏葵跪愧
ŋ		捱艾		鱼	
h		鞋海害	槐坏	系黑	开回悔汇
Ø	腰摇舀要	挨矮碍		⑧呃	

①pæ^1：女阴　　　　　　　　　②sæ^3：后缀，如恶~

③peʔ^5：~篮，一种大簸子　　　④me^1：小孩易哭

⑤veʔ^5：把东西折过来拗断　　　⑥neʔ^5：用二指甲掐

⑦le^1：碾　　　　　　　　　　⑧e^4：蠢

南康方言声韵调配合表之四

	iu/iuʔ⁵	ã	iã	uã	ɔ̃
	阴阳上去入 平平声声声 242131515	阴阳上去入 平平声声声 242131515	阴阳上去入 平平声声声 242131515	阴阳上去入 平平声声声 242131515	阴阳上去入 平平声声声 242131515
p pʰ m f v		班　板办 攀　庞鬆 满蛮曼慢 翻烦反饭 弯横挽办	饼偋 ①平　病 　明　命		帮绑　谤 　旁　盼 　忙网望 方房仿放 　　　旺
t tʰ n l	丢刘　　绿 　 　牛扭　肉 溜流柳溜	担　胆旦 摊痰坦蛋 繍南齉难 冷兰揽烂	钉零领② 　听　订 　迎　暝 领零　靓		裆③党当 汤糖踢烫 齉瓢 ④郎　浪
ts tsʰ s		争　斩站 餐残产赚 声成伞散			张　涨壮 仓长厂撞 霜尝爽尚
tɕ tɕʰ ɕ	周　久救足 秋球　旧菊 收　手嗅粟		惊　井镜 轻晴请净 腥　醒姓		
k kʰ ŋ h		间　减干 刊　砍 桜颜眼硬 坑　咸　限		关　梗惯 关	江　讲降 康吭　炕 糠行谎巷
Ø	有油　右	罂　揸晏	索赢影剩		黄

①piã¹：量词，摊　　　　　②tiã⁴：~被窝：缝被子
③tɔ̃²：~~搭搭：各种东西混搭　　④lɔ̃¹：把碗筷用清水稍微清洗一下

南康方言声韵调配合表之五

	iɔ̃	ĩ	ũ	ẽ	uẽ
	阴阳上去入 平平声声声 242131515	阴阳上去入 平平声声声 242131515	阴阳上去入 平平声声声 242131515	阴阳上去入 平平声声声 242131515	阴阳上去入 平平声声声 242131515
p pʰ m f v		编　扁变 偏便片 棉　勉面	搬　半 盘　拌 瞒满 碗	崩　本笨 喷盆 蚊门　问 分坟粉粪 温文　稳	
t tʰ n l	两凉两量 娘①让 梁　亮	癫连点店 天甜　电 拈年撵念 廉潋练	端　短锻 断团　段 暖 ②鸢卵乱	灯　等凳 吞藤　邓 ③能捻嫩 轮④论	

续表

	iɔ̃	ĩ	ũ	ẽ	uẽ
	阴阳上去入 平平声声声 242131515	阴阳上去入 平平声声声 242131515	阴阳上去入 平平声声声 242131515	阴阳上去入 平平声声声 242131515	阴阳上去入 平平声声声 242131515
ts tsʰ s			专 转钻 川传喘串 酸船 算	曾 展战 村层⑤寸 孙蝉损扇	
tɕ tɕʰ ɕ	姜 奖酱 枪强抢像 香祥想橡	尖 剪见 千前浅贱 先嫌选线			
k kʰ ŋ h			官 管灌 宽 款看 欢寒 换	根 哽更 啃 ⑥痕肯恨	滚棍 昆 棍困 婚魂 混
Ø	痒羊氧踢	烟盐远燕	庵 暗	摁 应	

①niɔ̃³: 在树枝或桥上上下晃动　②lũ¹: ~爽：做事毛糙
③nẽ¹: 睁眼　④lẽ³: 倒下
⑤tsʰẽ²: 指程度深　⑥hẽ¹: 应答词

南康方言声韵调配合表之六

	əŋ	iəŋ	iɛʔ⁵		
	阴阳上去 入 平平声声 声 24213151 5	阴阳上去 入 平平声声 声 24213151 5	阴阳上去 入 平平声声 声 24213151 5	阴阳上去 入 平平声声 声 24213151 5	阴阳上去 入 平平声声 声 24213151 5
P pʰ m f v	绷 捧嘣 碰朋 蒙蒙懵梦 风逢凤 翁蕹	兵 丙殡 拼评品 民敏命	鳖别 灭 ③		
t tʰ n l	东 懂冻 通同桶痛 脓①弄 聋龙	丁淋顶订 停挺定 忍人 认 ②菱 令	跌 贴 日 列		
ts tsʰ s	中 肿粽 冲虫摐铳 春厱丛送				
tɕ tɕʰ ɕ		今 枕进 亲寻蠢庆 新雄笋信	结切 歇		

续表

	əŋ	iəŋ	iɛʔ⁵		
	阴平 阳平 上声 去声 入声 24 21 31 51 5	阴平 阳平 上声 去声 入声 24 21 31 51 5	阴平 阳平 上声 去声 入声 24 21 31 51 5	阴平 阳平 上声 去声 入声 24 21 31 51 5	阴平 阳平 上声 去声 入声 24 21 31 51 5
k	公 拱贡				
kʰ	空 孔共				
ŋ					
h	烘红哄				
ø		荫云瘾用	—		

①nəŋ³：宠幸　　　　　　　②liəŋ¹：转圈

③fiɛʔ⁵：扔

第六节　南康方言同音字汇

下列同音字汇是南康的常用字，"□"表示写不出字形的方言字，一些方言俗字、古字、本地字略加以注释，注释字在右下角的小号字。没有区别意义的文白异读一般注白读音。声调 1 表阴平（24），2 表阳平（21），3 表上声（31），4 表去声（51），5 表入声（5）。

$$ɿ$$

ts 1 知支枝肢资姿咨芝之吱滋呲批 (用手指甲抓人)

　　3 指紫纸子旨止趾址齿仔脂籽稚

　　4 制致至置志痣治

tsʰ 1 痴嗤 (嗤嗤声；往热锅里加点水)

　　2 池驰瓷迟慈辞饲词持嗣刷 (拔鸡鸭等毛) 茨 (茅~：厕所) □ (席子等物长的小虫子)

　　3 此侈耻

　　4 字翅次痔刺□ (~饭：喂饭)

s 1 撕施私师狮尸司丝思诗偲飔

　　2 时

　　3 死屎史使驶匙始

　　4 世势逝誓氏四示视似祀士仕事市试侍寺柿恃 (倚~：指望，指靠) 莳

$$i$$

p 1 碑蓖陂

　　3 比髀

　　　4　毙币痹闭弊算痹口 _(蒂)

pʰ　1　批被披丕剃 _(削)

　　　2　皮脾琵枇啤疲口 _(片)

　　　4　屁鼻备庇

m　1　尾蚁眯口 _(抿住嘴) 汩 _(打冶~：潜水)

　　　2　迷眉弥猕

　　　3　米

　　　4　秘泌 _(把汁滤出)

f　1　飞非妃口 _(理发用推子推)

　　　2　肥

　　　4　肺费废

t　1　低嘀 _(表示指示作用的叹词)

　　　2　犁梨口 _(低下头)

　　　3　礼 _(礼数) 理 _(理会) 李抵底

　　　4　痢利 _(锋利)

tʰ　1　梯弟

　　　2　题提啼

　　　3　体

　　　4　替地剃屉第递

n　1　你

　　　2　泥尼仪疑拟

　　　3　女耳语

　　　4　二腻

l　1　鲤

　　　2　离璃黎狸泪

　　　3　理 _(~解) 礼 _(~貌)

　　　4　利 _(~息) 莉

tɕ　1　鸡饥机基箕其肌挤脐拘车 _(象棋的一子) 居

　　　2　渠 _(第三人称)

　　　3　几己麂姊枸矩举

　　　4　锯醉聚具纪继句际季计记寄祭济既妓

tɕʰ　1　蛆区欺徛 _(立) 崎 _(陡)

　　　2　期棋奇旗祁骑芪蜞麒荠齐

　　　3　启取企

4 气 (小~) 器汽技剧戏契弃忌觑

ɕ 1 西圩须熙嬉希稀溪□ (眯眼)

3 洗喜起

4 气 (生气) 细岁系（关系）序叙絮绪熻 (稍蒸一下)

Ø 1 衣依医迁

2 移姨胰渔遗于宇愚余宜娱

3 羽以倚椅已禹与

4 亿毅肄议抑意义谊艺异裕喻芋寓豫易誉御易

u

p 1 踔 (蹲) 晡

3 补

4 布怖□ (喷口水)

pʰ 1 铺潽 (溢) 簿

2 菩扶蒲瓠葡□ (量词，丛、撮) □ (焚烧) □ (风~：风疹)

3 普谱辅埠餔 (鱼~：鱼饼) 哺

4 步部

m 2 模

3 母姆牡

4 幕慕募墓

f 1 肤俘敷麸 (又作黏) 呼

2 胡湖符芙狐壶

3 苦虎斧腐府腑浒俯

4 副付傅富裤护赋赴附讣庳

v 1 乌污

2 吴坞 (小坑) 梧抚糊

3 舞武

4 务误悟恶雾

t 1 都嘟

3 赌肚堵

4 妒

tʰ 1 肚

2 图徒屠途涂

3 土

4 吐兔杜度镀渡

n 　2　奴

　　3　努

　　4　怒

l 　1　齇（锈）薹（～其）

　　2　卢芦如庐炉攎（挽起衣袖）鸬鲈

　　3　卤鲁虏

　　4　路鹭璐露

ts 　1　租朱珠株诸蛛

　　3　祖主组阻

　　4　注蛀铸驻着

tsʰ1　初柱粗

　　2　厨储除锄

　　3　楚础

　　4　住醋助处

s 　1　书输苏舒殊蔬酥枢

　　3　数暑署

　　4　树竖素墅恕

k 　1　姑菇孤箍渠（第三人称代词，北片）

　　3　古鼓牯股估

　　4　故固顾

kʰ 　1　枯口（打～：打鼾）

　　3　苦

　　4　酷库

a

p 　1　背（动词）爸疤巴笆

　　3　把（量词）

　　4　把（柄）坝霸

Pʰ 　2　爬杷琵钯扒耙笆

　　4　怕帕

m 　1　妈

　　2　麻蟆

　　3　马码

　　4　骂

v 　1　洼挖蛙

　　4 话 (说)

t　2 嗒 (～嘟～：唢呐声)

　　3 打

n　1 拿

　　2 □ (黏) □ (八月～：一种里野生水果)

l　1 拉□ (巡视，看望)

　　2 蝓 (～�880：蜘蛛)

　　3 喇

ts　1 渣遮楂抓揸

　　3 者 (语气词) 胙 (荷包～：用荷叶包肉蒸出来的特色菜)

　　4 炸诈榨蔗□ (朝，介词)

tsʰ　1 差叉车

　　2 查茶搽

　　3 扯

　　4 岔

s　1 沙纱赊杉痧砂裟

　　2 蛇

　　3 舍社洒

　　4 射麝刹

k　1 加袈家佳嘉

　　3 假□ (量词)

　　4 嫁价稼架

kʰ　1 掐 (量词)

　　3 卡

ŋ　1 丫 (张开嘴或物像嘴张开状)

　　2 芽牙蚜衙

　　3 瓦

　　4 挜 (硬塞，又写作研)

h　1 下 (下来) 虾哈

　　2 □ (往下扒)

　　3 □ (胳肢)

　　4 下 (生) 夏厦

Ø　1 桠亚丫鸦□ (～叉：笨)

　　3 哑

4 □ (硬塞，强迫)

ia

p 1 □ (蹲)

pʰ 1 □ (双腿叉开)

　2 □ (~~跌)

m 1 摸□ (~鼻：塌鼻)

t 1 爹

　2 提 (动词)

　3 嗲

tʰ 2 提 (量词)

　4 □ (一种吹乐器)

n 1 惹□ (小孩娇气黏人) 胅 (腻)

tɕ 1 据 (手脚不能伸展)

　2 毑 (母亲) □ (攀爬)

　4 借

tɕʰ 2 笡 (斜) □ (用手爪用力往上爬) 蠼 (蝓~：蜘蛛)

　4 谢 (姓) 扝 (用笆子扝) 跨 (让人从胯下或裤子下过)

ɕ 1 奢 (伸开)

　2 邪

　3 写

　4 谢 (凋谢)

Ø 1 也

　2 爷 (父亲)

　3 芋 (芋头刺激皮肤喉咙发痒；抓痒) 野掗 (用手抓；量词：一~瓜子)

　4 夜液

ua

k 1 瓜呱

　3 剐寡聒 (很能说)

　4 挂卦褂

kʰ 1 夸

　3 垮桍 (树枝)

　4 跨

h 1 花

　　2 划（~得来，~船）铧华桦

　　4 画话（普通话）化划（划线）

o

p　1 波（乳房；亲）菠坡玻

　　3 ⱱ（~碎：做事过于谨慎）

　　4 簸ⱱ（跑）

pʰ　2 婆

　　4 剖破

m　1 摸嫫（母亲面称）磨（做事慢）

　　2 磨（~刀）魔膜

　　3 掆（双手向上抱起）

　　4 磨（名词）

t　1 多

　　3 朵躲

　　4 剁跺

tʰ　1 拖

　　2 舵驼驮坨綡

　　3 椭

n　2 揉挪捼（双手揉搓）

　　4 糯蹂诺

l　1 口（拖）啰

　　2 罗萝箩锣逻螺脶（成圈的指纹）裸

ts　2 左佐

　　4 做

tsʰ　1 坐座

　　4 错措口（分配时依自己意愿占有一份）

s　1 蓑梭唆嗦口（吃）嗖

　　2 口（傻，呆）口（仰头）

　　3 锁所索（粗绳）

k　1 歌哥痀（器物用久磨损，钝）口（程度副词，很，县城用）

　　3 果裹馃（米~）

　　4 过

kʰ　1 科棵颗蝌窠苛改（用锄头挖）

　　3 可

　　　4　课

ŋ　2　鹅娥俄蛾讹 (发～子：小舌肿大)

　　4　饿

h　1　口 (顺着哄小孩)

　　2　河和荷何

　　3　火伙

　　4　货藿霍

Ø　1　屙

　　3　讹

io

m　1　亩谋

　　3　某

　　4　茂缪

f　2　浮凫口 (消～)

　　3　否

t　1　兜蔸口 (踢) 篼

　　3　斗 (一斗：大) 抖陡

　　4　斗 (把东西接起来；斗争；凑)

tʰ　1　偷

　　2　头投

　　3　敨 (休息) 口 (用水调)

　　4　透豆逗

n　1　揉 (使皱)

　　2　口 (稠)

　　3　纽

　　4　口 (惹小孩玩)

l　2　楼瘘

　　3　篓劙 (用针刺)

　　4　漏陋瘘 (唤鸡鸭猪等)

tɕ　1　邹

　　3　走

　　4　皱绉

tɕʰ　1　口 (提起鞋跟)

　　2　茄瘸 (单脚跳) 糗 (哭)

　　　3 搵（按住）

　　　4 凑

ɕ　1 馊搜

　　　4 瘦嗽

k　1 勾沟钩阄

　　　3 狗苟

　　　4 够购

kʰ　1 抠眍

　　　2 口（指人佝偻）

　　　3 口（～才）

　　　4 扣

ŋ　1 欧

　　　3 偶藕

h　1 厚

　　　2 猴喉馂（想别人的吃的）

　　　3 口（～水）

　　　4 后候

Ø　1 瓯殴

　　　3 呕

　　　4 沤怄

ɔ

p　1 包胞苞

　　　3 饱宝保堡煲

　　　4 报爆（裂开；冒出）豹㩧（用拳头打）

pʰ　1 抛（车颠簸）泡跑

　　　2 刨袍

　　　4 炮暴菢（孵蛋，抱窝）骲

m　1 毛髦

　　　2 矛茅冇锚

　　　3 卯铆

　　　4 冒貌贸帽

t　1 刀叨

　　　3 倒岛导祷

　　　4 到倒

tʰ　1　滔涛

　　2　桃逃陶萄淘（~饭：汤拌饭）绹（绑）

　　3　讨

　　4　道稻盗

n　2　挠（挠痒）铙绕（缠人）

　　3　脑恼

　　4　闹

l　1　□（把贝壳串成一圈用以跳房子的玩具）捞（讨好别人）摎（混合）

　　2　捞牢劳唠眍扰

　　3　老

　　4　□（用棍状物打）藟（稀疏）

ts　1　招昭遭糟沼朝艚（干燥）

　　3　早枣澡爪皂蚤

　　4　灶躁罩照笊召燥

tsʰ　1　抄操钞超

　　2　潮朝曹槽□（植物因晒或风吹而变干，但还没干透）

　　3　草炒吵

　　4　赵造糙撘（打搅，指小孩爱犯事）兆淆（淋雨；猪食）□（份量）

s　1　烧稍捎骚嫂□（鼓动，贬义）

　　2　韶

　　3　少

　　4　扫邵绍少□（~辣：做事利索）膆（馅）睄（~节）

k　1　高交郊教胶篙糕糟糕羔膏

　　3　搞稿搅稾（稻茬儿）

　　4　告较（以物换物；比较）窖教校觉（歌~）□（双手交叉抱胸或翘起二郎腿；缠在一起）骹（牙~）

kʰ　1　敲

　　3　考烤

　　3　靠锊□（两两相交，~驳：正好触着）

ŋ　1　咬

　　2　熬聱（歪）鳌

　　3　□（腌）孬（唔好的合音）

　　4　傲

h　2　豪毫嚎

　　3　好

　　4　好耗孝号效浩皓

Ø　3　拗袄

　　4　坳澳奥

iɔ

p　1　标彪镖焱（跳）

　　3　表婊裱

　　4　俵（分发）

pʰ　1　飘

　　2　藻（～子：浮萍）嫖瓢

　　4　票漂瘭

m　2　苗瞄描

　　3　秒渺

　　4　庙妙猫

t　1　刁□（聪明）鸟雕貂叼碉□（抬脚）

　　3　鸟（交合）

　　4　吊钓调

tʰ　1　挑刜（刻图章）

　　2　条调（调整）□（～起：起床，龙华）

　　3　调（换）

　　4　跳掉（头或尾摇摆）□（用锤子等砸）

n　2　饶绕

　　4　尿嫑（唔要的合音）

l　1　□（用脚轻踢）鬃（量词，细长物的单位。一～子：一点点）□（伸出舌头舔）

　　2　聊辽燎撩寮疗

　　3　了

　　4　料廖嫽（玩）

tɕ　1　蕉浇椒骄焦娇

　　3　铰饺绞搅缴狡侥

　　4　謷（哭）

tɕʰ　1　锹缲薅（～子：像葱头一样的菜）

　　2　桥荞侨瞧□（挑剔）

　　3　撬巧

　　4　噍（嚼）轿俏跷窍翘

ɕ　1　消霄宵硝销嚣萧箫肖逍

　　3　小晓
　　4　笑效
Ø　1　妖腰邀吆夭 _{（稀烂泥状物）}
　　2　摇窑谣姚
　　3　舀
　　4　要

æ

p　1　囗 _{（女阴）}
　　3　摆
　　4　拜
pʰ　2　排牌
　　4　败派
m　1　买
　　3　埋
　　4　卖
V　1　歪囗 _{（凶恶）}
　　2　怀 _{（～惠）}
　　3　崴
　　4　外 _{（～国）}
t　1　呆
　　4　带代 _{（～替）} 戴
tʰ　2　台 _{（～湾）} 汰拖 _{（～藤）}
　　4　大太泰态
n　1　奶 _{（祖母）}
　　3　奶哪
　　4　奈耐
l　1　囗 _{（拉）}
　　2　猍 _{（累）} 诔 _{（忘带东西）} 囗 _{（小憩）} 囗 _{（～屎尿：大小便失禁）}
　　4　赖俫 _{（男孩）} 癞爛 _{（烫）}
ts　1　斋灾
　　3　载宰
　　4　债再
tsʰ　1　猜搓差
　　2　柴才材豺

　　3　踩采彩睬

　　4　蔡寨

s　1　筛腮

　　2　豺 _(没油水而饿)

　　3　口 _(后缀, 迣~, 恶~)

　　4　赛晒

k　1　街阶皆

　　2　该 _(这)

　　3　改解

　　4　该 _(那) 戒界届钙介芥个械尬解 _(锯)

kʰ　1　开 _(公~) 荷 _(挑) 揩 _(擦干净)

　　3　概蟹楷凯

　　4　溉

ŋ　1　口 _(不愿意, 唔挨的合音)

　　2　我 _(又写作偓)，崖 _(~鹰; 老鹰) 呆 _(~板) 癌捱

　　4　艾爱

h　2　鞋孩还

　　3　海 _(文读)

　　4　害 _(文读)

Ø　1　挨哀

　　3　矮

　　4　碍隘

uæ

s　4　帅率

k　1　乖

　　2　拐拐蜗 _(青蛙的总称)

　　4　怪

kʰ　2　挎 _(一肩背物; 挑东西时两头不一样重)

　　4　快块筷剑挎

h　2　怀 _(文读) 槐淮

　　4　坏

e

p　1　杯悲卑口 _(手脚弯曲变形)

　　2　鄙 _(差)

4 贝背 (名词) 辈褙

p^h 1 胚

2 赔培陪

3 呸

4 倍背 (~书) 配佩

m 1 口 (小孩娇气易哭)

2 梅煤玫媒霉

3 每美口 (~手指: 吮吸手指)

4 妹

v 1 煨威葳微委偎

2 蛔违维围唯危苇

3 伟

4 外会 (能) 为谓慰猬味胃位卫

t 1 堆

3 趸 (整)

4 对碓 (木石做的舂米用具)

t^h 1 推

2 台苔

3 腿

4 代 (一~人) 袋退褪

l 1 口 (滚: 碾)

2 来擂雷磊

3 簕口 (伸舌头)

4 类累

ts 1 猪栽追

3 煮崽

4 嘴最

ts^h 1 在苴

2 裁财

4 菜罪

s 1 舐衰 (倒霉: 运气不好)

2 薯口 (~搭: 好色) 随

3 水

4 碎税

k　4　个 _(助词)

kʰ　4　口 _(可系的合音)

ŋ　2　鱼

h　4　系

Ø　1　儿而口 _(惊讶的语气)

　　4　口 _(笨)

ue

k　1　该归规龟

　　3　鬼轨诡癸

　　4　桂贵盖

kʰ　1　亏口 _(楼~:楼梯)

　　2　逵葵傀

　　3　跪

　　4　愧溃

h　1　开挥辉徽

　　2　回茴

　　3　海 _(白读)

　　4　悔贿毁会害

iu

t　1　丢

　　2　留刘

n　2　牛

　　3　扭口 _(果实结得密)

l　1　溜

　　2　瘤流硫琉

　　3　柳

　　4　溜

tɕ　1　周纠州洲舟鸠

　　3　酒久九灸韭

　　4　咒昼救咎皱纼 _(~螺:螺旋、旋涡)

tɕʰ　1　秋聚邱丘抽舅袖挈 _(聚)

　　2　球求仇囚兽酬筹绸稠

　　4　旧臭就

ɕ　1　收休修羞

　　3　手守首朽

　　4　秀绣寿嗅受授售粟

Ø　1　有优忧幽

　　2　油由邮游犹尤悠友

　　4　又右诱釉幼佑

ã

p　1　斑班扳般颁搒_{（使劲拉，拔）}

　　3　板版牓

　　4　办扮口_{（用力往地上摔）}

pʰ　1　攀潘

　　2　棚_{（～楼）}庞

　　4　襻髼_{（大缸）}浿_{（沼泽地）}胖_{（酥脆；中空的）}

m　1　满_{（排行最小的）}暝飴_{（饭，儿童用语）}

　　2　蛮

　　3　猛_{（长）}口_{（瓣）}

　　4　慢漫蔓缦_{（皮垢）}

f　1　翻番

　　2　烦繁凡帆樊

　　3　反

　　4　饭犯范泛贩

v　1　弯湾鲩_{（草鱼）}

　　2　完还顽横

　　3　挽晚

　　4　万

t　1　担单耽丹觇_{（抬头）}

　　3　胆口_{（在水中煮一下捞起）}

　　4　旦组_{（缝长针）}

tʰ　1　淡摊贪滩瘫口_{（使东西冷却）}

　　2　弹痰潭谭谈檀坛燂_{（微火烧）}

　　3　毯坦

　　4　蛋叹炭探弹

n　1　繃_{（繃机：土织布机）}

　　2　南难男腩

　　3　趯_{（蹬）}口_{（北片"什么"）}口_{（一～：大拇指与中指张开的距离）}

　　4　难口 _(~子: 皮肤上长的疙瘩) 口 _(口[teʔ⁵]~: 里面)

l　1　冷懒澜 _(口水)

　　2　拦栏蓝篮兰

　　3　揽缆榄

　　4　烂滥㳘 _(鸡~子: 未生蛋的小母鸡)

ts　1　争正瞻簪口 _(用关节敲) 踭 _(脚后跟; 胳膊肘)

　　3　斩整 _(修) 嫃 _(精明能干) 盏

　　4　站正 _(好了, 妥了; 刚刚)

tsʰ　1　餐参掺

　　2　蚕惭谗残橙成 _(分~) 晟 _(光刺眼, 照射)

　　3　产铲惨

　　4　赚暂灿撑绽 _(长出新的) 口 _(故意说话惹别人)

s　1　三衫珊山声 _(说; 方音; 声音) 生牲删裳

　　2　成城

　　3　伞省嗓散

　　4　散

k　1　间艰甘监 _(做事计较) 尴奸咁 _(这样)

　　3　碱减橄简拣感

　　4　干监 _(~考) 鉴间 _(绊) 口 _(~尽: 把汤中的少量菜挟掉)

kʰ　1　刊苦勘龛鸽 _(鸡啄食)

　　3　砍

ŋ　1　安 _(安全) 口 _(以头撞) 口 _(小孩瘦小) 桉

　　2　颜岩 _(悬出) 顽

　　3　眼錎 _(点头)

　　4　硬岸雁案

h　1　坑

　　2　咸闲杭航函衔

　　4　憾喊限撼

Ø　1　罌

　　3　揞盒 _(盒覆: 趴着睡)

　　4　晏

iã

p　3　饼

　　4　偋 _(躲藏)

pʰ 1 □ （量词：滩、丛）

　 2 平坪

　 4 病

m 2 名明

　 4 命

t 1 钉岭疗鼎□ （扔）

　 2 零

　 3 领

　 4 □ （缝被子） □ （冰人）

tʰ 1 厅听

　 4 定订

n 2 迎

　 4 暎 （暎牛：放牛）

l 1 领 （风～：领子）

　 2 零

　 4 靓 （很好） 亮

tɕ 1 精惊荆腈

　 3 井颈

　 4 镜

tɕʰ 1 轻青槛

　 2 晴擎

　 3 请

　 4 净儆 （忌；爱惜）

ɕ 1 腥星兄

　 3 醒谢 （多谢）

　 4 姓性

Ø 1 萦

　 2 赢营

　 3 影

　 4 媵 （剩）

uã

k 1 关 （关心）

　 3 梗

　 4 惯掼

kʰ　1　关 (关门)

ɔ̃

p　1　邦帮

　　3　榜磅傍 (～饭: 佐饭) 绑

　　4　谤

pʰ　2　旁

　　4　盼

m　2　忙芒氓亡盲

　　3　网蟒

　　4　望忘妄

f　1　芳方

　　2　房防妨肪

　　3　纺仿访

　　4　放

v　4　旺

t　1　当 (应～)

　　2　口 (～～搭搭: 多而杂乱)

　　3　党

　　4　当 (上～)

tʰ　1　汤

　　2　堂唐糖塘螳螳棠

　　3　踼 (滑, 滑倒)

　　4　宕 (错过时机) 烫趟荡遏 (迷路) 荡 (～平: 刷平)

n　1　饟 (烦腻)

　　2　瓤囊嚷

l　1　口 (～爽: 做事马虎) 口 (水中稍微冲洗一下)

　　2　狼廊郎眼口 (对小孩子缺乏管教) 宸 (～廉: 大而空)

　　4　浪

ts　1　装张章庄赃樟瘴桩

　　3　长涨掌

　　4　胀账帐藏壮障葬仗状脏 (心～)

tsʰ　1　疮仓昌菖窗苍

　　2　长肠床常嫦

　　3　场厂闯

　　4　唱畅撞创丈

s　　1　上 (动词, 上~) 商丧霜桑伤双

　　2　尝偿

　　3　爽赏□ (用铲子往畚箕里装土沙等)

　　4　尚上 (方位词) 丧

k　　1　江光搁 (抬) 豇纲岗缸刚冈

　　3　讲广岗港

　　4　虹杠钢 (把脏擦到别处; 钢铁) 降

kʰ　1　康匡康 (寅~)

　　2　吭 (说话带训人口气)

　　4　炕 (烤) 旷况抗矿□ (~泡子: 蚌)

ŋ　　2　昂仰

h　　1　糠慌荒

　　2　行皇蝗凰磺簧黄 (姓)

　　3　恍谎晃幌

　　4　巷项□ (叹词, 希望别人同意自己的观点)

Ø　　2　黄 (颜色)

iɔ̃

t　　1　两 (重量单位)

　　2　凉量 (~米) 梁

　　3　两 (~个)

　　4　量 (~大)

n　　2　娘

　　3　□ (在树枝或桥上上下晃动) □ (~什子: 怎么)

　　4　让酿

l　　2　良粮量梁梁

　　4　亮谅量

tɕ　1　将姜浆疆

　　3　蒋奖桨

　　4　将酱

tɕʰ　1　枪腔

　　2　强墙

　　3　抢

　　4　像犟

ɕ　1　香镶相箱乡湘襄厢

　　2　祥降翔祥

　　3　想响享

　　4　象项（项链）向橡相（相片）

Ø　1　秧央莺痒殃养（生，养）

　　2　羊烊阳杨扬垟洋疡

　　3　氧

　　4　样諹（人多）

ĩ

p　1　边鞭编辫

　　3　扁匾口（传染；蘸）

　　4　变

pʰ　1　偏篇遍

　　2　便

　　4　骗片辩辨便

m　2　棉绵眠

　　3　免勉

　　4　面

t　1　癫颠

　　2　连

　　3　点典

　　4　店惦奠殿

tʰ　1　天添

　　2　田甜填

　　4　垫电簟

n　1　软拈研

　　2　年严

　　3　撵

　　4　念验染

l　2　连联怜莲帘镰鲢廉

　　3　脸敛潋（水干了）

　　4　练炼链殓恋

tɕ　1　尖肩煎坚艰歼兼檄（挤；楔子）

　　3　剪捡茧检卷

　　4　见建箭剑荐舰

tɕʰ　1　千圈迁谦牵签

　　2　钱前钳干搛 (~菜) 泉权拑

　　3　浅遣潜

　　4　欠健贱嵌饯件劝券践歉

ɕ　1　先鲜仙掀轩

　　2　嫌

　　3　选蟴 (~公：蚯蚓) □ (鹅咬人)

　　4　线现羡献宪县骟 (~鸡：阉过的鸡)

Ø　1　烟胭渊鸳冤援

　　2　圆沿元缘袁櫂原源芫盐炎延员阉然园

　　3　演远掩

　　4　愿苑怨院咽艳谚燕厌宴砚焰堰敥 (把灰等撒匀)

ũ

p　1　搬

　　4　半

pʰ　2　盘

　　4　拌判叛绊

m　2　瞒

　　3　满

v　3　腕碗

t　1　端

　　3　短挡

　　4　锻

tʰ　1　断

　　2　团

　　4　段缎煅煅

n　1　暖

l　1　□ (扒拢) □ (偷汉子)

　　2　鸾

　　3　卵 (男阴)

　　4　乱

ts　1　钻砖专

　　3　转

　　　　4 钻口 (突然倒地)

tsʰ　1 川窜

　　　2 传椽

　　　3 喘

　　　4 串氽 (打汤) 篡

s　　1 酸

　　　2 船

　　　4 算蒜

k　　1 官干肝观 (观音) 棺柑 (橘子)

　　　3 管敢秆馆赶

　　　4 赣冠罐贯灌

kʰ　1 宽

　　　3 款

　　　4 看墈 (或写作"磡")

h　　1 欢旱

　　　2 寒

　　　3 缓

　　　4 汉汗焊宦患幻换痪

Ø　　1 安 (～灯泡; ～子: 安慰) 鞍庵

　　　4 案暗

ɐ̃

p　　1 崩奔口 (喂养家禽家畜, 北片用)

　　　3 本

　　　4 笨凭 (靠)

pʰ　1 喷

　　　2 硼盆

m　　1 蚊焖

　　　2 门

　　　4 问闷

f　　1 分芬纷

　　　2 焚坟

　　　3 粉

　　　4 粪愤奋份分忿

v　　1 温瘟扠 (从腰间相互搂住, 如～腰胶: 摔胶)

　　2　文纹闻炆

　　3　稳吻刎

t　1　灯登筝瞪敦扽（来回扯动）蹾（踔）噔（打～～：小孩站立学步）炖（不加层放在水上蒸，～药）

　　3　等墩

　　4　凳顿炖敦（柱状形物往下击）

tʰ　1　吞

　　2　屯藤腾眷澄豚縢

　　4　邓钝梯（～头）□（耽误）

n　1　□（睁眼）

　　2　能脍（酥软）

　　3　□（踮脚）捻（捻）

　　4　嫩

l　2　轮伦沦抡

　　3　□（慢慢倒）

　　4　论

ts　1　增曾尊遵睁砧□（～米：早稻米）争（相差，～滴子：差点儿）

　　3　展□（压住）扰（也考证为"撨"：盖章）

　　4　战占橧（炊具）挣（用力）

tsʰ　1　村

　　2　层存缠曾

　　3　□（程度深）

　　4　寸衬

s　1　孙参森生僧搁

　　2　蝉

　　3　损省闪

　　4　善鳝渗扇膳搧

k　1　根跟庚羹耕

　　3　簪（又写作"噙"：盖住）哽

　　4　更埂（山顶上小路）□（～脓：起脓）□（装了柄的小竹筒）

kʰ　3　啃垦恳

h　1　□（应答词）

　　2　痕衡行緪（紧，严）

　　3　很肯□（愧惜的叹词）

　　4　恨幸（姓氏）凼（山坳，用于地名）

Ø　1　揞（双手捧或双手环抱）

　　3　嗯

　　4　应（应答）

uẽ

k　3　滚绲（～边）

　　4　棍

kʰ　1　昆坤莙

　　3　捆

　　4　困

h　1　婚昏

　　2　魂浑

　　3　混

əŋ

p　1　□（放屁声，空）绷

　　3　捧

　　4　嘣（象声词）

pʰ　1　碰

　　2　朋棚蓬篷□（丛）

m　1　蒙

　　2　朦蒙□（描摹）檬矇

　　3　猛懵

　　4　孟梦

f　1　风疯枫讽丰封蜂峰锋

　　2　逢缝

　　4　凤奉缝俸

v　1　翁瓮

　　4　蕹

t　1　冬东中（头顶东西、遮盖）

　　2　□（～～搭搭：东西不配套或说话前后不搭架）

　　3　懂董

　　4　冻栋崬（山脊）

tʰ　1　动通

　　2　同铜童桐瞳筒

　　3　桶捅统

　　　4 动痛洞

n　2 脓农齈 (稠鼻涕)

　　3 □ (娇惯) □ (～毛狗：翻毛狗)

　　4 弄□ (皱)

l　1 聋笼拢

　　2 龙笼□ (伸手) 隆垄垅砻 (碾谷子的工具) 窿 (空)

ts　1 中综宗忠钟踪棕鬃鬔 (毛发蓬乱) □ (随便抓)

　　3 种总肿□ (吃, 贬义)

　　4 粽纵中众

tsʰ　1 葱聪充重 (很～) 冲

　　2 虫崇从松 (～树) 重 (～复)

　　3 攃 (推)

　　4 铳捵 (涤荡, 荡)

s　1 松嵩春

　　2 孱 (丑)

　　3 怂

　　4 送宋颂讼诵

k　1 工公功宫弓□ (象声词) 恭躬蚣

　　3 拱巩汞

　　4 贡供□ (～脓：起脓)

kʰ　1 空

　　3 孔恐□ (撅屁股)

　　4 空控共

h　1 烘薨

　　2 红鸿洪宏

　　3 哄

iəŋ

p　1 兵彬斌冰宾槟

　　3 柄丙秉

　　4 并殡

pʰ　1 拼乒

　　2 平苹贫凭评瓶屏频

　　3 品奋 (甩)

m　2 明民茗铭鸣

3 敏皿闽闵

4 命

t 1 丁

2 淋鳞邻

3 顶

4 订

tʰ 2 亭停婷廷庭

3 挺

4 定□ (～跳：淘气)

n 1 忍

2 人银榕宁浓凝

4 韧认

l 1 □ (打～～：打转)

2 林临灵铃菱邻淋鳞麟菱

4 令

tɕ 1 斤金精鲸京军均君今供 (喂养) 经针禁 (耐) 筋茎蒸晶贞真津巾珍征襟臻侦睛斠 (～酌：小气)

3 枕锦紧仅谨拯警景整诊疹

4 进浸境竟竞镇振震正政劲禁证症敬喋 (打忍～：打寒喋)

tɕʰ 1 亲近侵菌肫钦卿青

2 芹寻群裙沉琴丞尘擒禽秦陈情穷琼勤诚

3 蠢 (说话很冲)

4 称庆秤静共尽阵 (一～子：伙伴) 揿 (又作"撳"，用手指按住)

ɕ 1 心欣芯辛新兴猩凶熏伸抻 (抻叉：伸展不够) 深薪身升匈胸

2 神晨绳形刑型雄熊唇醇行塍 (田～)

3 审沈笋

4 幸信甚肾慎胜兴性圣盛迅讯殉训

Ø 1 音英阴因姻晕鹰鹦莺樱雍蝇壅荫拥煴 (做事慢)

2 云仁荣芸耘荧匀茸蓉融容绒莹萤盈吟

3 永引饮瘾隐勇允涌泳咏寅

4 用印应运熨韵孕胤嵊 (指矮山或较陡峭的山)

塭 (山地瘴气重，烟雾弥漫)

η^{25}

s 食

$$i\widehat{?}^5$$

p　熇逼

t　力滴知 (~天：小孩懂事)

$$u\widehat{?}^5$$

pʰ　扑伏牒 (蚊虫叮咬起的小肿块) 覆 (盒~：趴着睡)

m　木口 (姊)

f　福服复佛茯口 (萝~：萝卜)

v　屋

t　督笃屎 (也写作"召"；底部) 敇 (丢用尖物刺)

tʰ　突读独毒凸秃

n　蠕胁 (~缩：畏缩不前貌)

l　鹿睩殼 (松脱，滑下) 口 (溜竹竿一类)

ts　竹烛粥口 (缩成一团)

tsʰ　口 (呛到)

s　速熟叔俗宿塑术肃漱束庶缩

k　谷口 (~实：饱满)

kʰ　口 (淹) 哭

h　忽惚

$$a\widehat{?}^5$$

p　八百柏拔掰伯

pʰ　白拍泼

m　麦袜抹脉迈掐 (用棍子击) 趄 (跨) 口 (嘴紧闭) 口 (没有缝隙，严实)

f　发法罚筏阀伐

v　滑口 (牛用角顶人)

t　答搭瘩笪 (簟~：晾晒粮食的粗竹席)

tʰ　踏沓达塔塌繨 (一个个往上叠) 遏溻 (衣服湿透黏在身上) 口 (腌制的一种)

n　纳捺焫 (烫；干煸)

l　辣腊蜡瘌邋搚 (叠，搚搚：脏) 爉 (太阳毒辣，食物烧焦) 口 (动作急速，扫~、~响) 雾

ts　眨扎铡闸摘炙 (烤、晒) 只砸口 (很棒)

tsʰ　杂插察擦赤尺册拆圻蛰 (黄~：蟑螂)

s　杀煞石析 (量词：片；块)

k　甲夹格 (格子) 隔胛旮荚阁

kʰ　客搭 (搁)

ŋ　轧啮 (吃，贬义) 口 (频繁)

h　瞎吓狭

Ø　押压鸭

iaʔ⁵

p　壁□（扔泥状物）□（枪声）

pʰ　劈

m　□（用巴掌打人）

t　□（一~土）□（狗~耳：鱼腥草）

tʰ　踢籴

n　□（~甜：很甜）

l　□（剖开）

tɕ　迹□（伯母）趚（动作利索）

tɕʰ　吃（~亏）席（席子）□（~唔得：不舒服：妒忌：忍受不了）□（打~尾：潜水）□（~袜底：纳鞋垫）□（~起耳朵

　　听：竖起耳朵听）

ɕ　惜（疼爱）锡

Ø　�（火光闪现）□（挥物）

uaʔ⁵

k　刮□（前缀，~淡）

kʰ　阔

oʔ⁵

p　剥钵驳（接起来；反~；一~）泼（活~）拨博搏扑（~克）

pʰ　薄雹朴泼（泼水）蔢（量词，丛）

m　末沫么

v　物握

t　掇（用双手端）□（量词，一~痰）□（后缀，实~、硬~）□（鼓凸之处）

tʰ　择托突脱

l　落洛乐录骆陆碌捋辘（~轴：一种耕作农具）

ts　作着（穿）捉祝镯嘬撮卒卓桌啄酌筑琢梓（瓶塞）

tsʰ　着（~火）浊出锉促逐撮触齪啜（啜子：小偷）戳（鸟~：批评）轴

s　勺束速缩属蟀刷术说（小说）唪（吮吸）□（恶~：垃圾）□（搭理）鼾（吸溜鼻涕）

k　郭各觉鸽蝈割骨角葛国□（两人相投）攲（做圆桶）合（量词，一~米）桷（瓦~子：椽子）□（用眼

　　角看）

kʰ　壳磕确括廓扩摧（击）

ŋ　岳鄂

h　学鹤盒或合惑活

Ø　恶镬煛 (回热) □ (敷)

$$io?^5$$

n　弱虐

l　略律率掠

tɕ　脚镢嚼

tɕʰ　鹊屈

ɕ　削

Ø　药约跃乐耀若育欲□ (挥手)

$$e?^5$$

p　北

pʰ　□ (～篮：一种竹编的大的簸子)

m　墨默

v　哕 (干呕) 棚 (果核) □ (将物一头朝另一头折过来)

t　得德□ (～□[na⁴]：里面)

tʰ　特

n　齝 (用二指甲掐)

l　劈 (刺，荆棘；～子：嘴巴里长的小疮)

ts　则折哲仄侧织职责浙质汁

tsʰ　直值秩侄策植彻撤□ (抖绳子或抖手，眼皮跳动)

s　舌设失室实涅虱塞色式释识适饰蚀十什擿 (撒～：脏)

k　革□ (讨～：担心)

kʰ　刻咳克

h　核黑

Ø　□ (宠爱) 呃

$$iu?^5$$

t　六绿

n　肉

tɕ　足

tɕʰ　菊局曲蓄鞠

ɕ　粟

$$iɛ?^5$$

p　逼毕憋笔屄

pʰ　别避僻撇匹霹荸

m　灭篾密蜜蔑搣 (用手指搣开，如：～开盖子)

f　　口（用力往外扔）

t　　栗跌粒的滴嫡笛

tʰ　　敌贴帖蝶谍铁牒碟

n　　热日捏摄聂月孽业镊逆

l　　历例烈裂列猎

tɕ　　结节疖急级即吉激籍辑接揭劫杰口（夹菜）涩（涩）积绩击脊

tɕʰ　　集窄切及极疾绝截七漆膝乞戚口（用手掖或双腿挟住）肤（手掖或脚跨）掘

ɕ　　悉穴袭歇胁协泄息熄惜夕析雪血薛席（上~）习（抰）（扔）

Ø　　一乙越阅页叶入粤揖悦翼益亦腋疫役礤（礶）枼（薄）熨

第三章　词汇

第一节　词形分析

一　音节对比

（一）南康方言用单音节词，这个词是普通话复合词的一个语素。

席—席子	澄—澄清	咳—咳嗽
肚—肚子	本—本钱	窝—山窝
女—女儿	净—干净	虹—彩虹
嫂—嫂子	间—房间	塘—池塘
院—院子	咒—诅咒	利—锋利
应—应答	望—指望	雹—冰雹
精—精明	装—假装	拐—拐杖
面—面条	子—儿子	

（二）有些词，在南康方言和普通话中用不同的单音节词来表达，这两个单音节词组合起来恰好构成普通话的另一个双音节词。不过，这个双音节显得更书面语一些。

阔—宽—宽阔	哄—骗—哄骗	细—小—细小
狭—窄—狭窄	燥—干—干燥	屋—房—房屋
寻—找—寻找	乌—黑—乌黑	地—坵—坵地
烂—破—破烂	折—叠—折叠	话—说—说话
箩—筐—箩筐	岭—山—山岭	叫—哭—哭叫
恶—凶—凶恶	着—穿—穿着	萦—绕—萦绕
浸—泡—浸泡	调—换—调换	

（三）南康方言不少单音节词是古语词，普通话已用其他语素表示。

禾—水稻	秆—稻草	萦—缠绕
猋—跳跃	掉—摇摆	荷—挑
食—吃	面—脸	徛—站立

着一穿	晏一迟	瘑一器物用久磨损
壮一肥胖	乌一黑	坼一裂缝
整一修理	糇一垂涎	窦一窝

（四）少量的南康方言用双音节或多音节，普通话却用单音节。

墙头一墙	猫公一猫	呀伊子一蝉
烂泥一泥	虾公一虾	蒙雾一雾
灯盏一灯	脚鱼一鳖	小酒一醋
腰子一肾	镬头一锅	鹅子一鹅
鱼子一鱼	攦撞一脏	打眼拐一瞟

（五）少量南康方言是三音节、四音节，普通话用双音节。

琵琶老鼠一蝙蝠	乌蝇屎一雀斑	背夹子一背心
皮爬子一刘海	剥皮薯一凉薯	瓦桷子一椽子
手指甲一指甲	竹篙薯一淮山	洗澡凉一浴室
下牙耙一下巴	狗婆蛇一蜥蜴	打赖死一耍赖
牙桥肉一牙龈	土狗子一蝼蛄	胸官前一胸前
冬下头子一冬天	塘蚁子一蜻蜓	日里头一白天
膝头盖一膝盖	蚂螂蜞一蚂蟥	断夜边子一傍晚

二　复合词

（一）与普通话有一个相同的语素，另一个不同。A 为前一语素相同，B 为后一语素相同，这类占的比重较大，C 为有一语素相同，但位置不一样，D 为结构方式不同，有的南康方言为派生词，普通话为合成词，有的南康方言为合成词，普通话为派生词。

A

口澜一口水	熟套一熟悉	抽箱一抽屉
舌刁一舌头	抢口一抢嘴	邻舍一邻居
打交一打架	学堂一学校	妹郎一妹夫
鱼舖一鱼饼	地下一地上	气色一气味

B

肉色一肤色	狗蚤一跳蚤	锁匙一钥匙
回潮一受潮	跌跤一摔跤	面盆一脸盆
本心一孝心	翼膀一翅膀	断气一咽气
垫本一亏本	旧饭一剩饭	

C

匀净一均匀	吊颈一上吊	冤仇一仇人
时运一运气	爬起一起床	

D

老蟹—螃蟹　肩头—肩膀　崖鹰—老鹰
虾公—虾米　脚爪—爪子　风领—领子
老鸦—乌鸦　文身—身子　被窝—被子

（二）与普通话语素相同，但词序相反

鸡公—公鸡　闹热—热闹　笋干—干笋
鸡婆—母鸡　婆老—老婆　欢喜—喜欢
鸭公—公鸭　人客—客人　碑石—石碑
鸭婆—母鸭　康健—健康　记忘—忘记
牛牯—公牛　鱼干—干鱼　齐整—整齐
牛婆—母牛　尘灰—灰尘　衫衣—衣衫
猪牯—公猪　紧要—要紧　急猴—猴急
猪婆—母猪　菜干—干菜　鱼婆—母鱼
单被—被单

（三）与普通话语素完全不同

包粟—玉米　蟪公—蚯蚓　昨正—刚才
蚜子—青蛙　洋碱—肥皂　吹打—唢呐
姑丈—女婿　番瓠—南瓜　话法—告诉
蝓蠗—蜘蛛　胞衣—胎盘　声气—口音
黄蚻—蟑螂　晏昼—上午　话起—难道
爆坼—开裂　断暗—天黑　做家—节俭
结巴—口吃　爷哋—父母　做得—可以

三　特殊词语分析

（一）有些词保留外来事物的痕迹。

洋碱（肥皂）　洋码子（阿拉伯数字）　番薯（红薯）
洋油（煤油）　洋蜡（蜡烛）　番稻（晚稻）
洋镐（镐）　番瓠（南瓜）　广东辣椒（黄秋葵）

（二）特色拟声词。

打啊气（打喷嚏）　嗦［soʔ^5］（喝）　哔口［piaʔ^5］子（一种植物果实，小孩用常放在竹筒里碾，发出哔口口［piaʔ^5］声）
打呵咿（打哈欠）　打口［k^{h}u^1］（打鼾）　波（亲嘴）
打呃笃（打嗝）　嗒［taʔ^5］（唢呐）　泡［phɔ^4］水（开水）
嗞啦火（火柴）　嗤（～水：往热锅里加点水）
呀伊子（蝉）　口［piaʔ^5］（～一脚：用力踩一脚；～出去：手掷物；～一枪：打一枪）
打哦嗬（打吆喝）

（三）根据事物的特点，如形状、颜色、功用等，用描写和比喻方式造的特色词。

猪头肥 _{（腮腺炎）}　　　　　　　木荳子 _{（反应慢的人）}

猪婆癫 _{（癫痫）}　　　　　　　　吹打 _{（唢呐）}

猪婆眼 _{（单眼皮）}　　　　　　　棉花膨 _{（鹅毛雪）}

鸭公声 _{（声音沙哑）}　　　　　　匆螺风 _{（旋风）}

鸭婆脚 _{（平足）}　　　　　　　　发萝菖子 _{（长冻疮）}

狗鳖眼 _{（红眼病）}　　　　　　　竹篙薯 _{（淮山）}

狗婆蛇 _{（蜥蜴）}　　　　　　　　阿叉裤 _{（开裆裤）}

狗尾粟 _{（谷子，籽实脱粒后是小米）}　　大花边 _{（银圆）}

鸡毛眼 _{（夜盲症）}　　　　　　　放大炮 _{（吹牛皮）}

煴=鸡子 _{（做事太慢的人）}　　　　打眼拐 _{（瞟）}

乌蝇屎 _{（雀斑）}　　　　　　　　铁骨人 _{（看上去瘦称起来重的人）}

鸡手鸭脚 _{（做事不熟练）}　　　　黄肿大肚 _{（肝腹水）}

矮婆车 _{（吉普车）}　　　　　　　气鼓颈 _{（甲状腺肿大）}

王斑虎 _{（太霸道的人）}　　　　　百脚虫 _{（蜈蚣）}

八脚蛐蟮 _{（字写得极差）}　　　　铁马嘞 _{（自行车，蓉江片）}

（四）儿童用词，除了汉语共同的重叠说法，如"水水、筷筷、街街、饼饼"外，有些词只儿童说或成人对儿童说，成人之间有另一种说法。成人词小孩可以用，但小孩用的词成人之间绝不会说，否则就"搭介细眼崽子一样"（像小孩一样）。A 为完全不同或部分不同语素。B 为脱落辅音，只发元音，是纯语音原因。C 儿童用词为拟声词。这样的发音特点是符合儿童的生理和心理的。

类别	词汇	小孩	成人
A	脏	哎咿 $[æ^2i^1]$	攦捷 $[la?^5se?^5]$
	小伤痛	阿乌 $[a^1vu^1]$	没有对应的总括词，只有对症词
	饭	餂餂 $[mã^1 mã^1]$	饭
	男阴	鸟 $[tio^2]$ 把子、鸟鸟	卵
	女阴	口 $[pæ^1]$	鳖 $[piɛ?^5]$
	哭	发性	叫
	吵架	斗闹	讲口、打交
	脚	脚梅=子 $[tɕio?^5me^2tsʅ^3]$	脚
B	茶	啊啊 $[a^2 a^1]$	茶
	睡觉	噢噢 $[ɔ^4 ɔ^4]$	歇觉
C	大便	嗯嗯 $[ŋ^3 ŋ^3]$	粪、屎

唢呐	嗒嘟嗒	吹打、嗒
猪	哦［o¹］罗子	猪
牛	满哦［mã¹ o³］子	牛

（五）委婉词

猪利子 （猪舌头，"舌"与"蚀"同音）　　寿木 （棺材）

逢赢 （赴圩，北片的"圩"与"输"同音）　　脚鱼 （鳖）

过身 （去世）　　白好事 （丧事）

变狗 （生病）　　醉 （苦，带人带得蛮苦要说"蛮醉"）

洗新脚 （洗屁股，用于成年女性）　　鄙索 （指小孩长得很胖，不能说"壮"）

下身 （女阴）　　猪旺子 （猪血）

老了人 （死了人）　　茶 （汤药，县城片）

大肥 （粪肥）　　寿地 （坟墓）

挂纸 （扫墓）　　上岭 （下葬）

金刚 （抬棺材的人）　　生 （死，累死人说"累生人"）

捡金 （拾遗骨）

（六）固定格式

1. NP 完 NP

表示一件事或人归属一件事或人，各自独立，不扯到别的事或人。"完"前后用相同的数量词或名词代词。年轻人也会用"归"代替"完"。

十二月的霉豆腐——各完各 （也说各打各，各指一小块）。

十八塘的斗篷——一顶完一顶。

摆的时候一行完一行，唔要搞乱啦。

一完一，二完二 （喻事情分得很清楚，不混淆）。

2. V 过 V 绝

表示事情做得太绝了，一般用于骂人，V 为同一个单音节动词。如做过做绝、话过话绝、舞过舞绝、骂过骂绝等。

3. ……手……脚

表示凌乱、不舒展、不顺畅等。手、脚前为相同或相近的单音节名词或动词。如鸡手鸭脚、反手反脚、窄手窄脚、间手间脚、拦手岔脚、指手画脚、比手画脚、划手划脚 （指婴儿手脚动貌）、多手多脚等。

4. 冇……冇……

表示强调没有什么。如冇动冇爽 （没有动静）、冇口冇搭 （无缘无故）、冇落冇出 （无着落感）、冇思冇想等。这种结构又包含几个次格式，其中有"冇……冇死"和"冇……冇样"，这里的"死、样"没有专门的词汇意义，整个格式就是对否定的强调，前一格式第一个"冇"后搭配的是单音节名词，常见的有：

冇盐冇死 (没有一点盐味)、冇牙冇死 (没有牙齿) 等，后一格式第一个"冇"后搭配的是表示人体感觉类的词，常见的有：冇痛冇样（没痛）、冇苦 [fu³] 冇样、冇甜冇样等。

5. ……进……出

"进""出"前面是两个相同的单音节动词，表示相反的动作反复发生。如走进走出、扛进扛出、话进话出 (说话反复无常) 等。

6. 七……八……

用在两个名词或动词前，表示数目多，或多而乱。如：七手八脚、七坞八口 [to?⁵] (指路上坑坑注注)、七弯八拐、七聱八翘等。有时也指实数，如七坐八爬 (婴儿七个月开始坐，八个月开始学爬)、七胜八败 (打扑克常说打七就会赢，打八容易输)、七不去八不归 (逢七不去作客，逢八不回家)、七不七八不八 (待客忌七或八盘菜)。

7. ……声……气

对说话的描述。如：唔声唔气 (不爱吭声)、细声细气 (说话很小声)、冇声冇气 (一点声音都不发出)、好声好气 (好好说话) 等。

第二节　词义分析

一　南康方言词义与普通话比较

（一）有的与普通话词形相同，词义不同

气色：味道，普通话指人的精神和面色

叫：哭，普通话指呼唤、称作，这些意义南康方言用喊、安子

刁：聪明，普通话意为狡猾

南瓜：丝瓜，普通话的"南瓜"南康方言说"番瓠"

大白菜：芥菜，普通话的"大白菜"南康方言说"黄芽白"

橙子：柚子

柑子：橘子

地：墓地，普通话指土地

地下：地上

夭：稀，普通话指夭折、细小

爷：父辈，不是祖父辈

老伯：哥哥的背称，不是伯父

爹（爹）：祖父辈，不是父辈

新妇：儿媳妇，普通话是指新媳妇

地理：风水，地理先生就是风水先生

斟酌：小气，普通话是仔细考虑是否合适义

家私：工具，不是指家具

造孽：可怜，普通话指做坏事

扛：两人抬起。表示"扛"义南康方言用"驮"

掉：摇动、摆动。普通话是"落、遗漏、遗失"等义

（二）有的词义范围比普通话更大

茶：不仅指泡过茶叶的水，也指白开水，还指糕点

霸：能干；杰出；抢占；酒烈，如酒蛮霸。

跌：摔跤；掉落；丢失

码头：除了水边停船的地方，还可指一般的台阶

脚：除指脚外，还指沉淀物，如茶脚酒脚

剥：去皮或壳；脱，如剥衫衣

斯文：吃菜较少，也指举止文雅

马虎：吃菜较多，也指做事马虎

斗：读去声除了争斗之义外，还表示凑，如斗米，表示算数，斗数，
　　如把东西接起来

贴：铺垫（鞋垫、垫被等）；张贴

摆：排列；炫耀；摇动

抛：向上扬；车子很颠

嫩：初生而柔弱；不老练；细

健：身体好；饭因水少而干硬，如健饭

外甥（子）：女儿的儿子，姐妹的儿子

外甥女（子）：女儿的女儿；姐妹的女儿

眼：各种小孔小洞，如耳朵眼、鼻公眼；量词，一眼针

屎：多种排泄物和脏物，如耳屎、鼻屎、眼屎、卵屎、脑屎等

（三）有的词义范围比普通话更小

饭：米饭，不包括其他主食。

破：只作动词，破开、破坏。表示破烂义，南康方言用"烂"，表示破
　　裂义，南康方言用"爆"，如"烂衫衣""打爆了碗"

差：有差别、不够标准，表"欠"义，南康方言用"争"，"争你两
　　分钱"意为"还差你两分钱"。"争"也有"很差"义，如"你蛮
　　争"，就是"你好差"

长：有"长短、辈分大、排行大、领导人"等义，没有"生长、生"
　　等义，"长虫"用"发虫、生虫"，"长芽"用"生芽、发芽、爆芽"，
　　"长枝"用"绽桍"等

弱：身体虚弱，与"健"相对，没有"年幼、气力小、势力差"等义。

瘦：与"壮（胖）"相对，指人或动物体型上瘦，但食用的肉脂肪少不用
　　"瘦"而用"脿"，如"脿猪肉"

侄人/女：一般用于男方兄弟孩子的称谓，女方称娘家兄弟的孩子要称
　　　　"外家甥（女）"

二　同义词辨析

南康方言有大量内部有细微差别的同义词，主要是意义范围和搭配方面。这些同义词的使用，能使表达更准确生动，富于变化。

1. 生、长、养、下：都有生或长义

都有"生出、长出"义，表示"人生产"用"养"，如"养人"指生孩子；动物生产用"下"，如猪"下崽"。表示一般的长出及产卵用"生"，如生牙、生蛋。表示长出一些不太好的东西或人不想要的东西用"发"，如发病、发虫、发冻疮、发芽。

2. 干、燋、潒 [li²]、健：都有干义

"干"指排干、加工制成的干的食品，如鱼干子、饼干、豆腐干、干塘等。表示"没有水分"用"燋"，如燋菜、晒燋啦。表示"（池塘等）水干了"用"潒"。表示"米饭因水分少而干硬"用"健"。

3. 细、小、嫩：都有小义

普通话表示"小"义的南康方言多数用"细"，如细眼子（小孩）、细脚婆子（小脚女人）、该只瓜太过细（这个瓜太小）、细舌子（小舌）、细姑姊（小姑姑）。"小"主要用于双音节词中，如小班、小便、小心、小肠、小名、小姐、小叔（丈夫的弟弟）、小写等。"嫩"主要指管状、线状、沙状物很细，如沙子蛮嫩、绳子蛮嫩。

4. 捧、揞 [ẽ¹]、口 [mo³]：都有抱义

"捧"是指抱人，多指抱小孩。"揞"多指抱物，如揞禾，若指抱人则表示搂抱。"口 [mo³]"指向上抱起，如口 [mo³] 一块石头。

5. 摧、拍 [maʔ⁵]、口 [lɔ⁴]：都表示用棍子敲打

"摧"一般是自上而下敲打，如摧牛。"拍"和"口 [lɔ⁴]"都是用棍子横向击打。口 [lɔ⁴] 比拍用力更猛，幅度更大。

6. 拱、搅：都表示搅拌

"拱"表示单手持物一般的搅拌。"搅"指双手持物搅拌很稠很要力的东西，如搅黄年米果、搅浆糊等。

7. 阔、宽、巚 [lɔ⁴]：都表示宽义

"阔"主要表示场地面积宽大、横向距离大，如屋蛮阔、路蛮阔。"巚"指物物之间的间距大，如树要栽巚滴子。"宽"只用在把心放宽、宽大处理

等处。

8. 狭、窄：都表示狭窄义

狭、窄都可以表宽度或面积不大，如屋蛮窄、屋蛮狭，但窄用得更多，如鞋子短而挤脚用"窄脚"，此处不用狭。

9. 瘦、夭［ŋã¹］、腈［tɕiã¹］：都有瘦义

"瘦"与壮相对。"夭［ŋã¹］"指体型又瘦又矮小。"腈"专指瘦肉。

10. 软、脸［nẽ²］：都表示松软义

"软"指的是对象本身容易弯曲变形，如面条很软，也指软弱无力，如腿发软、牙齿酸得发软。"脸"主要指内部组织疏松，经外力作用后易凹下去以及食物因长熟或煮熟而变软，如沙子蛮脸，沙发蛮脸，柿子蛮脸。

11. 捻［nẽ³］、捼［no²］、搓［tshæ¹］、蹂［no⁴］、口［tɕʰio³］：都表示搓

"捻"表示以手指搓。"捼"表示以手掌搓。"搓"表示在物体上搓，如捼衣服表示衣服用双手搓，搓衣服则表示将衣服放在搓衣板上搓。"蹂"表示用脚把东西搓碎。"口［tɕʰio³］"用双手使劲在板上搓，如和面的动作。

12. 搚［kʰaʔ⁵］、齾［neʔ⁵］、掐［kʰa¹］：都表示掐

"搚"是用一指掐。"齾"是用二指掐。"掐"指双手掐，如掐颈筋（掐脖子）。

13. 猋［pio¹］、瘸［tɕhio²］、窜、跳：都表示跳

"猋"是双脚跳。"瘸"是单脚跳，如瘸房子（一种儿童游戏）就是跳房子。"窜"侧重因情绪激动而跳，如起窜。"跳"主要用于文体活动中，如跳高、跳远、跳绳、跳舞。

14. 口［lio¹］、踢、躠［nã³］、兜［tio¹］：都表示踢

"口［lio¹］"用脚尖轻踢。"踢"表示一般的踢，如～到了脚趾头。"躠"是伸长腿踢或踩，如～你一脚、～单车。兜表示故意用力踢，如～你一脚、几脚～死你去。

15. 慢、煴［iən¹］：都表示慢

"慢"用得较广，速度慢、费时长，如慢走、慢车。"煴"专指做事慢，慢性子，如煴鸡子指的是做事特慢的人（贬义），煴尸可表示做事慢，也可表示做事慢的人。

16. 乬［tuʔ⁵］、劁［lio³］：都表示刺

"乬"是用针状物刺。"劁"是用刀尖刺或用针状物快速刺。

17. 顝［kẽ²］、盖、中［tən¹］、壅、遮：都表示遮盖住

"顝"主要指用盖子、罩子类盖住，如顝稳镬头、顝稳菜。"盖"主要用衣被盖住，如盖被窝。"中"指用衣物遮盖住头部。"壅"指用灰、泥、

沙子等掩盖住，如壅鸡屎。"遮"指其他各种遮盖，如菜秧子用草遮稳。

18. 择［tʰoʔ⁵］、拣：都表示挑选

南康方言挑选东西一般用"择"，如择菜、择秧。但"拣日子（选好日子）、拣食（挑食）、拣人（小孩挑人）"中用"拣"，不用"择"。南康方言的"挑"是挑剔义，没有挑选义。

19. 焫［naʔ⁵］、爁［læ⁴］：都表示烫

"焫"是干烫，如水泥地焫脚。"爁"是湿烫，如水爁手。用于烹调，也是焫为干煸，如焫辣椒。爁为在热水中烫热，如牛奶放得水里爁一下，又如爁脚（泡脚）。

20. 趄［maʔ⁵］、跨［tɕʰia⁴］：表示跨过

"趄"指跨过沟、水洼等地。"跨"表示跨过栏杆等障碍物或从裤子及胯下通过。

21. 绳、索：都是绳子

"绳"是一般的绳子。"索"指粗绳子，指套在箩筐上的粗绳子，一般用麻线搓成。

22. 晏、夜、迟：都表示晚

"晏"是白天太晚了，如：咁晏还唔爬起（这么晚了还不起床）？"夜"是晚上太晚了，如：唔要太过夜啦转（别太晚回家）。"迟"是做事太晚了，如：你而今唔读书，以后倒悔就迟了（你现在不读书，以后后悔就晚了）。

23. 密、口［niu³］、口［ŋaʔ⁵］：都表示密度大

"密"指事物之间距离近，与龘 相反。"口［niu³］"指果实结得很密。"口［ŋaʔ⁵］"指在时间上高密度发生。如：你来上海来得蛮口［ŋaʔ⁵］（你来上海来得真频繁）。

24. 多醒⁼［ɕiã²］、难文［vẽ²］：都是致谢语

"多醒⁼"指吃了别人的东西或接受别人礼物时的致谢语。"难文"是别人帮了忙时的致谢语。

25. 嫽、搞：都表示玩

"嫽"是不及物动词，表示比较泛指的玩，如闲得来嫽（告别时的客套话）、嫽套（不做事闲玩）、嫽刻子（玩一会儿）、尽话嫽（只知道玩）。"搞"是具体的玩耍，可带宾语，如搞火、搞尿乌子、搞什么名堂、搞水（游泳）。北片不用嫽，则搞可包括嫽的用法。

三　特殊词

有的词只有否定用法或用于反复问"克×"外，没有对应的肯定用法。

有变［pĩ⁴］，冇滴子变、有什么变：没办法，一点办法都没有。克有变：

有没有办法。这个"变"单独没有"办法"的意义。

冇（滴）押［iaʔ⁵］：（一点都）不靠谱。克有押：靠不靠谱。单说"押"没有"靠谱"的意思。

冇口［nã²⁴］（北片）：不怎么，表示否定程度减轻。冇口［nã²⁴］好看：没什么好看。

唔曾［tsʰẽ²］：表对过去行为的否定，"曾"有时会读成［tsʰe²］或受前一字的影响同化声母变成鼻音［nẽ²］，写成"唔才"或"唔能"。克曾 V：有没有做某事。没有对应的"曾"的用法。

唔争［tsã¹］：表不用，不需。克争：要不要。单独"争"没有"用、需"的意义。

唔捱￣［ŋæ¹］：表示不愿意，用于回答"你可会 V"，"捱"没有"愿意"义，也没有"克捱"的说法。

唔（捱）口［soʔ⁵］：不搭理，口［soʔ⁵］表示搭理，除了用于"唔（捱）口［soʔ⁵］"外，还可用于"还会口［soʔ⁵］你、克会口［soʔ⁵］你"，这两个都是肯定形式表否定义。惯用语有"卵唔口［soʔ⁵］"，表示根本不搭理。口［soʔ⁵］不单用。

唔成搭、冇滴成搭、成搭唔了：不像样、成不了。克成搭：像样不像样。"成搭"不单用。

第三节　词源分析

温昌衍《客家方言特征词研究》把客家方言词的来源分为：古代汉语词、近代汉语词、古方言词、邻区方言词、古代民族语词（底层词）、近现代外国语词和方言内源词。其中南康方言有的是：绽长出、冒出、搒拔、鄙不好、瘑器物磨损、潇水干、中头顶、攟叠起、宕延误、改、瘭水疱、岩额骨悬出、黄蛏蟑螂、蜞蚂蟥、夭湿泥、芋芋头芋喉为古代汉语词，赶趁、种草遗传、地理先生风水先生、啜骗、倈子儿子、系是、鸟交合、结彻为近代汉语词，圳水沟、土狗蟋蟀、蟓公蚯蚓、橄楔子、莳田插秧、揎揎住、拌摔东西、掝抓、渠他、劈刺、藻浮萍、鹴铁锈、諰人多、蝓蠼蜘蛛为古方言词。当然，方言中还有许多没办法证明的来源不明的词，这些字大多是有音无字或用同音字替代。下面再举几例。

一　来自古汉语

这一类很多，有上古、中古词，能在各种古籍中找到文献证明，下面试举几例说明。

绹［tʰɔ²］：用绳子捆绑。《诗经·豳风·七月》："昼尔于茅，宵尔索绹。"

《广雅·释器》："绚,索也。"王引之《经义述闻》："绚,即绳也。"南康方言用作动词,是其引申义。

遗 [tʰɔ²][tʰɔ⁴]:滑、迷路。《汉书·王式传》："阳醉遗坠",颜师古注:"遗,失据而倒也。"《集韵》有"徒郎切""大浪切"两个读音。

髀 [pi³]:《说文》:"股也。"《晏子春秋》:"晏子独搏其髀"。孙星衍引《说文》释义。《战国策·韩策三》:"先王以其髀加妾之身",鲍彪亦引《说文》释义。南康方言的"髀"单说一般指鸡大腿,"大髀"指人的大腿。

荷 [kʰæ¹]:肩挑。《说文》:"何,儋也"。段玉裁注:"何俗作荷。犹佗之俗作驼。儋之俗作担也。商颂。百禄是何。何天之休。何天之龙。传曰。何,任也。笺云。谓担负。"《论语》"有荷蒉而过孔氏之门者"。邢昺疏:"荷,担揭也"。

镬 [oʔ⁵]:《说文》:"镬也。"段玉裁注:"少牢馈食礼有羊镬,有豕镬。镬所以煮也。"

炊鼎 [tiã³]:一种位于大锅后面的小而深的锅,鼎是古代重要的煮食器皿。《玉篇》:"鼎,所以熟食器也。"

炳:火烫或干烫。《康熙字典》:"《韵会》《正韵》儒劣切,并音呐。"《广雅》:"爇也。"爇的意思为烧。此应为其引申义。

爷:背称父辈,如爷佬指父亲,伯爷指伯父。《玉篇》:"俗为父爷字"。《陔余丛考》卷三十七:"爷本呼父之称。"《木兰诗》:"阿爷无大儿,木兰无长兄。愿为市鞍马,从此替爷征。"此处"爷"就是"父亲"。

火笼:中置小火盆以取暖的笼状用具。《西京杂记》卷一:"﹙天子﹚以象牙为火笼,笼上皆散华文。"南朝·陈阴铿《秋闺怨》诗:"火笼恒暖脚,行障镇床头。"《南史·萧正德传》:"顷之奔魏,初去之始,为诗一绝,内火笼中。"

晏:(白天)晚。《楚辞·离骚》及年岁之未晏。王逸注:"晏,晚也"。"晏昼"指上午。这是客赣方言共同用语。

邻舍:邻居。《后汉书·陈忠传》:"邻舍比里,共相压迮。"

二 来自古方言

笪 [taʔ⁵]:大竹席,有簟 [tʰ1⁴] 笪(晒物的大竹席)、竹笪(竹筏)。"簟",《说文》,"竹席也",《广韵》:"徒玷切",为古语词。"笪",《方言》第五:"簟,其粗者谓之籧篨。"郭璞注《方言》"籧篨直文而粗,江东呼笪,音靼"。《集韵》"得案切,音旦。笪也。一曰答也。一曰苻簏,似籧篨,直文而麤者。江东呼为笪。"

鸡健 [lã⁴] 子:未生蛋的小母鸡。郭璞注《尔雅·释畜》:"今江东呼鸡少者曰健"。《广韵》:"鸡未成也,力展切。"

婆[me¹]:母亲。在南康的龙华、潭口两片中不少人称母亲为婆婆。《广韵》"莫兮切,齐人呼母"。《集韵》也说是"齐人呼母"。"婆"这个词广泛见于客赣方言中,如石城、井冈山、铜鼓、于都、萍乡、万载、上高、横峰、乐平、铅山等地。

餷[mã¹]:饭,小孩说"饭"为"餷餷"。《集韵》"莫敢切,吴人呼哺儿也"。

馳[tɕia³]:也就是"姐"字,《广雅·释亲》:"馳,母也"。《集韵·马韵》:"姐,《说文》:'蜀谓母曰姐。'淮南谓之社,古作馳。"《正字通》:"馳,羌人呼母。"

三 来自近代汉语

主要是宋代以后的文献出现的。

争[tsẽ¹]:差。张相《诗词曲语词汇释》:"犹差也。"《水浒传》第二十回:"宋江与刘唐别了,自慢慢行回下处来,一头走,一面肚里寻思道:'早是没做公的看见,争些儿惹出一场大事来!'"这里的"争些儿"就是"差一点"。

寒毛:汗毛。宋人话本《大唐三藏取经诗语·入香山寺第四》:"法师一见,遍体汗流,寒毛卓竖。"《红楼梦》第六回:"只要他发点善心,拔根寒毛比我们的腰还壮呢。"

做家:节俭。《水浒传》第五回:"你看我那丈人,是个做家的人,房里也不点碗灯。"明·无名氏《一文钱》第四折:"我如今不去做家了。我想人生世间,还须快活受用,你与我把这些金银发起来。"

家私:干活工具。明·李翊《俗呼小录·世俗语音》:"器用曰家生,一曰家火,又曰家私。"《二十年目睹之怪现状》第四一回:"因此索性在自己门口,摆了个摊子,把那眼前用不着的家私什物,都拿出来,只要有人还价就卖。"南康方言用其古义并引申为工具。

通书:历书。《西游记》第二十三回:"也不必看通书,今朝是个天恩上吉日,你来拜了师父,进去做了女婿罢。"

兜:踢。《水浒传》第三十七回:"望那大汉肋骨上只一兜,踉跄一交,颠翻在地。"

母舅:舅舅。《水浒传》第十四回:"看他母舅面上,放了他。"

斗:凑。《水浒传》第二十四回:"众邻舍斗分子来与武松人情。"

俵:分发。《水浒传》第四十五回:"便起身谢道:'多承布施,小僧将去分俵众僧,来日专等贤妹来证盟。'"

撇脱：洒脱；爽快；干脆利落。《朱子语类》卷九十四："要之，持敬颇似费力，不如无意撇脱。"《二刻拍案惊奇》第九回："素梅也低低道：'撇脱些，我要回去。'"李劼人《天魔舞》第十二章："他又并不怎么拘泥，倒比别的一些人来得撇脱，来得天真。"

四　来自古百越

练春招（2001）考证的客家方言借自少数民族语词中南康方言有：

墟（圩）：集市。在古汉语中"墟"有"大丘、邑、村落"等义，表示"集市"义是古百越的说法。《太平寰宇记》"容州夷多民少……不识文字，呼市为墟"。

栏：圈，如牛栏、猪栏。今壮侗语多把"屋、家"称作"栏"。

寮：简易棚子。此义宋代已有，畲语 lau^{22}，瑶语勉话 pjau。

口［nẽ^3］：踮起脚跟。壮语 nji: ŋ

口［nio^2］：东西很稠。傣、泰 neu^1 布侬 niu

腩［nã^2］：脚肚子。泰 nɔ: ŋ

糇［hio^2］：羡慕，想吃。今傣 hai^6

口［lɔ̃^{1}］：简单冲洗东西，傣、泰 la: ŋ

嫽［lio^4］：玩耍，傣、泰 liau

敡［luʔ^5］：松脱，滑下，壮语 lu: t

蚜子［kuæ^{3}tsɿ^3］蛙的总称，壮语 kve，布侬语 tu^{2}kwe^3，毛南语 kwai。

口［nã^4］子：身上长的疙瘩。壮语 nen，毛南语 nu: u。

脸［nẽ^2］：松软。南部壮语 nən 泰语 num。

地名中的"排"，李如龙（1993）也认为是壮侗语的底层。

第四节　南康方言词汇表

本词汇大致按意义分类，以方言条目出条，尽可能将同类的放在一起。一个词的一些相关词条，在第一条目后空一格出条。方言用字尽可能先取本字，也酌情使用一些方言俗字。本字不明，也没有方言俗字，则用"口"或同音字表示，同音字在字的右上角标"。在注释方面，只注与普通话不一样的，与普通话一致的，不加注释，国际音标和释义字号要比方言条目小一号。声调 ^{1} 为阴平（24），^{2} 为阳平（21），^{3} 为上声（31），^{4} 为去声（51），^{5} 为入声（5）。南康其他片的词汇在后面注明，为了与唐江片不混淆，声调则标调值，如条起［tʰiɔ^{21}ɕi］（龙华片）。读轻声的则不标调类或调值。

一　天文地理

（一）天文

日头 niɛʔ⁵ tʰio²：太阳

　　炙日头 tsa⁵ niɛʔ⁵ tʰio²：晒太阳

燗 laʔ⁵：太阳很烈

大燗日头 tʰæ⁴ laʔ⁵niɛʔ⁵ tʰio²：大太阳

月光 niɛʔ⁵kɔ̃¹：月亮

天狗食日 tʰ ĩ¹kio³ sʅʔ⁵ niɛʔ⁵：日食

天狗食月 tʰ ĩ¹kio³ sʅʔ⁵ niɛʔ⁵：月食

星 ɕiã¹

赖死星 læ⁴sʅ³ ɕiã¹：流星

扫把星 sɔ⁵ pa³ɕiã¹：彗星

天晴 tʰʅ¹ tɕʰiã²：晴天

风 fəŋ¹

大风 tʰæ⁴ fəŋ¹

起风 ɕi³fəŋ¹：刮风

匐螺风 tɕiu⁴lo² fəŋ¹：旋风

云 iəŋ²

雨 i³

落（雨、雪、雹）loʔ⁵：下

雨水 i³se³：雨

横风横雨 vã²fəŋ¹ vã²i³：狂风暴雨

绵毛雨 mĩ²mɔ² i³：毛毛雨

雨毛子 i³mɔ²tsʅ³：毛毛雨

日头雨 niɛʔ⁵ tʰio²i³：边出太阳边下雨

躲雨 to³i³：避雨

潲雨 tsʰɔ⁴i³：淋雨

回潮 hue² tsʰɔ²：受潮

雷公 le²kəŋ¹：雷

霹雷 laʔ⁵ le²：很响的雷

火闪 ho³sẽ³：闪电

燗 iaʔ⁵：闪

虹 kɔ̃⁴：彩虹

冰 piəŋ¹

打硬构 ta³ŋã⁴kio⁴：结冰

雪 çiɛʔ⁵

雪条 çiɛʔ⁵tʰiɔ²：冰柱

烊雪 iɔ̃² çiɛʔ⁵：融雪

棉花膨 mĩ²hua¹pʰã⁴：鹅毛雪

米豆雪 mi³tʰio⁴çiɛʔ⁵：雨夹雪

霜 sɔ̃¹

雹 pʰoʔ⁵：冰雹

蒙雾 məŋ²u⁴：雾

塭 iəŋ⁴：山地瘴气重，常常烟雾弥漫，人进入，有时衣裤皆湿，当地人
　称之为"塭"

露水 lu⁴se³：露

天色 tʰĩ¹seʔ⁵：天气

冷 lã¹：寒冷

热 niɛʔ⁵

滚 kuẽ³：（感觉）热、烫；滚动；滚开

　八⁼辣⁼滚 paʔ⁵laʔ⁵kuẽ³：很烫

凉（快）tiɔ̃²凉

（二）地理

田 tʰĩ¹

塅 tʰũ⁴：山下稍微大的田段

垄 ləŋ²：较高的田、山丘下的田

涳湖田 pʰã⁴fu²tʰĩ¹：沼泽地

田塝 tʰĩ¹kʰũ⁴：梯田上下田之间的地方

田塍 tʰĩ¹çiəŋ²：田埂

洋田 iɔ̃² tʰĩ¹：较大面积连成片的田

塝头 kʰũ⁴tʰio²：其他地方类田塝处（较高陡）

土 tʰu³：旱地

菜园土 tsʰe⁴ʔĩ²tʰu³：菜地

沙坝土 sa¹pa⁴tʰu³：沙土

烂泥 lã⁴ni²：泥

　烂泥偝壁 lã⁴ni²pe⁴piaʔ⁵：指身上或衣物上弄到很多泥巴

岭 tiã¹：山

岭岗 tiã¹kɔ̃¹：山

山 sã¹

排 pʰæ²：山坡（用于地名，或写作排）

斜 tɕʰia²：缓坡（用于地名）

坑 hã¹：两山之间的山谷地带

  坑空 hã¹kʰəŋ：山中深沟

坪 pʰiã²：山中较平坦的地方

岾 iəŋ⁴（方言写作嵊、应、瑃）：指矮山或较陡峭的山（用于地名）

岗 kɔ̃¹：较低而平的山，岗上有树有田，可以在此生活

嶂 tsɔ̃⁴：指高大如屏嶂的山（南康地名中只出现一次）

厽 hẽ⁵：入坑不远处的较高平地

崇 təŋ⁴：山脊；屋脊

坳 ɔ⁴：山窝，又写作坳

窝 o¹：山窝

埠 pʰu²：指山丘下

口子上 kẽ⁴tsɿ³sɔ̃⁴：山顶上横道

岭口子 tiã¹pʰiaʔ⁵ tsɿ³：山脊

山脚下 sã³tɕio⁵ha¹：山脚下

山腰子 sã³iɔ¹sɿ³：山腰

岩 ŋã¹：突出的山崖；（石块、前额）突出

  石壁岩 saʔ⁵piaʔ⁵ŋã¹（意义同上）

上岭下崇 sɔ̃ tiã¹xa¹ təŋ⁴：上山下山，指山路难走

溪 ɕi¹

江 kɔ̃¹

潭 tʰã²

湾/塆 vã¹：水湾处、山弯处

河 ho²

  河坝 ho²pa⁴：河

塘 tʰɔ̃²：池塘

舷 ɕĩ¹：（河、塘等）边上

陂（头）pi¹：指人工筑的或自然生成的拦水坝

梘（笕）ĩ⁴：引水渠

湖 fu²：水洼处，并非指真正的湖

源 ĩ²：水源处（多用于地名）

沟（坑）kio¹（hã¹）：水沟

坑沟 hã¹kio¹：较深的水沟

坞（口）vu²（toʔ⁵）：小坑

坝 pa⁴：沙滩；沙洲

水 se³

温滚水 vẽ¹kuẽ³se³：温水

冷水 lã¹se³

滚水 kuẽ³se³：热水

泡水 pʰɔ se³：烧开的水

开水 hue¹se³：烧开的水

漏 lio⁴：漏水

渗 sẽ⁴：渗水

发大水 faʔ⁵tʰæ⁴se³：涨大水

涨大水 tsɔ̃³ tʰæ⁴se³

浸 tɕiəŋ⁴：浸泡

口 kʰuʔ⁵：淹

没 meʔ⁵：完全淹没

澄 tʰẽ²：（水）澄清

倒崩江 tɔ³pəŋ¹kɔ̃¹：山崩，塌方

倒倒仆 tɔ³ tɔ³pʰuʔ⁵：山崩，坑片

鳌鱼转身 ŋɔ²ŋe³tsũ³ɕiəŋ¹：地震（现在一般说"地震"）

石头 saʔ⁵tʰio²

石子 saʔ⁵tsʅ³：小石头

石壁 saʔ⁵piaʔ⁵

麻条石 ma²tʰio²saʔ⁵：切割条状的花岗岩

码头 ma³tʰio²：台阶；石阶

风水 fəŋ¹se³：宅地、坟等的地理形势

眼 ŋã³：小洞

洞 tʰəŋ⁴

坼 tsʰaʔ⁵：裂缝

路 lu⁴

马路 ma³lu⁴

火 ho³

出火 tsʰoʔ⁵ho³：着火

井 tɕiã³

矿 kɔ̃⁴

金 tɕiəŋ¹

银 niəŋ²

铜 tʰəŋ²

铁 tʰiɛʔ⁵

锡 ɕiaʔ⁵

钨 vu¹

煤 me²

石灰 saʔ⁵hue¹

水泥 se³ni²

尘灰 tɕʰiəŋ²hue¹：灰尘（年轻人多说"灰尘"）

屋蜡灰 vuʔ⁵laʔ⁵hue¹：烟囱灰

镬蜡灰 oʔ⁵laʔ⁵hue¹：锅底灰

磁铁 tsʰŋ²tʰ iɛʔ⁵

砖 tsũ¹（头）

　　青砖 tɕʰiã¹ tsũ¹

　　土砖 tʰu³tsũ¹

　　火砖 ho³ tsũ¹：青砖

　　红砖 həŋ² tsũ¹

二　时令时间

春上 tɕʰ iəŋ¹sɔ̃：春天

热天 n iɛʔ⁵tʰĩ¹：夏天

六月伏天 tiuʔ⁵n iɛʔ⁵fuʔ⁵tʰĩ¹：六月

秋天 tɕʰiu¹ tʰĩ¹：秋天

冬下头子 təŋ¹h a¹tʰio² tsŋ³：冬天

日里头 n iɛʔ⁵ti³tʰio²：白天

过年 ko⁴nĩ²

过小年 ko⁴ɕiɔ³nĩ²：十二月二十四日

年三十铺 nĩ²sã²seʔ⁵pʰu¹：过年这一天

正月 tsã¹niɛʔ⁵

正月头 tsã¹niɛʔ⁵tʰio²：正月里

元宵 ĩ²ɕiɔ¹

出行 tsʰoʔ⁵hã²：出元宵

交春 kɔ¹tɕʰiəŋ¹：立春

清明 tɕʰiã¹miã²

立夏 liɛʔ⁵ha⁴

端五 tũ¹ŋ³：端午

进伏 tɕiəŋ⁴fuʔ⁵：进入头伏那天

七月半 tɕʰieʔ⁵nieʔ⁵pũ⁴：中元节

中秋 tsəŋ¹ tɕʰiu¹

八月节 paʔ⁵nieʔ⁵tɕieʔ⁵：中秋

重阳 tsʰəŋ¹iɔ̃

今年 tɕiəŋ¹nĩ²

旧年 tɕʰiu⁴ nĩ²：去年

前年 tɕʰĩ²nĩ²

大前年 tʰæ⁴tɕʰĩ²nĩ²

明年 miã²nĩ²

后年 hio³nĩ²

大后年 tʰæ⁴hio³nĩ²

年头 nĩ²tʰio²：年初

年尾 nĩ² mi¹：年底

今日 tɕiəŋ¹ nieʔ⁵：今天

昨日 tsʰoʔ⁵nieʔ⁵：昨天

前日 tɕʰĩ² nieʔ⁵：前天

大前日 tʰæ⁴tɕʰĩ² nieʔ⁵：大前天

明朝（日）miã² tsɔ¹：明天

后日 hio³ nieʔ⁵：后天

大后日 tʰæ⁴hio³ nieʔ⁵：大后天

闰月 iəŋ⁴nieʔ⁵

大月 tʰæ⁴ nieʔ⁵

小月 ɕiɔ³ nieʔ⁵

月头 nieʔ⁵tʰio²：月初

月尾 nieʔ⁵mi¹：月底

夜晡 ia⁴pu³：晚上

夜暝 ia²²mã²⁴：晚上（北片）

早晨 tsɔ ³ɕiəŋ²：早晨

晏昼 ã⁴ tɕiu⁴：上午

晏昼心 ã⁴ tɕiu⁴ ɕiəŋ¹：中午

下晡 ha¹pu³：下午

下昼 ha¹tɕiu⁴：下午

下暝 ha²⁴mã²⁴：下午（北片）

断暗 tʰũ¹ ũ⁴：天黑

断暗边子 tʰũ¹ũ⁴pĩ¹tsɿ³：傍晚

断夜边子 tʰũ¹ia⁴pĩ¹tsɿ³：傍晚

挨夜边子 æ¹ia⁴pĩ¹tsɿ³：傍晚

半夜三更 pũ⁴ia⁴sã¹kã¹：半夜

天光 tʰ ĩ¹kɔ̃¹：天亮

天光边子 tʰĩ¹kɔ̃¹pĩ¹tsɿ¹：天亮之际

一工/夜 iɛʔ⁵ kəŋ¹ /ia⁴：一天/晚

茓（工、年、月）te³：整

　茓工茓日：te³ kəŋ¹te³ niɛʔ⁵：整天

簍＝夜 lio²ia⁴：连夜

日日 n iɛʔ⁵niɛʔ⁵：天天

每工 me³ kəŋ¹：每天

几工 tɕi³kəŋ¹：几天

半工 pũ⁴kəŋ¹：半天；时间久

一工到夜 iɛʔ⁵kəŋ¹tɔ⁴ia⁴：一天到晚

几工百日 tɕi³kəŋ¹paʔ⁵niɛʔ⁵：好几天

几早百早 tɕi³tsɔ³paʔ⁵tsɔ³：很早

几晏百晏 tɕi³ã⁴paʔ⁵ã⁴：很晚（指白天）

晏 ã⁴：（白天）迟了

夜 ia⁴：（晚上）迟了

迟 tsʰɿ²：（行为）迟了

早夜 tsɔ³ia⁴：早晚

该爨＝子 kæ² lɔ⁴ tsɿ³：这段时间

该朝子 k æ² tsʰɔ²tsɿ³：这段时间

一爨＝子 iɛʔ⁵ lɔ⁴ tsɿ³：一段时间

一朝子 iɛʔ⁵tsʰɔ²ts ɿ³：一段时间

一刻子 iɛʔ⁵kʰeʔ⁵ tsɿ³：一下子

一阵子 iɛʔ⁵ tɕʰiəŋ⁴ tsɿ³：一阵子

一生世 iɛʔ⁵sẽ¹sɿ⁴：一辈子

而今 e² tɕiəŋ¹：现在

眼前 ŋã³tɕʰĩ¹：目前

早先 tsɔ³ ɕĩ¹：以前

老早 lɔ³tsɔ³：过去很久

昨正 tsoʔ⁵tsã⁴：刚才

今后 tɕiəŋ¹hio⁴：以后

落尾 loʔ⁵miʔ¹：后来

后来 hio⁴le²

下日子 ha⁴nieʔ⁵tsŋ³：将来

前生世 tɕʰ̩²sẽ¹sŋ⁴：前世

今生世 tɕiəŋ¹sẽ¹sŋ⁴：今生

后生世 hio⁴sẽ¹sŋ⁴：后世

闲时头 hã¹sŋ²tʰio²：平时

通书 tʰəŋ¹su¹：皇历

阴历 iəŋ¹lieʔ⁵

老历 lɔ³lieʔ⁵：阴历

阳历 iɔ̃¹lieʔ⁵

三　亲属称谓

（一）长辈称谓

爸（爸）pa⁴：面称父亲

爷佬 ia²lɔ³：背称父亲

两子爷 tiɔ̃³tsŋ³ia¹：父子俩

嬷 mo¹：面称母亲（旧称）

妈（妈）ma¹：面称母亲（年轻人称）

（阿）婆 me³¹：面称母亲（龙华片、潭口片）

口 ie³¹：面称母亲（龙回）

馳佬 tɕia³lɔ³：背称母亲

娭佬 oe³⁴lɔ³¹：背称母亲（龙回）

两子馳佬 tiɔ̃³tsŋ³ tɕia³ lɔ³：母女俩

爷馳 ia¹ tɕia³：父母

后来爷 hio⁴læ² ia¹：继父

后来馳 hio⁴læ² tɕia³：继母

爹（爹）tia¹：祖父

两子爹爹 tiɔ̃³tsŋ³ tia¹ tia¹：祖孙俩

奶（奶）næ¹：祖母

两子奶奶 tiɔ̃³tsŋ³ næ¹ næ¹：祖孙俩

满爹 mã¹tia¹：祖父最小的弟弟

满奶 mã¹ næ¹：祖父最小的弟媳

细奶 ɕi⁴næ¹：祖父辈的小老婆

公公 kəŋ¹kəŋ¹：外公

婆婆 pʰo²pʰo²：外婆

伯伯 paʔ⁵ paʔ⁵：伯父

伯爷 paʔ⁵ ia²¹：伯父

爷爷 ia²¹ ia²¹：伯父（龙回片、北片的内潮）

驰驰 tɕiaʔ⁵ tɕiaʔ⁵：伯母

伯伯 pa⁵ pa⁵⁵：伯母（蓉江片、潭口片的横寨）

伯嬭 paʔ⁵ me³¹：伯母（潭口片）

娘娘 niɔ̃²¹niɔ̃²¹：伯母（龙回片、北片的内潮）

叔 suʔ⁵：叔叔的面称

叔崽 suʔ⁵tse¹：叔叔面称

叔佬 suʔ⁵lo³：叔叔的背称

口口 sei³²sei³²：叔叔面称（龙华片）

满满 mã²⁴mã²⁴：叔叔面称（龙回片）

姆姆 mu³mu³：婶婶面称（或写作母母、媒媒）

姆崽 mu³tse¹：婶婶面称

叔母 suʔ⁵mu¹：婶婶的背称

嬭嬭me²¹ me²¹：婶婶面称（潭口片）

满叔 mã¹suʔ⁵：最小的叔叔

细叔 ɕi²² suʔ⁵：最小的叔叔（北片称）

满母 mã¹mu³：最小的婶婶

舅公 tɕʰiu³kəŋ¹：舅舅的背称

母舅 mu³ tɕʰiu¹：舅舅的背称（横寨面称也是母舅）

舅舅 tɕʰiu¹ tɕʰiu¹：舅舅的面称

舅爷：tɕʰiu²⁴ia²¹：舅舅的面称引称（潭口片、龙回片）

两子舅佬 tiɔ̃³tsʅ³ tɕʰiu¹ lo³：舅舅和外甥俩

舅母 tɕʰiu¹mu³：舅妈

舅公爹 tɕʰiu³kəŋ¹ tia¹：父母的舅舅

舅母奶 tɕʰiu³ mu³ næ¹：父母的舅妈

大姨婆 tʰæ⁴i²pʰo²：母亲的姐姐

姨娘 i²niɔ̃²：母亲的妹妹

驰驰 tɕia⁴²tɕia⁴²：母亲的妹妹（北片面称）

毛姨驰 mo²⁴i²¹tɕia⁴²：最小的姨（北片）

满姨 mã²⁴ i²¹：母亲的妹妹（潭口片、龙回片）

小姨婆 ɕiɔ²¹i²¹pʰo²¹：母亲的妹妹（蓉江片）

姨爹 i²tia¹：姨父、奶奶姐妹的丈夫

姨公 i²¹kəŋ⁴⁴：姨父（蓉江片、潭口片、龙回片）

姨奶 i²næ¹：奶奶的姐妹

姨婆婆 i²pʰo²pʰo²：外婆的姐妹

姨婆驰 i³pʰo²tɕia³：外婆的姐妹（北片）

姨公公 i²kəŋ¹kəŋ¹：外婆姐妹的丈夫

姑姊 ku¹tɕi³：父亲的姐妹

姑爷 ku¹ia²：姑父

姑奶 ku¹næ¹：爷爷的姐妹

姑爹 ku¹tia¹：爷爷姐妹的丈夫

大公 tʰæ⁴kəŋ¹：曾祖父

大婆 tʰæ⁴pʰo²：曾祖母

丈人（佬）tsʰɔ⁴niəŋ²：老丈人

丈（人）婆 tsʰɔ⁴niəŋ²pʰo²：丈母娘

家官/公 ka¹kũ¹/kəŋ¹：背称丈夫的父亲

家婆 ka¹pʰo²：背称丈夫的母亲

家娘 ka²⁴ niɔ²¹：背称丈夫的母亲（潭口片）

契驰 tɕʰi⁴tɕia³：背称干妈

契爷 tɕʰi⁴ia¹：背称干爸

契奶 tɕʰi⁴næ¹：父母干妈

契爹 tɕʰi⁴tia¹：父母干爸

（二）平辈称谓

老伯 lɔ³paʔ⁵：哥哥的背称

哥（哥）ko¹：哥哥的面称

姊妹 tɕi³ me⁴：姐妹（也可包括兄弟）

嫂 sɔ¹：嫂子

（两）子嫂 tsŋ³sɔ¹：妯娌（俩）

姊（姊）tɕi³：姐姐

姊丈 tɕi³tsʰɔ¹：姐夫

老妹 lɔ³me⁴：妹妹的背称

妹郎 me⁴lɔ²：妹夫

老弟 lɔ³tʰi¹：弟弟

老弟嫂子 lɔ³tʰi¹sɔ³tsŋ³：姐姐背称弟媳

舅母子 tɕiu¹mu³tsŋ³：背称女方弟媳

小叔 ɕiɔ³suʔ⁵：丈夫的弟弟

小嬷 ɕiɔ³mu³：背称男方弟媳

两子姨丈 tiɔ̃³tsๅ³i³tsʰɔ̃⁴：两连襟

叔伯兄弟 suʔ⁵paʔ⁵ɕiã¹tʰi¹：堂兄弟

堂（哥、弟、嫂、姊、妹）tʰɔ̃²

叔伯姊妹 suʔ⁵paʔ⁵ tɕi³ me⁴：堂姐妹

表（哥、姊、妹、弟、嫂）piɔ³：称呼姻亲关系中的同辈

老表 lɔ³piɔ³：表哥表弟互称

两子老表 tiɔ̃³tsๅ³ liɔ³pʰiɔ³：表兄弟俩

老公 lɔ³kəŋ¹：丈夫

老婆 lɔ³pʰo²：唐江话有时也说婆老

内室 ne⁵²se⁵²：妻子（蓉江片）

两公婆 tiɔ̃³kəŋ¹pʰo²：夫妻俩

后头婆子 hio⁴tʰio²pʰo² tsๅ³：续弦

小婆 ɕiɔ³pʰo²：小老婆

舅佬 tɕʰiu¹lɔ³：妻子的兄弟

两子舅佬 tiɔ̃³tsๅ³tɕʰiu¹lɔ³：与妻子的兄弟合称或兄弟与姐夫妹夫合称

（三）晚辈称谓

后辈子 hio⁴pe⁴tsๅ³：晚辈

女 niɛ³：女儿

子 tsๅ³：儿子

崽 tse⁴：儿子（除唐江片的各片）

契子 tɕʰi⁴tsๅ³：干儿子

满女 mã¹niɛ³（子）：最小的女儿

满崽 mã¹tse³（子）：最小的儿子

俫嘞 læ⁵¹lə：儿子（潭口片、龙华片）

姑丈 ku¹tsʰɔ̃⁴：女婿

新妇 ɕiəŋ¹fu⁴：儿媳妇

新舅 ɕiəŋ²⁴ tɕʰiu³¹：儿媳妇（龙华片、潭口片）

外甥 ve⁴sã¹（子）：女儿的儿子，姐妹的儿子

外甥女 ve⁴sã¹ niɛ³（子）：女儿的女儿；姐妹的女儿

孙子 sẽ¹tsๅ³

孙女子 sẽ¹ niɛ³tsๅ³

孙新妇 sẽ¹ ɕiəŋ¹fu⁴：孙子媳妇

曾孙子 tsẽ² sẽ¹tsๅ³

曾孙女子 tsẽ² sẽ¹ niɛ³tsๅ³

老崽 lɔ³tse³：对年幼儿孙的昵称

满佗⁼ mã¹tʰio²：对年幼儿女的昵称

外家甥 ve⁴ka¹sẽ¹：姑姑称自己兄弟的儿子

外家甥女子 ve⁴ka¹sẽ¹ niɛ³ tsʅ³：姑姑称自己兄弟的女儿

侄人 tsʰeʔ⁵niən²：侄子

侄女子 tsʰeʔ⁵niɛ³ tsʅ³

（四）其他称谓

亲家 tɕʰiən¹ka¹：亲家公

嫱嬷 tɕʰiã¹mo³：亲家母

亲家爹 tɕʰiən¹ka¹tia¹：姻亲父

嫱母奶 tɕʰiã¹mu³næ¹：姻亲母

外氏 ve⁴sʅ⁴：娘家

家庭 ka¹tʰiən²：本家族

字辈 tsʰʅ⁴pe⁴：辈分

嫡亲 tieʔ⁵tɕʰiən¹：血缘最接近的

亲戚 tɕʰiən¹tɕʰieʔ⁵

老庚 lɔ³kən¹：同年

孺人 lu²niən²：妇女丧后，在墓碑上对于已故的祖母、母亲的称呼，在
　　墓碑上一律称"××孺人"。

名下 miã²ha¹：算某某名下的后代

脚下 tɕioʔ⁵ha¹：（兄弟姐妹排行）下面

本心 pẽ³ɕiən¹：孝心

供 tɕiən¹：赡养；抚养；饲养

四　人事

（一）职业称谓

介绍人 kæ⁴sɔ⁴niən²：媒人

做介绍个 tso⁴kæ⁴sɔ⁴ke⁴：媒人

作田个 tsoʔ⁵tʰʅ²ke⁴：种田人

木匠 muʔ⁵ɕiɔ̃⁴

做木个 tso⁴ muʔ⁵ke⁴：木匠

篾匠 mieʔ⁵ɕiɔ̃⁴

做篾个 tso⁴ mieʔ⁵ke⁴

泥水师傅 ni²se³sʅ¹fu⁴

作泥水个 tso⁴ ni²se³ke⁴

裁缝师傅 tsʰe²fən² sʅ¹fu⁴

作裁缝个 tso⁴ tsʰe²fəŋ²ke⁴

剃头个 tʰi⁴tʰio²ke⁴：理发的

剃头佬 tʰi⁴tʰio²lɔ³：理发师

打铁个 ta³tʰiɛʔ⁵ke⁴

打铁佬 ta³tʰiɛʔ⁵ lɔ³

打屠佬 ta³tʰu¹lɔ³：屠夫

杀猪个 saʔ⁵tse¹ke⁴

扛轿个 kɔ¹tɕʰio⁴ ke⁴

撑船个 tsã⁴sũ²ke⁴

补鞋子个 pu³hæ²tsɿ³ke⁴：补鞋匠

补伞个 pu³sã³ ke⁴

补镬头个 pu³oʔ⁵tʰio²ke⁴

打锡个 ta³ɕiaʔ⁵ke⁴：做锡器的

作厨个 tso⁴tsʰu²ke⁴：厨师

火头师傅 ho³tʰio² sɿ¹fu⁴：厨师

猎猫公个 liɛ⁵²miɔ⁵⁵kəŋ⁴⁴ke⁵²：厨师（蓉江片）

接生个 tɕiɛʔ⁵sẽ¹ke⁴

卖菜个 mæ⁴tsʰe⁴ke⁴

开车个 hue¹tsʰa¹ke⁴

做生意个 tso⁴sẽ¹i⁴ke⁴：商人

师傅娘 sɿ¹fu⁴niɔ̃²：泛称各行业师傅之妻

教书个 kɔ¹su¹ke⁴：教师

老师 lɔ̃³sɿ¹

先生 ɕĩ¹sə¹：（旧称）老师

医师 i¹sɿ¹：医生

老童生 lɔ³tʰəŋ²sə¹：（旧称）总留级的学生

鸡婆 tɕi¹pʰo²：妓女

买蛋个 mæ⁴⁴tʰã⁵²ke⁵²：妓女（蓉江片）

姑娘 ku¹niɔ̃²：妓女（旧称）

　姑娘行 ku¹niɔ̃²hɔ̃²：妓院（旧称）

堂班姑娘 tʰɔ̃²¹pã²¹ku⁴⁴niɔ̃²¹：妓女（旧称，蓉江片）

和尚 o²sɔ̃⁴

道士 tʰɔ⁴sɿ⁴

　念经 nĩ⁴tɕiã¹

尼姑 ni²ku¹

仙姑 ɕiẽ⁴⁴ku⁴⁴：尼姑（蓉江片）

仙婆子 ɕĩ¹pʰo²tsɿ³：以求神问卜为职业的妇女

　　问仙 mẽ⁴ɕĩ¹：向仙婆问卜

看相个 kʰũ⁴ɕiɔ̃⁴ke⁴：观察人的相貌来推测祸福的人

相面先生 ɕiɔ̃⁴mĩ⁴ɕĩ¹sẽ¹：（同上，旧称）

　　看相 kũ⁴ɕiɔ̃⁴：观察人的相貌来推测人的祸福

地理（先生）tʰi⁴li³：风水先生

（二）一般称谓

邻舍 tiəŋ²sa³：邻居

对门 tue⁴me²：对面的人家

同学 tʰəŋ¹hoʔ⁵

阵 tɕʰiəŋ⁴：伙伴；同伴

　　同阵 təŋ¹tɕʰiəŋ⁴：同伴

　　做阵 tso⁴tɕʰiəŋ⁴：相处

　　阵咁子 tɕʰiəŋ⁴kã¹tsɿ³：同样

　　阵该生人 tɕʰiəŋ⁴kæ²sã¹niəŋ²：同龄人

老二嬷 lɔ³e⁴mo¹：因矛盾而互不理睬的人

客 kʰaʔ⁵

　　人客 niəŋ²kʰaʔ⁵：客人

　　客佬子 kʰaʔ⁵lɔ³tsɿ³：客人（坑片）

外头人 ve⁴tʰio²niəŋ²：外地人

老表 lɔ³piɔ³：男子间的泛称

表嫂 piɔ³sɔ³：中年妇女间的泛称（农村用）

伢毛子 ŋã²mɔ¹tsɿ³：一岁前的婴儿

细伢子 ɕi³ŋã³tsɿ³：小孩

俫崽子 læ⁴tse³tsɿ³：男孩

妹崽子 me⁴tse³tsɿ³：女孩子

后生（子）hio⁴sẽ¹：年轻男子

卵拐士 lũ³kuæ³sɿ⁴：对男子的谑称

卵士 lũ³sɿ⁴：对男子的谑称

卵士崽子 lũ³sɿ⁴tse³tsɿ³：对小男孩的谑称

客女子 kʰaʔ⁵niɛ³tsɿ³：黄花闺女

老客女 lɔ³ kʰaʔ⁵niɛ³：老姑娘

妇娘子 fu¹niɔ̃³tsɿ³：已嫁育女人

妇佬人 fu¹ lɔ³ niəŋ²：已嫁育女人

大肚婆 tʰæ⁴tʰu¹pʰo²：怀孕女子

老人家 lɔ³niəŋ²ka¹

老头子 lɔ³tʰio² tsʅ³

老馳子 lɔ³tɕia³ tsʅ³：老妇人

老馳壳 lɔ³tɕia³kʰoʔ⁵：老妇人（轻蔑、厌恶）

老头拐 lɔ³tʰio²kuæ³：老男人（轻蔑、厌恶）

自家人 sʅ⁴ka¹niəŋ²

斋婆 tsæ¹pʰo²：吃素的女人

斋公 tsæ¹kəŋ¹：吃素的男人

寡婆子 kua³pʰo³：寡妇

单只佬 tã¹tsaʔ⁵lɔ³：单身男人

瘄末佬子 ko¹moʔ⁵lɔ³tsʅ³：孤寡老人

伙计 ho³tɕi⁴：姘夫

伙计婆 ho³tɕi⁴pʰo²：女姘头

丫头 a¹tʰio²：丫鬟

大嫂子 tʰæ⁴sɔ¹tsʅ³：旧时称女佣

过房 ko⁴fɔ¹：过继

捧的个 pəŋ³teʔ⁵ke⁴：抱养的

告化子 kɔ⁴hua⁴tsʅ³：乞丐

告化婆 kɔ⁴hua⁴pʰo²：女乞丐

告化佬 kɔ⁴hua⁴lɔ³：男乞丐

讨饭个 tʰɔ³fã⁴ke⁴：要饭的

生熟人 sã¹suʔ⁵niəŋ²：陌生人

斗脑子 tio³nɔ³tsʅ³：指大人物

人精子 niəŋ²tɕiəŋ¹tsʅ³：指特精明心细的人

伞脑子 sã³nɔ²tsʅ³：很自以为是的人

坑拐⁼ hã¹kuæ³：指北片的人，略带歧视

坑头婆子 hã¹tʰio²pʰo²tsʅ³：北片农村妇女（歧视）

惊拐⁼ tɕiã¹kuæ³：喜一惊一乍的人

口佬子 so³ lɔ³tsʅ³：很笨的人

笨佬子 pẽ⁴ lɔ³tsʅ³：很笨的人

口牯子 e⁴ku¹tsʅ3：很笨的人

阿达宝 a¹taʔ⁵pɔ³：很笨的人

阿叉（佬）a¹tsʰa¹（lɔ³）：很笨的人

冇几刁 mɔ¹tɕi³tio¹：不聪明；不聪明的人

冤仇 ĩ¹tɕʰiu²：仇人

啜子 tsʰoʔ⁵tsɿ³：小偷

流氓 liu³mɑ̃²

贼佬 tsʰeʔ⁵lɔ³：贼

强盗 tɕʰiɔ̃²tʰɔ⁴

拐佬子 kuæ²lɔ³tsɿ³：拐卖人的人

土匪 tʰu³fi²

牢改犯 lɔ²kæ³fɑ̃⁴：坐牢的犯人

牛皮客 niu²pʰi²kʰaʔ⁵：爱吹牛的人

大轰炮 tʰæ⁴həŋ¹pʰɔ⁴：净吹牛的人

五　人体

脑盖 nɔ³kue⁴：脑袋

脑门 nɔ³mẽ²：囟门

脑筋 nɔ³tɕiəŋ¹

脑屎 nɔ³sɿ³：脑浆

头发 tʰio²faʔ⁵

皮爬子 pʰi¹pʰa²tsɿ³：刘海

头发尾子 tʰio²faʔ⁵miᵃ tsɿ³：头发梢

黄毛稀 ɔ̃²mɔ²ɕi¹：黄头发

鬤 tsəŋ¹（起头发）：头发蓬乱

皱毛 tɕiu⁴mɔ¹：卷发

旋 ɕĩ²：头上的圈

光岭子 kɔ̃¹tiã¹tsɿ³：光头

波灯 po¹təŋ¹：光头

挂面胡子 kua⁴mĩ⁴fu²tsɿ³：络腮胡子

额门头 ŋaʔ⁵mẽ²tʰio²：额头

眉毛 mi³mɔ¹

眼皮毛 ŋã²pʰi²mɔ³：睫毛

眼珠 ŋã²tsu¹：眼睛

眼珠仁子 ŋã²tsu¹iəŋ²tsɿ³：眼珠

眼涕 ŋã²ti²：眼泪

白眼仁子 paʔ⁵ŋã²iəŋ²tsɿ³：白眼

猪婆眼 tse²pʰo²ŋã³：单眼皮

吊眼弦子 tio⁴ŋã³ɕĩ²tsɿ³：眼皮下垂有疤

眼屎 ŋã³sŋ³：眼眵

眉心 mi²ɕiəŋ¹

耳朵 ni³to³

耳屎 ni³sŋ³

耳朵眼 ni³to³ŋã³

鼻公 pʰi⁴kəŋ¹：鼻子

鼻公眼 pʰi⁴kəŋ¹ŋã³：鼻孔

鼻齈 pʰi⁴nəŋ²：鼻涕

　　搧鼻齈 sẽ⁴pʰi⁴nəŋ²：擤鼻涕

　　齈头 nəŋ²tʰio²：稠鼻涕且挂在鼻子上

鼻屎 pʰi⁴sŋ³：鼻垢

鼻屎巴 pʰi⁴sŋ³pa¹：干鼻垢

白公瓤 paʔ⁵kəŋ¹nɔ̃²：一种蛇；指挂在鼻子下的稠鼻涕的形象说法

人中 niəŋ²tsəŋ¹

嘴 tsue⁴

嘴唇皮 tsue⁴ɕiəŋ²pʰi²

牙齿 ŋa²tsŋ²

下牙耙 ha¹ŋa²pʰa²：下巴

缺牙耙 tɕʰiɛʔ⁵ŋa²pʰa¹：掉了牙的人

牙桥肉 ŋa²tɕʰiɔ²niuʔ⁵：牙龈

虫牙 tsʰəŋ²ŋa²

龅牙 pʰɔ⁴ŋa²

门牙 mẽ²ŋa²

座牙 tsʰo¹ŋa²

牙骹 ŋa²kɔ⁴：牙基

舌刁⁼ seʔ⁵tiɔ¹：舌头

细舌子 ɕi⁴seʔ⁵tsŋ³：小舌

口水 hio³se³：口水

口澜 hio³lã¹：口水

面 mĩ⁴：脸

　　面包 mĩ⁴pɔ²：脸

酒窝子 tɕiu³o¹tsŋ³：大酒窝

饭窝子 fã⁴o¹tsŋ³：小酒窝

颈筋 tɕiã³tɕiəŋ¹：颈脖子

颈筋窝 tɕiã³tɕiəŋ¹o¹：脖子前面的中心处

喉咙 hio²lən²

喉咙管 hio²lən²kũ³

肩胛 tɕĩ¹kaʔ⁵：肩膀关节处

肩头 tɕĩ¹tʰio²：肩膀

背 pe⁴

背中心 pe⁴tsən¹ɕiən¹：背正中处

胸官前 ɕiən¹kũ¹tɕʰĩ¹：胸前

胸官窝 ɕiən¹kũ¹o¹：胸腹交界处

文身 vẽ²ɕiən¹：身子

奶 næ³：乳房

波 po¹：乳房

肚 tʰu¹：肚子

肚脐眼 tʰu¹tɕi¹ŋã³

腰 iɔ¹

粪 fẽ⁴：粪便

屎 sʅ³：粪便

屎窟 sʅ³hoʔ⁵：屁股（年轻人说"屁股"）

屎窟眼 sʅ³hoʔ⁵ŋã³：屁股眼

屎眼 sʅ³ŋã³：屁股眼

　屎眼痛 sʅ³ŋã³tʰən⁴：（粗话）假痛或小痛

卵 lũ³：男阴

　卵砣 lũ³tʰo²：男阴

　蛮捞卵 mã²lɔ¹lũ³：不知好歹、狂妄

　托卵（砣）toʔ⁵lũ³：（粗话）表示不必，不用管；拍马屁或行贿（贬）

鳖 piɛʔ⁵：女阴

口 pæ¹：女阴（儿语）

鸟 tiɔ³：交合

鸟把子 tiɔ¹pa³tsʅ³：男阴（儿语）

尿 niɔ⁴

　搞尿坞子 kɔ³niɔ⁴vu³tsʅ³：不当回事乱做一通

屁 pʰi⁴

　屁屎大 pʰi⁴sʅ³tʰæ⁴：指很小

　托屁 toʔ⁵ pʰi⁴：没啥用

大髀 tʰæ⁴pi³：大腿（鸡鸭大腿也用"髀"）

大髀丫 tʰæ⁴pi³ a¹：大腿根

脚胅丫子 tɕioʔ⁵tɕʰiɛʔ⁵aⁱtsʅ³：大腿根

膝头盖 tɕʰiɛʔ⁵tʰio²kue⁵：膝盖

膝头脑 tɕʰiɛʔ⁵ tʰio²nɔ³：膝盖

脚腩肚 tɕioʔ⁵nã²tʰu¹：腿肚子

脚棍 tɕioʔ⁵kuẽ⁴：小腿

脚 tɕioʔ⁵：足，也指整个腿足部；最下面，如壁脚下；液体中的沉淀物
　　或剩余物，如茶脚子、酒脚；谙于某事的人，如老脚子

脚趾头 tɕioʔ⁵tsʅ³tʰio²：脚趾

脚趾尾 tɕioʔ⁵ tsʅ³mi¹：小脚趾

脚趾婆 tɕioʔ⁵ tsʅ³pʰo²：大脚趾

脚底心 tɕioʔ⁵ti³ɕiəŋ¹

脚背 tɕioʔ⁵pe⁴

脚踭 tɕioʔ⁵tsã¹：脚后跟

脚趾甲 tɕioʔ⁵ tsʅ³kaʔ5

手 ɕiu³

手胅下 ɕiu³tɕʰiɛʔ⁵ha¹：腋下

手棍 ɕiu³ kuẽ⁴：手臂

腕子 vũ³tsʅ³：手腕

手踭 ɕiu³tsã¹：胳膊肘

巴掌 paⁱtsɔ̃³

巴掌心 paⁱtsɔ̃³ɕiəŋ¹：手心

手心 ɕiu³ ɕiəŋ¹

断掌 tũⁱtsɔ̃³：手心一条横纹特粗的，据说此掌特有力，打人特疼。

花掌 hua¹ tsɔ̃³：手心纹路较多的。

手背 ɕiu³pe⁴

手指 ɕiu³tsʅ³

手指头 ɕiu³ tsʅ³tʰio²

手指甲 ɕiu³ tsʅ³kaʔ⁵：指甲

手指婆 ɕiu³ tsʅ³pʰo²：大拇指

手指二 ɕiu³ tsʅ³ni⁴：食指

手指中 ɕiu³ tsʅ³tsəŋ¹ 中指

手指尾 ɕiu³ tsʅ³mi¹ 小指

朒 lo²：手指上向里的纹

箕 tɕi¹：簸箕形指纹

血 ɕieʔ⁵

汗 hũ⁴

寒毛 hũ²mɔ¹：汗毛

寒毛眼 hũ²mɔ¹ŋã³：汗毛孔

嫚 mã⁴：皮垢

痣 tsๅ⁴

脉 mæ⁴

筋 tɕiəŋ¹

骨头 koʔ⁵tʰio²

肠 tsʰɔ̃¹

肺 fi⁴

胃 ve⁴

心 ɕiəŋ¹

肝 kũ¹

尿罂子 niɔ⁴ã¹tsๅ³：膀胱

肉色 niuʔ⁵seʔ⁵：肤色

腰子 iɔ¹tsๅ³：肾

口贴 ɳ̍²tʰiɛʔ⁵：脾

六 疾病

（一）一般用语

病 pʰiã⁴

发病 faʔ⁵ pʰiã⁴：生较大的病

变狗 pĩ⁴kio³：生病（委婉语，用于小孩）

人唔新鲜 niəŋ²ŋ̍³ɕiəŋ¹ɕĩ¹：身体不舒服

吃唔得 tɕʰiaʔ⁵ ŋ̍³teʔ⁵：（身体）感觉不舒服；嫉妒

勑 læ²：累；没劲

　刮勑 kuaʔ⁵læ²：人不舒服没力

　勑索 læ²soʔ⁵：人不舒服没力

磨头（多）mo²tʰio²：指病疼（多）

磨人 mo²niəŋ²：病痛多折磨照顾的人

落˭壳˭ loʔ⁵kʰoʔ⁵：指老人身体虚弱，行动不便

弱 nioʔ⁵：身体虚弱（多指老人）

面色 mĩ⁴seʔ⁵：气色；脸色

拉脉 la¹maʔ⁵

开单子 hue¹tã¹tsๅ³：开药方

茶 tsʰa²：药（婉称）

药 ioʔ⁵

药罂 ioʔ⁵ã¹：药罐子

药引子 ioʔiəŋ³tsʅ³：药饵

药店 ioʔti ⁴

捡药 tɕi³ioʔ⁵：买中药

炖药 tẽ¹ioʔ⁵：煎药

搽药 tsʰa¹ioʔ⁵

口药 oʔ⁵ ioʔ⁵：敷药

食药 sʅʔ⁵ioʔ⁵：食药

打针 ta³tɕiəŋ¹

狗皮膏药 kio⁴pʰi²kɔ¹ioʔ⁵：膏药

卖狗皮膏药 mæ⁴kio⁴pʰi²kɔ¹ioʔ⁵：做广告；自吹自擂

打药 ta³ioʔ⁵：跌打损伤类药

闹药 nio⁴ioʔ⁵：毒药

草药 tsʰɔ³ioʔ⁵：中草药

药膏 ioʔ⁵kɔ¹

火气 ho³ɕi：上火

清火 tɕʰiəŋ¹ho³：降火

痰 tʰã²

痧气 sa¹ɕi⁴：湿气

闭痧 pi⁴sa¹：中暑

刮痧 kuaʔ⁵sa¹

拑 tɕʰĩ²（痧）：用食指和中指反复夹皮肤使之出痧

扁˭pĩ³：传染；蘸

过人 ko⁴niəŋ²：传（染）给人，如奶会过人 _{母乳会带病给乳儿}

煉 læ⁴：（水）烫到

焫 naʔ⁵：（热油、热石头、热铁等）烫到

口 læ²（屎尿）：大小便失禁

看 kʰũ⁴：探视病人

招服 tsɔ¹fuʔ⁵：照顾服侍病人；招待

（二）内外科

冻倒 təŋ⁴tɔ³：感冒、着凉

发冷 faʔ⁵lã¹

作滚 tsoʔ⁵ kuẽ³：发热（年轻人一般说"发热"）

屙肚 o¹tʰu¹：拉肚子

肚痛 tʰu¹tʰəŋ⁴：肚子痛

发尿淋 faʔ⁵niɔ⁴lieŋ²：泌尿系统感染的尿频尿急尿痛

黄肿大肚 ɔ̃²tsəŋ³tʰæ⁴tʰu¹：肝腹水

打摆子 ta³pæ³tsɿ³：痢疾；没干正活，浪费时间

气鼓颈 çi⁴ku³tɕiã³：甲状腺肿大

猪头肥 tse¹tʰio²fi²：腮腺炎

鸭公声 aʔ⁵kəŋ¹sã¹：嗓子沙哑

发鹅子 faʔ⁵o²tsɿ³：扁桃体起脓

牵（痕）气 tɕʰɿ¹（ha¹）çi⁴：气喘病

咳 kʰeʔ⁵：咳嗽

　　吭吭咳咳 kʰ ɔ̃² kʰɔ̃²kʰeʔ⁵ kʰeʔ⁵：不断咳嗽

猪婆癫 tse¹ pʰo² fi²：癫痫

变症 pĩ⁵tɕiəŋ⁴：人失去知觉并抽搐

打呵咿 ta³ho¹i¹：打哈欠

打呃笃 ta³eʔ⁵tuʔ⁵：打嗝

打啊气 ta³a¹tɕʰi⁴：打喷嚏

　　（以上三个词均为摹声）

打忍噤 ta³niəŋ¹tɕiəŋ⁴：打寒噤

倒汗 tɔ³hũ⁴：败汗

潜汗 pʰu¹hũ⁴：败汗

疳积 kũ¹tɕieʔ⁵：（小孩）无食欲，消化不良

晕车 iəŋ²tsʰa¹

作呕 tsoʔ⁵ io³

作哕 tsoʔ⁵veʔ⁵：干呕

反反起 fã³fã çi³：欲呕貌

发晕 faʔ⁵iəŋ²

晕晕宕宕 iəŋ² iəŋ²tʰɔ̃tʰɔ̃：晕晕乎乎

损痛 sẽ³tʰəŋ⁴：关节痛

结石 tɕieʔ⁵saʔ⁵

蛔虫 ve²tsʰəŋ²

豺虫 sæ²tsʰəŋ²：蛔虫

痒 iã¹

　　录痒 loʔ⁵iã¹：好痒

痛 tʰəŋ⁴

录痛 loʔ⁵tʰən⁴：好痛

近视眼 tɕʰiəŋ¹sʅ⁴ŋã³

眼疬子 ŋã³tɕiɛʔ⁵tsʅ³：麦粒肿

狗鳖眼 kio³piɛʔ⁵ŋã³：红眼病

大舌刁 tʰæ⁴seʔ⁵tiɔ¹：大舌

白腊⁼ pʰaʔ⁵laʔ⁵：头皮屑

橙⁼耳 tsʰã³ni³：油耳

瘭 pʰiɔ⁴：水疱

劈子 leʔ⁵tsʅ³：嘴巴里长的疱

朡 pʰuʔ⁵：蚊虫叮咬起的小肿块

乌蝇屎 vu¹iəŋ²sʅ³：雀斑

瘕口子 sɔ¹nã⁴tsʅ³：青春痘

口子 nã⁴tsʅ³：小的红疙瘩疬子

烂疤子 lã⁴pa¹tsʅ³：皮肤溃烂

更⁼脓 kẽ⁴nəŋ²：化脓

肿 tsəŋ³

浮肿 fio²tsəŋ³

热痱子 niɛʔ⁵pi⁴tsʅ³：痱子

热兔⁼子 niɛʔ⁵tʰu⁴tsʅ³：比痱子更大点的红疹

发疬子 faʔ⁵tɕiɛʔ⁵tsʅ³

发鱼鳞 faʔ⁵ŋe²liəŋ²：手上长的似鱼鳞的皮肤病

盐癣 ĩ¹ɕĩ³：奶癣

鸡婆皮 tɕi¹pʰo²pʰi¹：鸡皮疙瘩

疤 pa¹

口 ɕiəŋ¹：较深长的伤痕

风口 fəŋ¹pʰu²：荨麻疹

汗斑 hũ⁴pã¹：一种真菌引起的皮癣

洋疗 iɔ̃²tiã¹：淋巴疬

做麻子 tso⁴ma²tsʅ³：患麻疹

出水痘 tsʰoʔ⁵se³tʰio⁴

发疮 faʔ⁵tsʰɔ¹

发冻疮 faʔ⁵təŋ⁴tsʰɔ¹：长冻疮（肿或烂）

发萝菖子 faʔ⁵lo²fuʔ⁵tsʅ³：长冻疮（小红点）

脱皮 tʰoʔ⁵pʰi²

烂脚趾丫 lã⁴tɕio ʔ⁵tsʅ³a¹

烂蛇子头 lã⁴sa¹ tsʅ³tʰio²：烂手指头（贬）

点痣 fi³tsʅ⁴

爆橄 pɔ⁴tɕĩ¹：手脚皲裂（裂口大）

爆泌⁼ pɔ⁴mi⁴：手脚皲裂（裂口小）

香港脚 ɕiɔ̃¹kɔ̃³tɕioʔ⁵：脚气病

扭 niu³（到了）：四肢关节或躯体部分的软组织（如肌肉、肌腱、韧带
　　等）损伤

崴 væ³

（三）残疾

中风 tsən⁴fən¹

聋 lən¹

　　聋牯子 lən¹ku³tsʅ³：聋子

　　聋婆 lən¹pʰo²

蒙 mən¹：瞎

　　蒙眼子 mən¹ŋã³tsʅ³：盲人

瞎 haʔ⁵

　　瞎眼子 haʔ⁵ ŋã³tsʅ³：盲人

驼背子 tʰo²peᵗ⁴tsʅ³

拐 kuæ³：瘸

　　拐婆 kuæ³pʰo²：女瘸子

　　拐脚子 kuæ³tɕioʔ⁵tsʅ³：瘸子

矮婆子 æ³pʰo²tsʅ³

矮婆腊⁼子 æ³pʰo² laʔ⁵ tsʅ³：对矮女的贬称

矮牯子 æ³ ku³tsʅ³

矮脚三郎 æ³tɕioʔ⁵sã¹lɔ̃²：侏儒

囗鼻 mia¹pʰi⁴：塌鼻

哑 a³：

　　哑巴子 a³pa¹tsʅ³

　　哑婆 a³pʰo²

结巴 tɕiɛʔ⁵pa¹：口吃

结舌 tɕiɛʔ⁵seʔ⁵：口吃

　　结巴子 tɕiɛʔ⁵pa¹ tsʅ³：有口吃的人

缺嘴子 tɕʰiɛʔ⁵tseᵗ⁴tsʅ³：兔唇

腊⁼痢头 laʔ⁵li²tʰio²：头上发恶疮后掉发露出头皮

麻子/婆 ma²tsʅ³/pʰo²：出麻疹后脸上留下斑的人

据 tɕia¹：手脚（因冷或病）不能伸展

　据手据脚 tɕia¹ɕiu³tɕia¹tɕioʔ□：手脚不灵活

　据婆 tɕia¹pʰo²：瘫痪女人

　据文⁼子 tɕia¹vəŋ²tsɿ³：对手足的谑称

□ pe¹：手脚弯曲变形

发癫 faʔ⁵fi²：发疯

癫佬子 fi²lɔ³tsɿ³：（男）疯子

癫婆 fi²pʰo²：（女）疯子

左掰⁼子 tso³pæ¹tsɿ³：左撇子

发麻风 faʔ⁵ma²fəŋ²：得麻风病：泛指各种皮肤病

麻风佬 ma²fəŋ²lɔ³：麻风病人

七　红白喜事

（一）婚嫁

做酒 tso⁴tɕiu³：办酒席

做好事 tso⁴hɔ³sɿ⁴：办红喜事

大伯好事 tæ⁴paʔ⁵hɔ³sɿ⁴：红白喜事

上礼 sɔ̃¹ti³：登记来客所送的钱物

回（篮）hue²（lã²）：对客人的回赠

折菜 tsɛʔ⁵tsʰe⁴：把酒席的菜打包回去

梯 tʰẽ⁴：包礼时随份子 ~得蛮苦

吹打 tsʰe¹ta³：唢呐（本地红白喜事一般会请）

嗒嘟嗒 ta²tu¹ta²：唢呐（小孩用）

做介绍 tso⁴ kæ⁴sɔ⁴：做媒

介绍人 kæ⁴sɔ⁴niən²：媒人

做介绍个 tso⁴kæ⁴sɔ⁴ke⁴：媒人

打照面 ta²¹tsɔ⁵²miẽ⁵²：相亲（蓉江片）

看妹崽子 kʰũ⁴me⁴tse³tsɿ³：相亲（男方）

看细伢子 kʰũ⁴ɕi⁴ŋã³tsɿ³：相亲（女方）

登门 təŋ¹mẽ²：男方第一次上门

捡盘子 tɕĩ³pʰũ²tsɿ³：女方本家要准备糖果招待男方

□屋宇 la²uʔ⁵i³：查家，相亲后，女方到男方走访

订数 tʰiã⁴su⁴：订婚

话成啦 va⁴sã²la²：指谈好了对象

睄节 sɔ⁴tɕieʔ⁵：订婚未娶前三节备礼到女家

拣日子 kã³niɛʔ⁵tsʅ³：双方选定结婚日期

恩恤 ẽ¹ɕieʔ⁵：男方包给女方父母的礼包

人头罂子 niəŋ²tʰio²ã¹tsʅ³：人头礼

讨老婆 tʰɔ³ lɔ³pʰo²：娶妻

讨新妇 tʰɔ³ɕiəŋ¹fu⁴：娶儿媳

出嫁 tsʰoʔ⁵ka⁴

嫁女 ka⁴niɛ³

接亲 tɕiɛʔ⁵tɕʰiəŋ¹：男方来迎娶

亲郎 ɕiã¹lɔ̃¹：男方迎娶时的主事人

开门包 hue¹mẽ²pɔ³：男方迎娶时给女方开门的红包

新人子 ɕiəŋ¹niəŋ²tsʅ³：新娘子

新郎官 ɕiəŋ¹lɔ̃²kũ¹：新郎

扎荷包 tsaʔ⁵hoʔ²pɔ¹：给所嫁女的钱

背新人 pa¹ɕiəŋ¹niəŋ²

中筛 təŋ¹sæ¹：女子出嫁时头顶米筛

扛盒 kɔ̃¹hoʔ⁵：旧时装嫁妆的担子

发亲 faʔ⁵ tɕʰiəŋ¹：女方打发出嫁

坐性 tsʰo¹ɕiã⁴：旧时新娘进屋后，先在厅堂的簸子里坐些时候

新人间 ɕiəŋ¹niəŋ² kã¹：新人房

波嘴 po²tsue⁴：亲嘴

摆酒席 pæ³ tɕiu³ɕiɛʔ⁵

送酒担 səŋ⁴tɕiu³tã¹：旧时男婚，内亲要送猪肉、鱼、鸡、酒等

开席 hue¹ɕiɛʔ⁵

正餐 tɕiəŋ⁴tsʰã¹

闲餐 hã²tɕʰã¹

转三朝 tsũ³sã¹tsɔ³：出嫁三天携新婚夫婿回娘家

上门 sɔ̃¹mẽ²：嫁出去的女儿偕夫婿第二年大年初二回娘家

生客 sã¹kaʔ⁵：婚后第二年大年初二来拜年的女婿

转外氏 tsũ³ve⁴sʅ⁴：回娘家

（二）生育

搭到了 taʔ⁵tɔ³la²：怀孕了

有好事 iu³hɔ³sʅ⁴：怀孕

怀到啦 væ²tɔ³la²：怀孕了

病子 pʰiã⁴tsʅ³：怀孕时呕吐

大肚婆 tʰæ⁴tʰu¹pʰo²：孕妇

睄胎 sɔ⁴ tʰe¹：生母送鸡、蛋等给已孕女儿补养身体

菜碗 tsʰe⁴vũ³：娘家待女儿产后送炸豆腐、菜干、肉等做成的菜

出世 tsʰoʔ⁵sʅ⁴

养 iɔ̃¹：生；饲养

养人 iɔ̃¹niəŋ²：生孩子

小产 ɕiɔ³tsʰã̃³：流产

损 sẽ³：小产

打胎 ta³tʰe¹：堕胎

接生婆 tɕiɛʔ⁵sẽ¹pʰo²

接生 tɕiɛʔ⁵sẽ¹

胞衣 pɔ¹i¹：胎盘

做月 tso⁴ niɛʔ⁵：坐月子

儆 tɕʰiã̃⁴：吃用方面有禁忌，有些不能吃或不能碰，如儆嘴、儆冷水等

三朝 sã̃¹tsɔ¹：出生第三天

捆手 kʰuẽ³ɕiu³：出生三天手脚扎红绳子以示小孩以后更安分守己

红蛋 həŋ²tʰã̃⁴：把壳染红的蛋，分发给亲人好友以示答谢意

满月 mũ³niɛʔ⁵：孩子出生满 30 天

做满月（酒）tso⁴ mũ³niɛʔ⁵

百日 paʔ⁵niɛʔ⁵

周岁 tɕiu¹ɕi⁴

安名字 ũ¹mã̃²tsʰʅ⁴：取名字

捧（人）pəŋ³：抱孩子

背（人）pa¹：背孩子

颠˭屎 fɿ¹sʅ³：把屎

颠˭尿 fɿ¹niɔ⁴：把尿

带肚来个 tæ⁴tʰu¹læ²ke⁴：怀着前夫的孩子出嫁后生下的孩子

野种子 ia³tsəŋ³tsʅ³：私生子

种草 tsəŋ³tsʰɔ³：遗传基因

（三）丧葬

过身 ko⁴ɕiəŋ¹：去世

老了人 lɔ³la³niəŋ³：去世的委婉语

白好事 pʰaʔ⁵hɔ³sʅ⁴：丧事

死佬 sʅ³lɔ³：死去的人

报（生）pɔ⁴（sã̃¹）：报丧

寿衣 ɕiu⁴i¹

棺材 kũ¹tsʰæ²

寿木 ɕiu⁴muʔ⁵：棺材（生前做好时称）

方嘞 fɔ̃⁴⁴lə：棺材（生前做好时称，蓉江片）

火板子 ho³pã³tsɿ³：用薄板做的简易棺材（也用于詈语）

送终 səŋ⁴tsəŋ¹

灵堂 liəŋ²tʰɔ̃¹

神主牌 ɕiəŋ²tsu³phæ²：灵牌

念经 nĩ⁴tɕiã¹

纸钱 tsɿ³tɕʰɿ¹

香 ɕiɔ̃¹：祭祖、敬神所烧的用木屑掺上香料做成的细条

衣 i¹：纸衣

蜡烛 laʔ⁵tsuʔ⁵

下跪 ha¹kʰue³

做揖 tso⁴iɛʔ⁵：作揖

守夜 ɕiu³ia⁴

做法事 tso⁴faʔ⁵sɿ⁴：人死后亲人请和尚或道士念经超度

游材 iu²tsʰe²：儿孙在道士引导下绕棺材三步一跪拜

打斋饭 ta³tsæ¹fã⁴：置办丧葬酒席（旧时只吃斋，现在也有荤菜）

孝帽子 hɔ⁴mɔ⁴tsɿ³：人死后亲人戴的白布缝的简易帽子

孝带子 hɔ⁴tæ⁴tsɿ³：人死后亲人腰间系的白布带子

戴孝 tæ⁴hɔ⁴

孝子 hɔ⁴tsɿ³：戴孝的儿子

入殓 iɛʔ⁴lĩ⁴：把死人抬入棺材

出殡 tsʰoʔ⁵piəŋ⁴：出葬

送殡 səŋ⁴piəŋ⁴：送葬

叫苦 tɕiɔ⁴kʰu³：送葬时出嫁的女儿或孙女依次绕着棺材哭一圈

八大金刚 paʔ⁵tʰæ⁴tɕiəŋ¹kɔ̃¹：八个抬棺材的人

地 tʰi⁴：坟墓

寿地 ɕiu⁴tʰi⁴：坟墓

做寿地 tso⁴ ɕiu⁴tʰi⁴：修坟墓

碑石 pi¹saʔ⁵：墓碑

埋 mæ²：埋葬

上岭 sɔ̃¹tiã¹：下葬的委婉说法

叫三晨　tɕiɔ⁴sã¹ɕiəŋ²：出殡的第三天，儿孙自灵位前点燃火把一路哭泣
　到坟前拜祭

做七 tso⁴tɕʰiɛʔ⁵：人死后每七天祭一次，从头七到七七，共七次。

挂衣 kua⁴i¹：烧纸做的衣服

挂纸 kua⁴tsʅ³：扫墓

打短命 ta³tũ³miã⁴

短命种 tũ³miã⁴tsən³

自缢 tsʰʅ⁴ʅ⁴iɛʔ⁵：自杀

吊颈 tio⁴tɕiã³：上吊

投河 tʰio²ho²：跳河自杀

闹⁼nɔ⁴（死）：毒（死）（动词）

口 kʰuʔ⁵（死）：淹（死）

捡金 tɕĩ³tɕiən¹：二次葬拾遗骨

送七月半 sən⁴tɕʰiɛʔ⁵niɛʔ⁵pũ⁴：人死后的第一个七月半，亲戚要送纸、衣、
　　鸭子等到死者家拜祭，以示安慰，主人要招待茶饭。

（四）其他

做生日 tso⁴sã¹niɛʔ⁵：过生日

做寿 tso⁴ɕiu⁴：过生日（六十岁以上）

做下水酒 tso⁴ha¹se³tɕiu³：办乔迁酒

过火 ko⁴ho²：搬新居，从旧房灶上点燃火把引入新灶

送学堂 sən⁴hoʔ⁵tʰɔ̃¹：小孩初上学堂，亲戚送本子、笔、伞等与上学有
　　关的东西

八　植物

（一）菜蔬农作类

番瓟 fã¹pʰu²：南瓜

劈瓜 leʔ⁵kua¹：黄瓜

瓟子 pʰu²tsʅ²

蕹菜 ən⁴tsʰe⁴：空心菜

子蕹 tsʅ³ ən⁴：空心菜的一种

驳蕹 poʔ⁵ ən⁴：空心菜的一种

广东辣椒 kɔ̃³tən¹laʔ⁵tɕiɔ²：黄秋葵

川椒 tsʰũ²⁴ tɕiɔ²⁴：黄秋葵（北片）

南瓜 nã¹kua¹：丝瓜

瓢瓜 nɔ̃²¹kua⁴⁴：丝瓜（蓉江片）

拜东莲 pæ⁴tən¹l̃i¹：向日葵

冬瓜 tən¹kua¹

苦瓜 fu³kua¹

茄子 tɕʰio²tsʅ³

辣椒 laʔ⁵tɕiɔ¹

苋菜 ɕĩ⁴tsʰe⁴

马齿苋 ma³tsʅ³ ɕĩ⁴：一种野菜

葱子 tsʰəŋ¹tsʅ³

蒜子 sũ⁴tsʅ³

蒜仁 sũ⁴iə̃²：大蒜头

藠子 tɕʰiɔ¹tsʅ³

姜 tɕiɔ̃¹

　子姜 tsʅ³ tɕiɔ̃¹

　老姜 lɔ³ tɕiɔ̃¹

萝菖 lo²fuʔ⁵：萝卜，一般指白萝卜

　红萝菖 həŋ² lo²fuʔ⁵：胡萝卜

芹菜 tɕʰiəŋ²tsʰe⁴

青菜 tɕʰiã¹ tsʰe⁴：绿色叶子菜的总称，也专指小白菜

白菜 pʰaʔtsʰe⁴：小白菜

黄芽白 hɔ̃¹ŋa²pʰaʔ⁵：大白菜

包菜 pɔ¹tsʰe⁴：卷心菜

大头菜 tʰæ⁴ tʰio²tsʰe⁴：芥菜

　菜梗子 tsʰe⁴kuã³tsʅ³：专指大头菜的茎

　菜蔸 tsʰe⁴ tio¹：大头菜的根

根菾 kẽ¹tʰaʔ⁵：莙菾菜

红皮菜 həŋ²pʰi² tsʰe⁴：紫背菜

芥蓝菜 kæ⁴lã¹tsʰe⁴

韭菜 tɕiu³ tsʰe⁴

西红柿 ɕi¹həŋ²sʅ⁴

麻子 ma²tsʅ³：芝麻

土豆 tʰu³tʰio⁴

洋葱 iɔ̃²tsʰəŋ¹

剥皮薯 poʔ⁵pʰi²se³：凉薯

禾笋 o²ɕiəŋ³：茭白

笋 ɕiəŋ³：分冬笋和春笋

油麦子 iu² maʔ⁵tsʅ³：莴笋

麦子蔸 maʔ⁵tsʅ³tio¹：油麦子的梗

竹篙薯 tsuʔ⁵kɔ¹se³：淮山

毛薯 mɔ²se³：脚板薯

番薯 fã¹se³：红薯

薯子 se³tsŋ³：红薯

芋头 i⁴tʰio²

芋崽子 i⁴tse⁴tsŋ³：小芋头

芋荷 i⁴ho²

花生 hua¹sẽ¹

豆子 tʰio⁴tsŋ³

　　豆角 tʰio⁴koʔ⁵：豇豆

　　四月眉子 sŋ⁴nieʔ⁵mi³tsŋ³：四季豆

　　红豇豆 həŋ²kɔ̃¹tʰio⁴

　　白豆子 pʰaʔ⁴tʰio⁴tsŋ³

　　乌豆子 u¹ tʰio⁴tsŋ³：黑豆

　　青豆子 tʰio⁴tsŋ³：绿豆

　　黄豆子 ɔ̃²tʰio⁴tsŋ³

　　摘荚豆 tsaʔ⁵kaʔ⁵tʰio⁴：荷兰豆

　　雪豆 ɕieʔ⁵ tʰio⁴

　　眉豆 mi² tʰio⁴：扁豆

　　刀豆 tɔ¹ tʰio⁴

　　冬豆子 təŋ¹tʰio⁴tsŋ³：蚕豆

　　白麻豆子 pʰaʔ⁵ma²tʰio⁴tsŋ³：豌豆

荸荠 pʰieʔ⁵tɕʰi²：马蹄

百合 paʔ⁵hoʔ⁵

油菜 iu²tsʰe⁴

禾 o²

　　禾稿锯 o²kɔ¹tɕi⁴：稻茬儿

　　禾苋子 o²tio¹tsŋ³：禾茬

　　谷绽 kuʔ⁵tsʰa⁴：谷穗

　　秆 kũ³：稻草

　　禾草 o²tsʰɔ³：稻草

　　迟禾 tsʰŋ²o²：晚种的稻

　　早子 tsɔ³tsŋ³：早稻

　　番稻 fã¹tʰɔ⁴：晚稻

　　插高 tsʰaʔ⁵kɔ¹：一种优质稻

米 mi³

糯米 no⁴mi³

砧米 tsẽ¹mi³：粳米

糠 hɔ̃¹

砻糠 ləŋ²hɔ̃¹：稻谷脱下的外壳（也单说"糠"）

谷 kuʔ⁵

谷绽 kuʔ⁵tsʰã⁴：谷穗

包粟 pɔ¹ɕiuʔ⁵：玉米

粟子 ɕiuʔ⁵tsɿ³：高粱

菌子 tɕʰiəŋ¹tsɿ³：野生香菇

松毛菌 tsʰəŋ²mɔ¹tɕʰiəŋ¹：松树菇

木子菌 muʔ⁵tsɿ⁵ tɕʰiəŋ¹：茶树菇

木耳 muʔ⁵e³

（二）瓜果类

瓜 kua¹：泛指各种瓜，也专指西瓜

　瓜子 kua¹tsɿ³：可以是西瓜籽也可以是葵花籽

章梨 tsɔ̃¹li²：一种梨

鸭梨 aʔ⁵li²：悉尼

麻梨 ma²li²：一种梨

枣子 tsɔ³tsɿ³：枣子

橙子 tsʰã²tsɿ³：柚子

（麦）李子（maʔ⁵）ti³tsɿ³：李子

柑子 kũ¹tsɿ³：橘子

苹果 pʰiəŋ³ko³

泡圆 pʰɔ⁴ʅ²：桂圆

葡萄 pʰu²tʰɔ²

香蕉 ɕiɔ̃¹tɕiɔ¹

芒果 mɔ̃¹ko³

草莓 tsʰɔ³me²

劈泡子 leʔ⁵pʰɔ¹tsɿ³：野生草莓

杨梅 iɔ̃¹me²

无花果 u²hua¹ko³

蔗子 tsaʔ⁵tsɿ³：甘蔗

桃子 tʰɔ²tsɿ³

猕猴桃 mi²hio²tʰɔ²

枇杷 pʰi²pʰa²

柿子 sꞷ⁴tsꞷ³

蜜郎芹 mieʔ⁵lɔ̃²tɕʰiəŋ²：一种本地水果

八月口 paʔ⁵nieʔ⁵na²：钝药野木瓜

择栗 tʰoʔ⁵tieʔ⁵：小栗子

板栗 pã³lieʔ⁵

（三）花草树木类

松树 tsʰəŋ²su⁴

　　松光 tsʰəŋ²kɔ̃¹：松脂

　　松毛 tsʰəŋ²mɔ²：松针

　　松蛋子 tsʰəŋ²tʰ ã⁴tsꞷ³：松球

杉树 sa¹su⁴

　　杉桍斈 sa¹kʰua³leʔ⁵：杉树针

蓖麻 pi¹ma²

凿子树 tsʰoʔ⁵tsꞷ³su⁴

黄楝子 ɔ̃²ko³tsʰꞷ³：栀子

白果 paʔ⁵ko³：银杏

麻卵子树 ma²lũ³tsꞷ³su⁴：苦楝树

桐子树 tʰəŋ²tsꞷ³su⁴：油桐树

炮梧树 pɔ⁴tʰəŋ²su⁴：梧桐树

桑树 sɔ̃¹su⁴

柳树 liu³su⁴

槐树 huæ²su⁴

榕树 niəŋ²su⁴

樟树 tsɔ̃¹su⁴

枫树 fəŋ¹su⁴

桂花树 kue⁴hua¹ su⁴

腊树 laʔ⁵su⁴

荷树 ho²su⁴

玉兰树 i⁴lã³su⁴：白玉兰

木子树 muʔ⁵tsꞷ³su⁴：油茶树

杂树 tsʰaʔ⁵su⁴：一些不能做木材的无名树

竹子 tsuʔ⁵tsꞷ³

青竹 tɕʰiã¹ tsuʔ⁵

黄竹 ɔ̃²tsuʔ⁵

竹笋 tsuʔ⁵ɕiəŋ³

苗竹 miɔ²tsuʔ⁵

黄荆 ɔ̃²tɕiã¹

藻子 pʰiɔ²tsɿ³：浮萍

水口莲 se³kʰu³ɬi²：睡莲

蕒萁 lu¹tɕi¹：蕨类植物

溜苔 liu¹tʰe²：苔藓

草 tsʰɔ³

丝茅 sɿ¹mɔ²：茅草

打各草 ta³koʔ⁵tsʰɔ³：三叶草，豆科的车轴草属

水瞒头 se³mũ³tʰio²：一种剧毒植物

鸭脚子 aʔ⁵tɕ ioʔ⁵tsɿ³：一种可入药的草

车前草 tsʰa¹tɕʰĩ²tsʰɔ³

狗口耳 kio⁴tiaʔ⁵ni³：鱼腥草

苎麻 tsʰe¹ma²

菖蒲 tsʰɔ̃¹pʰu²

涩莆藤 pʰã⁴pʰu²tʰəŋ²：海金沙

葛藤 koʔ⁵tʰəŋ²

艾 ŋæ⁴：艾草

棕叶 tsəŋ⁴iɛʔ⁵

金银花 tɕiəŋ¹niəŋ²hua¹

喇叭花 la²paʔ⁵hua¹：牵牛花

满山红 mũ³sã¹həŋ²：杜鹃花

手指甲花 ɕiu³tsɿ³kaʔ⁵hua¹：凤仙花

仙人掌 ɕĩ¹niəŋ²tsɔ̃³

玉兰花 i⁴lã³ hua¹：白玉兰花

桂花 kue⁴hua¹

荷花 ho²hua¹

鸡公花 tɕi¹kəŋ¹hua¹：鸡冠花

（四）植物构成生长类

花 hua¹

花苞子 hua¹pɔ³tsɿ³：花蕾

梗子 kuã³ tsɿ³：茎

蔸 tio¹：根部

尾 mi¹ 子：末梢

叶（子）iɛʔ⁵

桍 kʰua³子：树枝

瓤 nɔ̃²：瓜果类的肉，如瓜瓤、番瓠瓤

皮 pʰi²

须 ɕi¹：如葱须

仁 iəŋ²：果核（能吃的）

槲 veʔ⁵：硬果核

籽 tsɿ³

芽 ŋa²

壳 kʰoʔ⁵：外壳

荔 leʔ⁵：植物上的刺

□子 pi⁴ tsɿ³：花或瓜果跟枝茎相连接的部分，但不包括连着的一小截
　　枝茎

□□子 pi⁴toʔ⁵tsɿ³：同上

耳子 ni³tsɿ³：花或瓜果跟枝茎相连接的部分，包括连着的那小截枝茎，
　　如辣椒耳子

筒 tʰəŋ² 子：相对均匀锯下的一段段的树干、竹

水 se³：汁

衣子 i¹tsɿ³：果仁外面包着的薄膜，如花生衣子

藤 tʰəŋ²

打 ta³：结、开（如打瓜、打花）

绽 tsʰã⁴：（新枝）长出

爆 pɔ⁴ 芽：长芽

拖 tʰæ²：拖藤

生 sã¹：活的；长出

谢 ɕia⁴：花枯萎或脱落

蔫 nĩ¹

�castsɔ¹：干枯

□ tsʰɔ²：植物晒干或风干至七八成的样子

九　动物

鸡（子）tɕi¹

　头牲 tʰio²sã¹：鸡

　鸡公子 tɕi¹kəŋ¹tsɿ³：未成年公鸡

　鸡公头 tɕi¹ kəŋ¹ tʰio²：成年公鸡

鸡婆 tɕi¹ pʰo²：母鸡

鸡健子 tɕi¹lã⁴tsʅ³：未生蛋的母鸡

骟鸡 ɕĩ⁴tɕi¹：阉过的公鸡

鸡囚 tɕi¹tɕʰiu²：鸡圈

鸭子 aʔ⁵tsʅ³：鸭

鸭公 aʔ⁵ kəŋ¹：公鸭

鸭婆 aʔ⁵ pʰo²：母鸭

凫鸭 fu²aʔ⁵：旱鸭

水鸭 se³aʔ⁵：家鸭的一种

子鸭 tsʅ³aʔ⁵：嫩鸭

鹅子 ŋo²tsʅ³：鹅

鹅公 ŋo²kəŋ¹：公鹅

鹅婆 ŋo²pʰo²：母鹅

猪 tse¹

猪牯头 tse¹ku³tʰio²：种猪

猪婆 tse¹pʰo²：母猪

猪女子 tse¹niɛ³tsʅ³：未成年母猪

猪崽子 tse¹tse³tsʅ³：小猪

猪栏 tse¹lã²：猪圈

猪篼 tse¹tio¹：猪槽

猪肉 tse¹niuʔ⁵

猪利子 tse¹li⁴tsʅ³：猪舌头

猪腰子 tse¹iɔ¹tsʅ³：猪肾

猪肚子 tse¹tu³tsʅ³：猪胃

猪脚包 tse¹tɕioʔ⁵pɔ¹：猪蹄

膌（猪肉）tɕiã¹：瘦（肉）

狗 kio³

狗牯 kio³ku³：公狗

狗婆 kio³pʰo²：母狗

狗崽子 kio³tse³tsʅ³：小狗

狗窠 kio³kʰo¹：狗窝

牛 niu²

牛牯 niu² ku³：公牛

牛婆 niu² pʰo²：母牛

黄牛 ɔ²niu²

水牛 se³niu²

牛栏 niu²lã²：牛圈

猫公 miɔ⁴kəŋ¹：猫，也专指公猫

  猫婆 miɔ⁴pʰo²：母猫

兔子 tʰu³tsŋ³

马 ma³

羊子 iɔ̃²tsŋ³：羊

鱼子 ŋe²tsŋ³：鱼

  干鱼子 kũ¹ ŋe²tsŋ³：咸鱼干

  鱼干子 ŋe² kũ¹tsŋ³：鱼干

  塘鱼子 tʰɔ̃²ŋe²tsŋ³：小鲫鱼

  鲩子 vã¹tsŋ³：草鱼

  雄子 ɕiəŋ²tsŋ³：鳙鱼

  鲢子 l̃i²tsŋ³：鲢鱼

千年鱼 tɕʰi¹ni̬²ŋe²：本地特产，一种长寿的小鱼，长于溪涧。

  鲫鱼子 tseʔ⁵ ŋe²tsŋ³

  鲤鱼子 li¹ŋe³tsŋ³：鲤鱼

  鱼苗子 ŋe²miɔ²tsŋ³：用于养殖的小鱼

狗蚤 kiɔ³tsɔ³：跳蚤

虱婆 seʔ⁵pʰo²：虱子

臭虫 tɕʰiu⁴tsʰəŋ²

口 tsʰŋ²：鸡等身上长的小虫子

乌蝇 u¹iəŋ²：苍蝇

大头绳 tʰæ⁴tʰio²iəŋ²：绿头苍蝇

蚊子 mẽ¹tsŋ³

黄蛰 ɔ̃²tsʰaʔ⁵：蟑螂

蝓蠷 la²tɕʰia²：蜘蛛

灶鸡꞊子 tsɔ⁴tɕi¹tsŋ³：形似蟋蟀的一种昆虫，常出没于厨房

蜱虫 pi²tsʰəŋ²：牛虻

蚱蜢 tseʔ⁵mã⁴

草蜢 tsʰɔ³mã³：蝗虫

土狗子 tʰu²kiɔ²tsŋ³：蝼蛄

塘尾子 tʰɔ̃²mi¹ tsŋ³：蜻蜓

呀伊子 ia¹i¹tsŋ³：知了

蟋蟀子 ɕiʔ⁵soʔ⁵tsŋ³

猴子 hio²tsη³：螳螂；猴子

新人婆婆 ɕiəŋ¹niəŋ²pʰo² pʰo²：纺织娘

打屁虫 ta³pʰi⁴tsʰəŋ²：放屁虫

牛屎虫 niu²sη³tsʰəŋ²：屎壳郎

百脚虫 paʔ⁵tɕioʔ⁵tsʰəŋ²：蜈蚣

毛虫 mɔ¹ tsʰəŋ²：松毛虫

夜火虫 ia⁴ho³tsʰəŋ²：萤火虫

蚂蚁子 ma³mi¹tsη³：蚂蚁

大水蚁 tʰæ⁴se³mi¹：白蚂蚁

白翼子 pʰaʔ⁵iɛʔ⁵tsη³：飞蛾子

黄蜂 ɔ̃¹fəŋ¹

乌蜂 vu¹fəŋ¹：黑色的蜂

蜜蜂 miɛʔ⁵fəŋ¹

老鼠 lɔ³se³

琵琶老鼠 pʰi²pʰa²lɔ³se³：蝙蝠

蛇 sa²：

    青竹蛇 tɕʰiã¹tsuʔ⁵sa²：竹叶青

    麻蛇 ma²sa²：蟒蛇

    泥蛇 ni²sa²：水蛇

    眼镜蛇 ŋã³tɕiã⁴sa³

    白公蠰 pʰaʔ⁵kəŋ¹nɔ̃²：蛇的一种

    扁头风 pĩ³tʰio²fəŋ¹：蛇的一种

狗婆蛇 kio³pʰo²sa²：蜥蜴

壁蛇 pʰaʔ⁵sa²：壁虎

蛞子 kuæ³tsη³：蛙的总称

    蚊蛞 mẽ²kuæ³：蟾蜍

    烂狗嫲 la⁵kio³ma²：蟾蜍

    蛤扒鮎子 ha²pʰa²nĩ²tsη³：蝌蚪

    田鸡 tʰη̃¹tɕi¹：虎纹蛙

    死蛞子 sη³kuæ³tsη³：蛙的一种

老蟹 lɔ³kʰæ³：螃蟹

脚鱼 tɕioʔ⁵ŋe²：鳖

虾公 ha¹kəŋ¹：虾

田螺 tʰη̃¹lo²

炕＝泡子 kɔ̃⁴pʰɔ¹tsη³：蛙

冷蟆 lã¹tɕʰi²：蜗牛

蚂螂蟆 ma³lɔ̃² tɕʰi²：蚂蟥

蛆 tɕʰi¹：

　　屎蛆子 sɿ³tɕʰi¹tsɿ³：粪缸里的蛆

黄鳅 ɔ̃²tɕʰiu¹：泥鳅

黄鳝 ɔ̃²sɛ̃⁴

蟮公 ɕĩ³kəŋ¹：蚯蚓

窦 tio⁴：鸟窝

窠 kʰo¹：巢

鸟子 tio¹tsɿ³：鸟，食啦鸟屎：聪明（贬义）

麻鸟子 ma² tio¹tsɿ³：麻雀

死公鸟 sɿ³kəŋ¹tio¹：喜鹊

燕子 ĩ⁴tsɿ³

老鸦 lɔ³a²：乌鸦

鸽子 koʔ⁵tsɿ³

崖鹰 ŋæ²iəŋ¹：老鹰

竹鸡子 tsuʔ⁵tɕi¹tsɿ³：竹鹧鸪，该鸟羽毛艳丽，大多生活在竹林中。

野猪 ia³tse¹

野鸡 ia³tɕi¹

野兔子 ia³tʰu⁴tsɿ³

穿山甲 tsʰũ¹sã¹kaʔ⁵

麂子 tɕi³tsɿ³

翼膀 iɛʔ⁵pã³：翅膀（年轻一般说"翅膀"）

肫子 tɕʰ iəŋ¹ tsɿ³：鸡鸭鹅等的胃

杂（子）tsʰaʔ⁵：家禽家畜等的内脏总称

连⁼贴⁼ lĩ²tʰiɛʔ⁵：动物的脾

蛋 tʰã⁴

嘴甲 tsue⁴kaʔ⁵：鸟类的喙

尾椎 mi¹tɕi¹：鸡、鸭、鹅等的屁股

髀 pi³：鸡、鸭、鹅等大腿

尿肚子 niɔ⁴tu³tsɿ³：膀胱

口 vaʔ⁵：牛角顶人

鸹 kʰã¹：鸡啄食

叮 tiã¹：（黄蜂）蜇人

咬 ŋɔ¹

口 ɕĩ³：鸭鹅咬人

衍 ĩ²：（虫）爬（也说"爬"）；水溢出

　　衍衍荡荡 ĩĩ²tʰɔ⁴tʰɔ⁴：指端水时水不断从器皿中溢出貌

菢 pʰɔ⁴：孵蛋

赖菢 læ⁴pʰɔ⁴：母鸡抱窝

生蛋 sã¹tʰã⁴：下蛋，也指做事磨蹭

十　饮食

（一）主零食类

食个 sŋʔ⁵ke⁴：吃的

伙食 ho³ sŋʔ⁵

食早晨（饭）sŋʔ⁵ tsɔ³ɕiəŋ²：吃早饭

食晏昼（饭）sŋʔ⁵ã⁴tɕiu⁴：吃午饭

食夜晡（饭）sŋʔ⁵ia⁴pu¹：吃晚饭（也说成"夜饭"）

小头 ɕiɔ³tʰio²：零食

零食 liã²sŋʔ⁵

饭 fã⁴：米饭

　　旧饭 tɕʰiu⁴fã⁴：剩饭

　　生（心）饭 sã¹（ɕiəŋ¹）fã⁴：夹生饭

　　健饭 tɕʰŋ⁴fã⁴：水少而硬的饭

　　烂饭 lã⁴fã⁴：水多而稀软的饭

　　饭巴子 fã⁴pa¹tsŋ³：饭锅巴

饴饴 mã¹ mã：饭（小孩用）

粥 tsuʔ⁵：稀饭

点心 fĩ²⁴ɕiəŋ⁴⁴：稀饭（蓉江片）

米羹 mi³kã¹：米糊子

粉子 fẽ³tsŋ³：粉干

嗍粉子 soʔ⁵fẽ³tsŋ³：用薯粉做的粉干

面 mĩ⁴：面条

清汤 tɕʰiəŋ¹tʰɔ¹：馄饨

饺子 tɕiɔ³tsŋ³

包子 pɔ¹tsŋ³

臊子 sɔ⁴tsŋ³：馅儿

粽子 tsəŋ⁴tsŋ³

米馃 mi³kɔ³：各种煮、蒸、炸的点心（搅浆米馃，擦菜米馃，冬瓜米

餜、茄子米餜、艾米餜、炸米餜等）

黄年米果 ɔ²nĩ²mi³ko³：黄元米餜

一镶熟 iɛʔ⁵oʔ⁵suʔ⁵：一种推浆米餜

油粢 iu²tɕʰi²：油炸圆形糯米餜

艾米餜 ŋæ⁴mi³ko³：用艾叶糯米粉大米粉等做成的米餜

芋包子 i⁴pɔ¹tsɿ³：油炸芋泥

番瓠酱 fã¹pʰu²tɕiɔ̃⁴：南瓜酱

薯干子 se³kũ¹tsɿ³：红薯干

薯片子 se³pʰɿ̃³tsɿ³：红薯切片晒干

薯包子 se³pɔ¹tsɿ³：油炸脚板薯

油条 iu²tʰiɔ²

餜子 ko³tsɿ³：油炸细长条形米或糯米餜

烫皮 tʰɔ̃⁴pʰi²：米浆用簸子盛着蒸熟

玉兰片 i⁴lã²pʰɿ̃：用芋头粉做的一种点心

仁片 iəŋ²pʰɿ̃

豆壳酥 tʰio⁴kʰoʔ⁵su¹：一种油炸食品

瓦角丁 ŋa³koʔ⁵tiã¹：一种油炸食品

麻通 ma²tʰəŋ¹：麻元

饼 piã³：饼干

　　月饼 niɛʔ⁵piã³

糖子 tʰɔ̃²tsɿ³：糖果

凉粉 tiɔ̃²fẽ³：用凉粉草和苂粉做成的小吃

糖泡 tɔ̃²pʰɔ¹：冻米糖

麻劈子 ma²leʔ⁵tsɿ³：小麻通

状元红子 tsʰɔ̃⁴ɿ̃²həŋ²tsɿ³：一种油炸食品

豆巴子 tʰio⁴pa¹tsɿ³

花生巴 hua¹sẽ¹pa¹

蜜枣 miɛʔ⁵tsɔ³

李子干 ti³tsɿ³kũ¹

五味姜 ŋ̍³ve⁴tɕiɔ̃¹

杨梅干 iã²me²kũ¹

镶辣子 o³laʔ⁵tsɿ³：锅巴

糕子 kɔ¹tsɿ³：又叫雪片糕，以糯米、白糖、茶油为主要原料精制而成

（二）菜类

菜 tsʰe⁴

饮子 iəŋ³tsɿ³：菜汤

斋 tsæ¹：素菜

荤 kʰuẽ¹：肉菜

擦菜 tsʰaʔ⁵tsʰe⁴：先擦后腌的一种菜

擦菜干 tsʰaʔ⁵tsʰe⁴kũ¹：梅干菜

干子 kũ¹tsɿ³：特指芥菜叶子晒成的干菜

冲鼻菜 tsʰəŋ²pʰi⁴tsʰe⁴：一种吃起来会冲鼻的菜

浸罨 tɕiəŋ⁴ã¹：酸泡菜

辣椒酱 laʔ⁵tɕiɔ¹tɕiɔ̃⁴：辣椒磨成浆，加糯米酒拌匀、晒干而成

辣椒干 laʔ⁵tɕiɔ¹ kũ¹

辣椒油 laʔ⁵tɕiɔ¹iu²：辣椒泥

豆腐 tʰio⁴fu³

　水豆腐 se³tʰio⁴fu³：豆腐脑

　炸豆腐 tsaʔ⁵tʰio⁴fu³：油豆腐

　豆腐干 tʰio⁴fu³kũ¹

　霉豆腐 me²tʰio⁴fu³：豆腐乳

　豆腐渣 tʰio⁴fu³tsa¹

　盐蛋豆腐 ĩ²tʰã⁴tʰio⁴fu³：本地的一种臭豆腐

　豆浆 tʰio⁴tɕiɔ̃¹

腐竹 fu⁴tsuʔ⁵

豆豉 tʰio⁴sɿ¹

　豆豉酱 tʰio⁴sɿ¹tɕiɔ̃⁴：豆豉、辣椒浆、糯米酒拌匀晒干而成

海带 hue³tæ⁴

垂鱼 tsʰe²ŋe²：鱼丝

鱼冻子 ŋe²təŋ⁴tsɿ³：鱼汁冻起来做菜

鱼铺 ŋe²pʰu³：鱼饼

红鱼 həŋ²ŋe²：本地一种腌制的鱼

糟鱼 tsɔ¹ŋe²：酒糟鱼

肉丸 niuʔ⁵ĩ²

肉皮 niuʔ⁵pʰi²：猪肉皮

烧皮肉 sɔ¹pʰi²niuʔ⁵：扣肉

扣肉 kʰio⁴niuʔ⁵

炆肉 vẽ²niuʔ⁵：红烧肉

米粉肉 mi³fẽ³niuʔ⁵：米粉蒸肉

荷包胙 ho²pɔ¹tsa³：荷叶包米粉肉蒸熟

蛋 tʰã⁴

　　蛋皮 tʰã⁴pʰi²：用蛋和芡粉按一定比例拌匀后放锅里摊成

　　灰蛋 hue²tʰã⁴：用稻草灰、盐等裹住鸡蛋或鸭蛋腌制而成

　　盐蛋 ĩ²tʰã⁴：咸蛋

　　芋头蛋 i⁴tʰio²tʰã⁴：水煮蛋

腊货 la⁊⁵ho⁴：腊制品的总称

板鸭 pã³a⁊⁵：鸭子腌制后晒干

泡⁼圆⁼ pʰɔ⁴ĩ²：板鸭；桂圆

灌肠 kũ⁴tsʰɔ̃²：香肠，肉腌制好灌进猪小肠后晒干

腊肉 la⁊⁵niu⁊⁵：整块肉腌制好后晒干

牛肉巴 niu³niu⁊⁵pa¹：牛肉干

（三）烟酒茶类

茶 tsʰa²：指有茶叶的菜，也指白开水

　　浓茶 niəŋ³ tsʰa²：泡得很浓的茶

　　茶脚 tsʰa²tɕio⁊⁵：茶渣或茶垢

　　泡茶 pɔ⁴ tsʰa²：沏茶

　　筛茶 sæ¹tsʰa²：斟茶

烟 ĩ¹：烟的总称；专指香烟

　　纸烟 tsɿ³ĩ¹：用纸卷着烟丝

　　喇叭筒 la²¹pa⁴⁴tʰəŋ⁴⁴：纸烟（蓉江片）

　　生烟 sã⁷ĩ¹：旱烟

　　卷烟 tɕĩ³ĩ¹

　　烟丝 ĩ¹ sɿ¹

酒 tɕiu³：

　　寡酒 kua³tɕiu³：喝酒无小菜相佐食

　　酒娘子 tɕiu³niɔ̃²tsɿ³：未加水的米酒

　　水酒 se³tɕiu³：兑了水的米酒

　　烧酒 sɔ¹tɕiu³：谷烧

　　酒饼 tɕiu³piã³：酿酒酵母

　　白酒 pʰa⁊³tɕiu³

　　红酒 həŋ²tɕiu³

　　酒糟 tɕiu³tsɔ¹：酒渣

　　酒脚 tɕiu³tɕio⁊⁵：剩下有沉淀物的残酒

（四）作料及烹调方式类

小酒 ɕiɔ³tɕiu³：醋

酱油 tɕiɔ̃⁴iu²

盐 ĩ²

味精 ve⁴tɕiəŋ¹

糖 tʰɔ²：单说一般指白糖

八角 paʔ⁵koʔ⁵

甘草 kũ¹tsʰɔ³

豆粉 tʰio⁴fẽ³：芡粉

木油 muʔ⁵iu²：茶油

杂油 tsʰaʔ⁵iu²：除木油外的其他油

麻油 ma²iu²：芝麻油

花生油 hua¹sẽ¹iu²

菜油 tsʰe⁴iu²：菜籽油

猪油 tse¹iu⁴

焖 mẽ¹

煮 tse³

口 tã³：焯

炒 tsʰɔ³

炆 vẽ²：焖

炖 təŋ¹：没有隔层的蒸

熻 çi⁴：稍蒸一下

蒸 tɕiəŋ¹：有隔层的蒸

煨 ve¹：放热灰中烤食物

摎 lɔ²：把菜混合在一起炒

炳 naʔ⁵：不放油直接在热锅上干煸；干烫

煭 læ⁴：放在水里热一下；湿烫

煎 tɕĩ¹

炸 tsa⁴

口 tsʰ̩ʰ：往热锅里加水

熬 ŋɔ²

烤 kʰɔ³

炕 kʰɔ̃⁴：小火烤

氽 tsʰu⁴：打汤

熝 oʔ⁵/ ho⁴：重热（饭菜）

煏 piɛʔ⁵ 烧酒：谷烧的制作

（冷）拌 pʰũ⁴：凉拌

口 tʰaʔ⁵：腌制（擦菜、芋荷）

口 ŋɔ³：腌（用盐、酱油等腌制）；药水等液体刺激皮肤；洗衣粉浸泡
　　衣物

扁⁼ pĩ³：蘸，如～酱油

腊 laʔ⁵：冬天用盐腌制鱼肉后放在太阳下晒干

　　腊货 laʔ⁵ho⁵：腊好的鱼肉

卤 lu³

浸 tɕiəŋ⁴：在米水或酒娘里放冰糖、甘草、盐、八角、桂皮等料，发酵
　　后变酸，把菜梗子、姜、辣椒等放在里面浸泡。统称"浸罋"

擦 tsʰaʔ⁵：把大头菜的叶子切碎并搓挤掉水后放在小缸里密封，待其变
　　色后即可当菜炒，叫"擦菜"；抹擦使净

潽 pʰu¹：溢

泌 mi⁴：把汁滤出

白斩 pʰaʔ⁵tsã³：把整只禽类放在白水中煮熟后切开，蘸着调好的料吃

红烧 həŋ²sɔ¹：一种烹调方法

回 hui²：食物受空气中水分影响变得不酥

生 sã¹：不熟；未烹饪的；活的；长出

　　翻生 fã¹sã¹：复活

熟 suʔ⁵

十一　服饰

衫衣 sã¹i¹：衣服

长衫 tsʰɔ¹sã¹：长袍

风领 fəŋ¹tiã³：领子

衫袖 sã¹tɕʰiu⁴：衣袖

大面襟 tʰæ⁴mĩ⁴tɕĩ¹：对襟

（纽）襻子 nio³pʰã⁴tsɿ³：手工布扣子

纽子 nio³tsɿ³：扣子

搭扣 taʔ⁵kʰio⁴：按扣

短袖子 tũ³tɕʰiu⁴tsɿ³：短袖衣服

长袖子 tsʰɔ²tɕʰiu⁴tsɿ³：长袖衣服

夹衫 kaʔ⁵sã¹：夹衣

棉袄 mĩ²ɔ³

奶罩子 næ³tsɔ⁴tsɿ³：胸罩

中裙 təŋ¹tɕʰiəŋ²：背小孩时盖在背上的小被褥

捧裙 pəŋ³ tɕʰiəŋ²：抱小孩时裹小孩的小被褥

裙子 tɕʰiəŋ²tsʅ³：有带子的裹在腰间的布裙子

奶围子 næ³ve²tsʅ³：小孩的围兜

口枷 hio³kæ¹：小孩围脖

围裙 ve²tɕʰiəŋ²

搪布 tʰɔ²pu⁴：男用的围裙

尿布子 niɔ⁴pu⁴tsʅ³

背带 pa¹tæ⁴：背孩子时用的布带子

背夹子 pe⁵kaʔ⁵tsʅ³：背心

汗衣子 hũ⁴i¹tsʅ³：棉布背心

毛绳子 mɔ¹ɕiəŋ²tsʅ³：毛衣；毛线

毛衣 mɔ¹i¹：毛衣

绒衣子 iəŋ²i¹tsʅ³：绒衣

裤子 fu⁴tsʅ³

面裤 mĩ⁴fu⁴：外裤

底裤 ti³fu⁴：穿里面的裤子

短裤子 tũ³fu⁴tsʅ³

裤脚 fu⁴tɕioʔ⁵：裤腿

（裤）裆 fu⁴tɔ̃¹

阿叉裤 a¹tsʰa¹fu⁴：开裆裤

兜裆裤 tio¹tɔ̃¹fu⁴：蒙裆裤

打赤膊 ta³tsʰaʔ⁵poʔ⁵：没穿衣服

打赤脚 ta³tsʰaʔ⁵tɕioʔ⁵：没穿鞋子

打郎⁼家 ta³lɔ̃²ka¹：没穿裤子

打出肉来 ta³tsʰoʔ⁵niuʔ⁵le²：衣服破烂露出皮肤来

袋子 tʰe⁴tsʅ³：衣裤口袋

袜子 maʔ⁵tsʅ³

袜底 maʔ⁵ti⁵：鞋垫

鞋子 hæ²tsʅ³

　窄脚 tɕʰiɛʔ⁵tɕioʔ⁵：（鞋子太小）挤脚

水鞋子 se³ hæ²tsʅ³：套鞋

布鞋子 pu⁴ hæ²tsʅ³

（打）布壳（ta³）pu⁴kʰoʔ⁵：把碎布片用资源粘在一起晒干后做布鞋的
　鞋底

高跻鞋 kɔ¹tsã¹ha²：高跟鞋

平蹭子 pʰiã¹ tsã¹ tsl³：平跟鞋

拖板子 tʰo¹pã³tsl³：拖鞋

手帕子 ɕiu³pʰaʔ⁵tsl³：手绢

手筒子 ɕiu³tʰəŋ²tsl³：袖套

手套子 ɕiu³tʰɔ⁴tsl³

帽子 mɔ⁴tsl³

蓑衣 so¹i¹

斗篷 tio³pʰəŋ²：斗笠

油衣 iu³i¹：雨衣

耳环 ni³huã²

项链 ɕiɔ⁴l̃i⁴

手镯子 ɕiu³tsoʔ⁵tsl³

戒指 kæ⁴tsl³

皮箍子 pʰi²ku¹tsl³：皮筋（绑头发用）

（头发）箍子 ku¹tsl³：（压头发用）

十二　房屋器用

（一）房舍

屋场 vuʔ⁵tsʰɔ̃¹：村庄

巷子 hɔ̃⁴tsl：胡同

屋 vuʔ⁵：房子

寮 liɔ²：原为一些极简易的棚子，如鸭～

棚 pʰəŋ²：原为一些极简易的棚子，如鸭～

槽 tsʰɔ²：原为一些极简易的棚子，如油～

围 ve²：围屋

间 kã¹：房间

　　前间 tɕʰ ĩ¹ kã¹：靠门的房间

　　后间 hio⁴ kã¹：靠里的房间

四向三间 sl⁴ɕiɔ̃⁴sã¹kã¹：本地常见的房子结构，中间是客厅，两边各两

　　个房间，但有一个房间通厨房，常用来放东西用

厅下 tʰiã¹ha³：客厅

　　上厅 sɔ̃⁴tʰiã¹：正厅

　　下厅 ha⁴tʰiã¹：一进门的厅

　　众厅 tsəŋ⁴ tʰiã¹：家族共同的厅

斗门 tio³mẽ³：窗户

光窗 kuɔ̃²⁴tsʰuɔ̃²⁴：窗户（龙华片、潭口片、龙回片）

棚楼 pʰã²lio²：装上楼板

瓦 ŋa³

瓦桷子 ŋa³koʔ⁵tsɿ³：椽子

瓦梁 ŋa³liɔ̃²：檩

梁 liɔ̃²

羽毛毡 i³mɔ¹tsẽ¹：油毡

屋檐 vuʔ⁵ĩ²

屋崇 vuʔ⁵təŋ⁴：屋脊

壁头 paʔ⁵tʰio²：墙壁

壁脚下 paʔ⁵tɕioʔ⁵ha¹：墙脚

风火墙 fəŋ¹ho³tsʰiɔ̃²：本地的一种徽派建筑，外墙更高，可防风火

角落头 koʔ⁵loʔ⁵tʰio²

门 mẽ²

　门角背 mẽ²koʔ⁵pe⁵：门后

　门板 mẽ²pã²

　门槛 mẽ²tɕʰiã¹

　门搭鼻 mẽ²taʔ⁵pʰi⁴：钉锔儿

　门插 mẽ²tsʰaʔ⁵：门栓

锁匙 so³sɿ³：钥匙

楼梯 lio²tʰi¹

楼口 lio²kʰue¹：楼梯

狗窿眼 kio³ləŋ¹ŋã³：狗洞

天井 tɕʰĩ¹tɕiã³

天井檐 tɕʰĩ¹tɕiã³ĩ²

厢房 çiɔ̃¹fɔ̃²

祠堂 tsʰɿ²tʰɔ̃²

粪坑 fẽ⁴hã¹：厕所

茅茨 mɔ²tsʰɿ²：厕所

洗澡凉 çi³tsɔ³liɔ̃²：浴室

码头 ma³tʰio²：台阶

院 iã⁴：院子

坪 pʰiã²

禾场 o²tsʰɔ̃³：晒谷场

窑 io¹：烧砖瓦的地方

窖 kɔ⁴：收藏东西的小山洞；比喻钱财多

捡窖 tɕĩ³ kɔ⁴：发财

灶前 tsɔ⁴tɕʰĩ²：厨房

灶脚下 tsɔ⁴tɕioʔ⁵ha¹：灶门前

灶（头）tsɔ⁴

打灶 ta³tsɔ⁴：砌灶

柴窠 tsʰæ² kʰo¹：灶前放柴的地方

烟筒 ĩ¹tʰəŋ²：烟囱

做屋 tso⁴vuʔ⁵：做房子

整屋 tsã³ vuʔ⁵：修房子

打屋基 ta³vuʔ⁵tɕi¹：打地基

窖=脚 kɔ⁴tɕioʔ⁴：起基脚

捡瓦 tɕĩ³ŋa³：补房顶

捡漏 tɕĩ³lio⁴：补房顶

班房 pã¹fɔ²：牢房

恶=索= oʔ⁵soʔ⁵：垃圾

（二）器用

火钳 ho³tɕʰĩ¹：铁制夹取柴火的工具

火铲 ho³tsʰã³：用以铲灰的铲子

吹火筒 tsʰue¹ho³tʰəŋ²

火屎（炭）ho³sɿ³tʰã⁴：木柴燃烧的余烬

响炭 ɕiɔ̃³tʰã⁴：窑里烧制的炭

火扒棍 ho³pʰa²kuẽ⁴：用以拨火的棍子，因很黑，也常形容东西黑得像火扒棍一样

镬头 oʔ⁵tʰio²：锅

镬铲 oʔ⁵tsʰã³：锅铲

镬盖 oʔ⁵kue⁴：锅盖

镬辣灰 oʔ⁵laʔ⁵hue¹：锅底灰

矿锡镬子 kɔ̃⁴ɕiaʔ⁵oʔ⁵tsɿ³：铝锅

炆鼎 vẽ²tiã¹：一种深底的炊具，位于前锅与后锅之间。

筷子 kʰuæ⁴tsɿ³

筷子篓 kʰuæ⁴tsɿ³lio³：装筷子的器皿

笊箩 tsɔ⁴lɔ²：竹子编的捞食物的器皿

捞子 lɔ²tsɿ³：捞食物的器皿

刨子 pʰɔ²tsɿ³：刨皮的器皿

楮 tsəŋ⁴：木制的蒸饭的器皿

楮箅 tsəŋ⁴pi⁴：楮底部的隔离层

榾刷 tsəŋ⁴soʔ⁵：竹做的刷子

南瓜布 nākua¹pu⁴：丝瓜瓢干了后用来洗刷

砧板 tsẽ¹pã³

橱（子）tsʰu²：柜子，有碗柜、衣柜

笼床 ləŋ²tsʰɔ̃²：蒸笼

口子 kẽ⁴tsɿ³：竹做有柄的舀水器皿

瓠勺 pʰu²soʔ⁵：用瓠子皮做的舀水器皿

瓯子 io¹ tsɿ³：一种小型舀水器皿

碗 vũ³

　饭碗 fã⁴ vũ³：盛饭的碗

　汤碗 tʰɔ̃¹vũ³：大碗

调羹 tʰiɔ²kẽ¹：小勺子

勺子 soʔ⁵tsɿ³：大勺子

盘 pʰũ²：盘子

钵头 poʔ⁵tʰio²：陶制碗

罃 ã¹：瓦制的缸

甏 pʰã⁴：大水缸

桶 tʰəŋ³

　尿桶 niɔ⁴ tʰəŋ³

　水桶 se³tʰəŋ³

桶缸 tʰəŋ³kɔ̃¹：木制的缸

筒 tʰəŋ²：竹制量具，有米筒、糖筒

斗 tio³：木制的盛谷子的器皿

茶瓶 tsʰa²pʰiəŋ²：热水瓶

桦子 tsoʔ⁵ tsɿ³：瓶塞

杯子 pe¹ tsɿ³

茶壶 tsʰa²fu²

酒壶 tɕiu³fu²

茶瓯子 tsʰa²io¹ tsɿ³：茶杯（有柄陶瓷）

面盆 mĩ⁴pʰẽ²：脸盆

脚盆 tɕioʔ⁵pʰẽ²：洗脚盆

面架子 mĩ⁴ka⁵tsɿ³：放脸盆的架子

面帕 mĩ⁴pʰa⁴：毛巾（年轻人多说"毛巾"）

手巾 ɕiu²⁴tɕiəŋ⁴⁴：毛巾（蓉江片）

香碱 ɕiɔ̃¹kã¹：香皂

洋碱 iɔ²kã¹：肥皂

火笼 ho³ ləŋ¹：中间放小火盆的竹篮，用以取暖

烘篮 həŋ¹lã²：中间放大火盆的大竹篮，用于烘干衣物。

家具 ka¹tɕʰi⁴

家私 ka¹sŋ¹：干活用的工具

家火 ka¹ ho³：打人的用具

刀 tɔ¹

　菜刀 tsʰe⁴tɔ¹：切菜用的刀

　柴刀 tsʰæ²tɔ¹：砍柴用的刀

　弯刀 vã¹tɔ¹：形状弯弯的刀

　禾刀 o²tɔ¹：割稻子用的刀

　镰刀 li²tɔ¹：割草用的刀

　剪刀 tɕĩ³ tɔ¹

铁锤 tʰiɛʔ⁵tsʰue²：一种小锤子

镰铲 li²tsʰã³：一种农具，宽一点的锄头

镢头 tɕioʔ⁵ tʰio²：细一点的锄头

斧头 fu³tʰio²

洋镐 iã¹hɔ¹：一种农具

（铁）锹 tɕʰiɔ¹：一种农具

粪箕 fẽ⁴tɕi¹：畚箕

操箕 tsʰɔ¹tɕi¹：过滤液体的竹箕

撮箕 tsʰoʔ⁵ tɕi¹：铲谷子的竹箕

撮斗 tsʰoʔ⁵tio³：盛垃圾的用具

簸子 po⁴tsŋ³：比筛孔更密些的晾晒用具

　簸 po⁴：翻来覆去以便扬弃

口篮 pʰeʔ⁵lã²：大而圆的簸子

筛（子）sæ¹：一种竹制用具：用筛子筛

　米筛 mi³sæ¹：相对洞较大的筛

　糠筛 hɔ¹sæ¹：很密的筛

簟笪 tʰŋ⁴taʔ⁵：晾晒粮食的粗竹席

篓 lio³：小而深箩筐

策 le³：可背的扁箩筐

箩 lo²：大而圆的箩筐

隔箩 koʔ⁵lo²：有盖可手挽的小箩筐

线 ɕĩ⁴

绳（子）ɕiəŋ²

索 so³：粗绳，如箩筐上绳

扴子 tɕʰia⁴tsʅ³：竹耙子

竹辣扴 tsuʔ⁵laʔ⁵ tɕʰia⁴：把竹子一端剖成小片，敲起来很响，用来赶鸟用

箳子 pʰa²tsʅ³：搂柴草用的农具

荡耙 tʰɔ⁴pʰa¹：晒谷时翻谷的木耙

扁担 pĩ³tã¹：竹制的扁挑具

担杠 tã¹kɔ̃⁴：扁担（北片）

茅杠 mɔ²kɔ̃⁴：竹制的一头尖的挑具

杠 kɔ̃⁴：木制圆而粗的挑具

台（子）tʰe²：桌子

神台 ɕiəŋ²tʰe²：堂上供神的高柜子

八仙桌 paʔɕĩ¹tso⁵：八个人坐的桌子

抽箱 tɕʰiu¹ɕiɔ̃¹：抽屉

凳（子）tẽ⁴

　　排骨凳 pʰæ²koʔ⁵təŋ⁴：木制的四方凳

椅子 i³tsʅ³

　　歇椅 ɕiɛʔ⁵i³：竹制的可折叠的睡椅

　　藤椅 tʰẽ¹i³

床 tsʰɔ̃¹

床单 tsʰɔ̃²tã¹

席 tɕʰiaʔ⁵：席子

被窝 pʰi¹o¹：被子

　　筒被 tʰəŋ²pʰi¹：盖被；被套

　　贴被 tʰiɛʔ⁵pʰi¹：垫被

　　被窝筒子 pʰi¹o¹tʰəŋ²tsʅ：被套

　　被窝 pʰi¹o¹：被子

　　单被 tã¹pʰi¹：被单

　　棉被 mĩ²pʰi¹：棉絮

枕头 tɕiəŋ³tʰio²

枕脑 tɕiəŋ³nɔ³：枕头（北片）

蚊帐 mẽ¹tsɔ̃⁴

梳子 su¹tsʅ³

篦子 pʰi⁴tsʅ³

镜子 tɕiã^{4}tsɿ^{3}
箱子 ɕiɔ̃^{1}tsɿ^{3}
竹篙 tsuʔ^{5}kɔ^{1}
三叉 sã^{1}tsʰa^{1}：三根棍子绑在一起，然后叉开
鞋刷子 hæ^{2}soʔ^{5}tsɿ^{3}：用于刷鞋子、衣服的刷子
洗衣板 ɕi^{3}i^{1}pã^{3} ；搓衣板
电火 tʰĩ^{4}ho^{3}：电灯
　驳电火 poʔ^{5}tʰĩ^{4}ho^{3}：用电灯
驳火 poʔ^{5}ho^{3}：点燃油灯
电油 tĩ^{4}iu^{2}：电池
灯盏 tẽ^{1}tsã^{3}：煤油灯
自抖火 tsʰɿ^{4}tio^{3}ho^{3}：火柴（年轻人只会说火柴）
嗤啦火 tsʰɿ^{44}la^{44}xo^{21}：火柴（蓉江片）
洋油 iɔ̃^{1}iu^{2}：煤油
緔机 nã^{1}tɕi^{1}：土织布机
拐 kuæ^{3}：拐杖
　打拐 ta^{3}kuæ^{3}：撑拐
扣针 kʰio^{4}tɕiəŋ^{1}：别针
顶针 tiəŋ^{3}tɕiəŋ^{2}
伞 sã^{3}
　伞把子 sã^{3}pa^{4}tsɿ^{3}：伞柄
扫 sɔ^{4}：扫把
　芒扫 mɔ̃^{2}sɔ^{4}：用高粱编的扫把
　竹扫 tsuʔ^{5}sɔ^{4}：竹子编的扫把
单车 tã^{1}tsʰa^{1}：自行车
铁马嘞 tʰiɛ^{52}ma^{44}lə：自行车（蓉江片）
矮婆车 æ^{3}pʰo^{2}tsʰa^{1}：小汽车（老年人说）
鸡公车 tɕi^{1}kəŋ^{1}tsʰa^{1}：独轮车
大板车 tʰæ^{4}pã^{3}tsʰa^{1}
柴火 tsʰæ^{2}ho^{3}：各种用来当柴烧的东西
柴蔸子 tsʰæ^{2}tio^{1}tsɿ^{3}：树根当柴
片柴 pʰĩ^{3} tsʰæ^{2}：树干劈开后的柴

十三　农副业

犁 li^{2}：一种耕田农具；用犁耕地

耙子 pʰa²tsɿ³：平整田泥的农具

碌碡 loʔ⁵tsʰoʔ⁵：打匀田泥的农具

耙泥 pʰa²ni²：平整田泥的农具

打谷机 ta³kuʔ⁵tɕi¹

筲箕 tsʰoʔ⁵ tɕi¹：装谷子的农具

风车 fəŋ¹tsʰa¹：扇车

　　车谷 tsʰa¹kuʔ⁵：用扇车搧或用车谷机车

砻 ləŋ²：脱谷皮的器具

　　推砻 tʰe¹ləŋ²：人力砻谷

　　砻砻碓碓 ləŋ²ləŋ²te⁴te⁴：没头绪，乱撞

　　一座砻 iɛʔ⁵tsʰo⁴ ləŋ²：指人像砻一样浑圆，比喻肥胖

碓 te⁴：木石做成的捣米器具

　　踏碓 tʰaʔ⁵te⁴：用脚等踩碓杵舂米

碓涵 te⁴hã²：碓臼

砻钩 ləŋ²kio²：推砻推磨的钩子

磨 mo⁴

　　推磨 tʰe¹mo⁴：手持砻钩拉磨

戽勺 fu⁴soʔ⁵：戽斗，灌田汲水用的旧式农具

水车 se³tsʰa¹

　　车水 tsʰa¹se³：用水车车水

肥 fi²：各种肥料的总称

打秧 ta³iɔ̃¹：育秧

（捞）秧 pã¹iɔ̃¹：（拔）秧

莳田 sɿ⁴tʰɿ²：插秧

耘田 iəŋ²tʰɿ²：秧插下及新根长出后，人们对秧苗的一系列扶正、匀肥、
　　锄草等农事活动

割禾 koʔ⁵o²：割稻子

盒禾 ẽ¹o²：抱稻谷

栽菜 tse¹tsʰe⁴：种菜

淋菜 tiəŋ²tsʰe⁴：浇菜

摘（木子、花生、菜等）tsaʔ⁵：摘

筑水 tsoʔ⁵se³：从沟渠把水引入稻田

戽水 fu⁴se³：用手或工具把水往外排出

干塘 kũ¹tʰɔ̃¹：排干水塘中的水

作田 tsoʔ⁵tʰɿ²：种田

交拌 kɔ¹pʰ ũ⁴：别人帮了你干活，你再帮回别人，这样就不需要付劳资。

做木 tso⁴muʔ⁵：做木工

解板 kæ⁴pã³：锯木板

墨斗 meʔ⁵tio²：木工工具，用以画直线

墨线 meʔ⁵ɕĩ⁴：装在墨斗上用以校正曲直的线绳，也指用墨线打出来的
　直线

刨子 phɔ²tsʅ³：用来刨直、削薄、出光、作平物面的一种木工工具

凿子 tsʰoʔ⁵tsʅ³：一种钢制工具，主要用于打眼或雕刻

锯子 tɕi⁴tsʅ³

钳子 tɕʰĩ² tsʅ³

尺 tsʰaʔ⁵：尺子

刨皮子 phɔ²pʰi²tsʅ³：刨花

做泥水 tso⁴ni²se³：做泥工

粉壁 fẽ³paʔ⁵

结墙 tɕieʔ⁵tɕʰiɔ̃²：砌墙

荡子 tʰɔ̃⁴tsʅ³：刷平整用具

刮塑 kuaʔ⁵soʔ⁵：涂墙面漆

做油漆 tso⁴iu²tɕʰieʔ⁵

做篾 tso⁴mieʔ⁵

篾子 mieʔ⁵tsʅ³

篾青 mieʔ⁵tɕʰiã¹：篾的表层

篾屎 mieʔ⁵sʅ³：篾的最里层

打油 ta³iu²：炸油

敆（桶）koʔ⁵：做圆桶

打席 ta³tɕʰiaʔ⁵：编席子

栽树 tse¹su⁴：种树

倒木 tɔ³muʔ⁵：砍树

拗树 ɔ³su⁴：折断树

照 tsɔ⁴：夜里拿手电筒去野外对着青蛙、泥鳅照着并抓住

破鱼子 pʰo⁴ŋe³tsʅ³

剚（本字为"治"）tsʰ ʅ²：（猪、狗、鸡等）：拔毛

蹾 təŋ¹：阉

䁒 niã⁴：放（牛）

套 tʰɔ⁴：（打猎）下套子

供 tɕiəŋ¹：喂食（猪鸡等）；供养（父母小孩等）

□ pẽ¹ 猪：喂猪（北片坪市一带用）

撵 nĩ³sa²：抓（蛇）

闹⁼ nɔ⁴（黄鳅）：把茶麸捻碎撒在水中，泥鳅就会发晕，打捞上来

杀 saʔ⁵：杀猪猪、鸡、鸭

摧 kʰɔʔ⁵ 牛：宰牛

钓 tiɔ⁴：钓（鱼、蚴子）

十四　贸易

买 mæ¹

籴米 tʰiaʔ⁵ mi³：买米

斫猪肉 tsɔʔ⁵tseʰniuʔ⁵：买肉

剪布 tɕĩ³pu⁴：买布

收 ɕiu¹：小贩在集市或家里收货

贩 fã⁴：商人在集市买货

　　贩子 fã⁴¹tʂɿ³：往返各地贩东西的人

进货 tɕiəŋ⁴ho⁴：商人从批发市场买货

打货 ta³ho⁴：商人从批发市场买货

批 pʰi¹：批发

卖 mæ⁴

泼 pʰoʔ⁵：项目整体承包

斗数 tio⁴su⁴：算数，算钱

找钱 tsɔtɕʰĩ²：退还超过应收的钱

较 kɔ⁴：以物换物

抵 ti³：值；抵押；抵消；相当于

　　抵得 ti³ te：值得

结数 tɕiɛʔ⁵su⁴：结账

搭 taʔ⁵：买主要东西时要附搭点别的东西，如搭杂：买肉时搭点内脏

做生意 tso⁴sẽ¹i⁴：做买卖

利市 li⁴sɿ⁴：生意的好开头

圩（墟）i¹：商品交易之地

赴/上/逢圩 fu⁴/sɔ̃²⁴/fəŋ²¹ i¹：赶集（唐江、北片用“逢”，潭口用“上”，龙回蓉江用“赴”）

逢赢 fəŋ²iã²：赶集日、赶集（北片“圩”与“输”同音，故有的说“赢”）

行 hɔ̃²：具体某类商品交易之地，如牛角行：专门交易牛的市场

街 kæ¹

本（钱）pẽ³：本钱

利钱 li⁴ tɕʰĩ²：利息

赚钱 tsʰã⁴tɕʰĩ²

寻钱 tɕʰiəŋ²tɕʰĩ²：挣钱

垫本 tʰĩ⁴pẽ³：亏本

赊 sa¹：赊账

欠 tɕʰĩ⁴：欠账

借 tɕia⁴

还 vã²

钱 tɕʰĩ¹

零钱 tiã²tɕʰĩ²

趸钱 te³ tɕʰĩ²：整钱

毫子 hɔ¹tsʅ³：硬币

绵钱 miəŋ² tɕʰĩ²：铜币

铜壳子 tʰəŋ²kʰoʔ⁵tsʅ³：铜币

大花边 tʰæ⁴hua¹pĩ¹：银圆

秤 tɕʰiəŋ⁴

　头纽 tʰio²nio³

　二纽 ni⁴nio³

　星 ɕiã¹：秤上的标示重量的星点

　秤砣 tɕʰiəŋ⁴tʰ o²

　秤钩子 tɕʰiəŋ⁴kio¹tsʅ³

磅秤 pɔ̃³ tɕʰiəŋ⁴

算盘 sũ⁴pʰũ²

准 tɕiəŋ³：（称物时）秤高

皮 pʰi²：皮重

花得 hua¹teʔ⁵：很花钱

惯 kuã⁴：舍得花钱或置物；习惯

省 sã³：节省

　省净 sã³tɕʰiã⁴：节省

　省得 sã³te：免得；不使发生某种情况

十五　文化教育

学堂 hoʔ⁵tʰɔ̃¹：学校

　进学堂 tɕiəŋ⁴hoʔ⁵tʰɔ̃²：第一次上学

去学堂 he⁴ hoʔ⁵tʰɔ²：上学

缴 tɕio³：供读书

头名 tʰio²miã²：第一名

尾名 mi¹miã¹：最后一句

墨盘 meʔ⁵pʰũ²

墨 meʔ⁵

刀崽子 tɔ¹tse³tsʅ³：小刀

笔 pieʔ⁵

字管 tsʰʅ⁴kũ³：毛笔（年轻人一般说"毛笔"）

圆子油 ĩ²tsʅ³iu²：圆珠笔

铅笔 ĩ²pieʔ⁵：铅笔

本子 pẽ³tsʅ³

纸 tsʅ³

尺（子）tsaʔ⁵(tsʅ³)

圆规 ĩ²kue¹

擦皮 tsʰaʔ⁵pʰi²：橡皮擦

胶水 kɔ¹se³

书 su¹

撰子 tsʰũ⁴tsʅ³：连环画

小书嘞 ɕiɔ²⁴su⁴⁴lə：连环画（蓉江片）

书包 su¹pɔ¹

写 ɕia³

写白字 ɕia³pʰaʔ⁵tsʰʅ⁴：写错字

读 tʰuʔ⁵

读八页 tʰuʔ⁵paʔ⁵ieʔ⁵：什么都没学到

打山歌 ta³sã¹ko¹：读书只背不认

考 kʰɔ³

考鸭蛋 kʰɔ³aʔ⁵tʰã⁴：考零分

考○蛋 kʰɔ³o¹tʰã⁴：考零分

抄 tsʰɔ¹

默 meʔ⁵：默记、默写；回忆

画 hua⁴

蒙 məŋ²：描摹

涂 tʰu²

擦 tsʰaʔ⁵

背 pʰe⁴

记 tɕi⁴

斗数 tio⁴su⁴：算数

（读书）蛮扎 mã²tsaʔ⁵：（学习）很好

佌课 tʰaʔ⁵kʰo⁴：误课

老童生 lɔ³tʰəŋ²sẽ¹：过去总留级的学生

十六　日常活动

（一）睡眠活动

歇 ɕieʔ⁵：睡

歇觉 ɕieʔ⁵kɔ⁴：睡觉

起眼歇 tɕʰi³ŋã³ɕieʔ⁵：打瞌睡

打眼沉 ta³ŋã³tɕʰiəŋ²：打瞌睡

钓鱼子 tio⁴ŋe²tsɿ³：坐着打瞌睡时头一点一点的样子

歇唔沉 ɕieʔ⁵ŋ̍³tɕʰiəŋ²：睡不着

歇沉啦 ɕieʔ⁵tɕʰiəŋ²la²：睡着了

歇得蛮死 ɕieʔ⁵teʔ⁵mã²sɿ³：睡得很沉

醒歇 ɕiã³ɕieʔ⁵：睡觉中易醒

歇醒 ɕieʔ⁵ɕiã³：睡醒

打鼾屁 ta³hũ⁴pʰi⁴：打鼾

打口 ta³kʰu¹：打鼾

打呵衣 ta³ho¹i¹：打哈欠

发梦 faʔ⁵məŋ⁴：做梦

眠梦 mĩ²məŋ⁴：做梦

发秋梦 faʔ⁵tɕʰiu¹məŋ⁴：发懵

打梦话 ta³məŋ⁴hua⁴：说梦话

盒覆 ã³pʰuʔ⁵（歇）：趴着睡

口 læ³：在床上小憩

转侧 tsũ³tseʔ⁵：（睡觉）翻身

宕觉 tʰɔ⁴kɔ⁴：睡过了预定时间

爬起 pʰa²ɕi³：起床

条起 tʰio²¹ɕi³：起床（龙华）

跣床 hɔ⁵¹tsʰɔ²¹：起床（龙华片、潭口片）

瞎田螺壳 haʔ⁵tʰɿ¹lo²kʰoʔ⁵：睡觉（对小孩说的轻詈语）

（二）饮食活动

食 sŋʔ⁵：吃饭、烟、酒、茶

　大食人 tʰæ⁴sŋʔ⁵niəŋ²：饭量很大的人

啮 ŋaʔ⁵（饭）：吃（训斥语）

囗 tsən³：吃（训斥语）

拔烟 paʔ⁵ĩ¹：抽烟（贬义）

装饭 tsɔ̃¹fã⁴：盛饭

下饭 ha³fã⁴：拨饭给别人碗

扒饭 pʰa²fã⁴：拨饭入口

伺饭 tsʰŋ⁴fã⁴：喂饭

淘饭 tʰɔ²fã⁴：汤拌饭

傍饭 pɔ̃²fã⁴：菜下饭

接菜 tɕie⁵ tsʰe⁴：夹菜

摭菜 tɕʰĩ²tsʰe⁴：夹菜

拣食 kã³sŋʔ⁵：挑食（年轻人也说"挑食"）

餀（食）hio²：垂涎

打粗 ta³ tsʰu¹：很能吃饭

撑爆甑 tsʰã⁴pɔ⁴tsẽ⁴：指人饭量极大（贬）

打斗食 ta³ tio⁴sŋʔ⁵：合在一起吃

打净食 ta³ tɕʰiã⁴sŋʔ⁵：只吃菜不吃饭

食净饭 sŋʔ⁵ tɕʰiã⁴fã⁴：不吃菜光吃饭

打饱呃 ta³pɔ³e⁴：打嗝

捱饭 ŋa⁴fã⁴：硬要别人多吃点饭

捱概 ŋa⁴tɕĩ¹：吃不下了还强塞

斯文 sŋ¹ve²：吃菜较少，也指举止文雅

马虎 ma³fu³：吃菜较多，也指做事马虎

食禄 sŋʔ⁵luʔ⁵：口福

冇屎箩 mɔ³tuʔ⁵lɔ²：指总也吃不饱

肚饥 tʰu¹tɕi¹：肚子饿

豺 sæ²：（形）肚中缺油水状

饟人 nɔ̃¹niən²：因肥腻而不想吃

饿饭 ŋo⁴ fã⁴：不给饭吃

齐整 tɕʰi²tsã³：饭菜丰盛

像 tɕʰiɔ̃⁴：饭菜丰盛

（三）交际诉讼活动

做客 tso⁴kʰaʔ⁵：走亲戚

过家 ko⁴ka¹：串门

俵 piɔ⁴：分发（烟、钱等）

泡茶 pʰɔ⁴tsʰa¹

倒酒 tɔ³tɕiu³：斟酒

筛酒 sæ¹tɕiu³：斟酒

演文 ĩ³vẽ²：客气

招呼 tsɔ¹fu¹：招待

多醒⁼ to¹ɕiã³：（因吃用）表示感谢

难文 nã²vẽ²：（因帮忙）表示谢谢

慢走 mã⁴tɕio³：（客气话）

好站⁼hɔ³ tsã⁴：小心点儿，交际用语，后面常带"滴子"或"啊子"

打空打手 ta³kʰən¹ta³ɕiu³：没提点东西来

唔查⁼伙⁼ ŋ³tsʰa²hɔ³：关系不好

好做阵 hɔ³tso⁴tɕʰiən⁴：好相处

赚打 tsʰã⁴ta³：挨打

抵打 ti³ta³：挨打

打交 ta³kɔ¹：打架

讲口 kɔ̃³hio³：吵架

争 tsã¹：争抢

赛争 sæ⁴ tsã¹：争抢

赛抢 sæ⁴ tɕʰiɔ̃³：争抢

让 niɔ̃⁴：退让、谦让

挜 a⁴ 或 ŋa⁴：硬塞

斗份子 tio⁴fẽ⁴tsɿ³：凑份子

拈阄 nĩ¹kio¹：抓阄

口 tsʰo⁴：分配时依自己意愿占有其中的份子

做得 tso⁴teʔ⁵：（答应别人）行，可以

懒闲 lã¹hã²：不要紧；行

　懒懒闲 lã¹ lã¹hã²：很不打紧的样子

同 tʰən²：陪同

陪 pʰe²：陪客

相忙 ɕiɔ̃¹mɔ̃：帮忙

含 hã²：亲戚之间保持红白喜事甚至年节的来往

含口 hã^{2}ũ^2：亲戚之间保持红白喜事甚至年节的来往

丢 tiu^1：亲戚之间放弃红白喜事的来往

佲 koʔ^5：与人相处

　　佲人 koʔ^{5}niəŋ^2：与人相处

　　佲……唔得：与……相处，容忍不了。如佲家婆唔得，佲子嫂唔得

理 ti^3：搭理

搭识 taʔ^{5}seʔ^5：搭理

口 soʔ^5：搭理（多用于否定）

　　卵（唔）口 lũ^3（ŋ̍）soʔ^5：不搭理

铐 k^{h}ɔ^4

告 kɔ^4：告发；告状

打官司 ta^{3}kũ^{1}sɿ^1

（四）日常生活

着 tsoʔ^5：穿（衫裤鞋）

　　着力 tsoʔ^{5}tiʔ^5：使劲

剥 poʔ^5：脱（衫裤鞋）；去皮或壳

戴 tæ^4：戴（帽子、手筒子、手套子、饰品等）

下 ha^3：摘下（帽子、手筒子、手套子、饰品等）

洗面 ɕi^{3}mĩ^4：洗脸

刷牙齿 soʔ^{5}ŋa^{2}tsɿ^3：刷牙

折被窝 tseʔ^{5}p^{h}i^{1}o^1：叠被子

梳头发 su^1 t^{h}io^{2}fa

扎头发 tsaʔ^{5}t^{h}io^{2}fa

洗澡 ɕi^{3}tsɔ^3

洗新脚 ɕi^{3}ɕiəŋ^{1}tɕioʔ^5：（女）洗屁股

口脚 læ^{4}tɕioʔ^5：泡脚

炙日头 tsaʔ^{5}nieʔ^{5}t^{h}io^2：晒太阳

炙火 tsaʔ^{5}ho^3：烤火

搞 kɔ^3：玩耍；玩物

　　蛮好搞 mã^{3}hɔ^{3}kɔ^3：很好玩

　　净话搞 tɕ^{h}iã^{4}va^{4}kɔ^3：光知道玩

嫽 liɔ^4：玩耍

做事 tso^{4}sɿ^4：干活；工作

歇 t^{h}io^3：休息一下子

　　歇肩 t^{h}io^{3}tɕĩ^1：休息

敨凉 tʰio³tiɔ̃²：乘凉

寻钱 tɕʰiəŋ²tɕʰĩ²：赚钱

烧火 sɔ¹ho³：烧火

舞饭（食）u³fã⁴（sŋʔ⁵）：做饭

舞柴 vu³tsʰæ¹：砍柴

洗衫裤 ɕi³sã¹fu⁴：洗衣服

扫地下 sɔ⁴tʰi⁴ha¹：扫地

撮 tsʰoʔ⁵：用簸箕状的器具铲起东西

驳火 poʔ⁵ho³：点灯

捡拾 tɕĩ³seʔ⁵：收拾东西

捡 tɕĩ³：收拾东西

捡正 tɕĩ³tsã⁴：收拾整理好；收拾人

闲得 hã²teʔ⁵：有空闲

　　唔得闲 ŋ³teʔ⁵hã²：没得空

（五）言笑活动

话 va⁴：说

　　话事 va⁴sŋ⁴：说话

　　话法 va⁴faʔ⁵：告诉

　　话搞 va⁴kɔ³：说起玩；只会玩

　　话子 va⁴tsŋ³：指责别人

　　打野话 ta³ia³va⁴：说不着边际的话，不可信

　　冇事话 mɔ²sŋ²va⁴：熟人因矛盾而相互之间不说话

话口话搭 va⁴tɔ̃²va⁴taʔ⁵：说这说那（贬）

吹牛皮 tsʰe¹niu³pʰi²

放大炮 fɔ̃⁴tʰæ⁴pʰɔ⁴：吹牛皮

打舌谎 ta³seʔ⁵hɔ̃³：撒谎

哄 həŋ³：用言语骗人

搭嘴 taʔ⁵tsue⁴ 搭话

赚̄ tsʰã⁴：不明事理爱乱说话

　　赚̄头 tsʰã⁴ tʰio²：喜欢插别人话、事物的人（贬）

　　打赚̄ ta³tsʰã⁴：插话

　　赚̄牙搭骹 tsʰã⁴ŋã³taʔ⁵kɔ³：插话（贬）

告 kɔ⁴：告发

　　告状 kɔ⁴tsʰɔ̃⁴：

　　告鸡̄ kɔ⁴tɕi¹：言语求饶

打卦 ta³kua⁴：聊天

打私口子 ta³sŋ¹maʔ⁵tsŋ³：说悄悄话

操天 tsʰɔ¹tʰŋ¹：聊天

讲 kɔ̃³：讲；吵

　讲（口）kɔ̃³（hio³）：吵架

　讲闲天 kɔ̃³hã²tʰŋ¹：闲聊

　讲事 kɔ̃³sŋ⁴：讲话

声 sã¹：作声；方言，口音

　声唔得 sã¹ŋ³teʔ⁵：作声不得，没法说出口

　声响 sã¹ɕiɔ̃³：指人爱说话，会制造热闹气氛

　声气 sã¹ɕi⁴：口音

　打××声 ta³××sã¹：说××话，如"打坑声"说坑里话

喊 hã⁴：叫唤

　喊冤 hã⁴ŋ¹：训斥话，训对方乱叫唤

挣口 tsẽ⁴hio³：用力喊

　挣爆喉咙 tsẽ³pɔ⁴hio²ləŋ²：喊破喉咙

做口 tso⁴hio³：大声呼唤

抢口 tɕʰiɔ̃³hio³：抢嘴

嗯（本字为"应"）ẽ⁴：应答

　应嘴 ẽ⁴tse³：回嘴

跟口 kəŋ¹hio³：重复说对方一样的话

　跟口辣 kəŋ¹hio³laʔ⁵：喜欢跟嘴的人

兜下脚 tio¹ha⁴tɕioʔ⁵：堵别人的话

打山歌 ta³sã¹ko¹：唱山歌，也指读书只背不认

打出锡来 ta³tsʰoʔⁿ⁵ɕiaʔⁿ⁵le²：说话露馅

聒 kua³：特别能说，夸夸其谈

　聒口 kua³pæ¹：爱说话，吹牛（贬）

口得 le²teʔ⁵：很啰唆，很喜欢数落别人

念笊箩经 nĩ⁴tsɔ⁴lo²tɕiã¹：念叨叨一些话

烧 sɔ¹：言语煽动（贬）；燃烧；烧制

唔声唔气 ŋ³sã¹ŋ³ɕi⁴：不爱说话

安子 ũ¹ tsŋ³：安慰；叫做；取名

骂 ma⁴

　赚骂 tsʰã⁴ma⁴：挨骂

　抵骂 ti³ma⁴：挨骂

咒 tɕiu⁴：诅咒

鸟戳 tiɔ³tsʰoʔ⁵：用詈语骂人

　　鸟鸟戳戳 tiɔ³ tiɔ³tsʰoʔ⁵tsʰoʔ⁵：骂骂咧咧的样子

吭 kʰɔ²：不好声好气说话

　　吭吭气气 kʰɔ²kʰɔ²ɕi⁴ɕi⁴：说话没好声好气

雄 ɕiəŋ²：说话凶人，如：雄渠一餐

拍马屁 pʰaʔ⁵ma³pʰi⁴

托卵砣 tʰoʔ⁵lũ³tʰo²：拍马屁，行贿

臂笊箩 pi⁵²tsɔ⁵²lo⁴⁴：拍马屁（蓉江片）

笑 ɕiɔ⁴

　　偷冷笑 tʰio¹lã¹ɕiɔ⁴：暗笑

謷 tɕiɔ⁴：哭（或写作"叫"）

　　謷随随 tɕiɔ⁴se²se²：不停哭泣的样子

糗 tɕʰio²：小孩哭（训斥）

唱（歌）tsʰɔ⁴

玃 lio⁴：唤鸡鸭猪等

（六）文体活动

瘸房子 tɕʰio²fɔ²tsɿ³：跳房子

摡吊子 ia³tiɔ⁴tsɿ³：小孩玩的小石子游戏

劈水片子 pʰiaʔ⁵se³pʰĩ³tsɿ³：打水漂

斗烟包 tʰioʔ⁴ĩ²po¹：小孩游戏，香烟纸折成等腰直角三角形放在手背，
　　然后一掷抓想要的哪几个

打毽子 ta³ĩ⁴tsɿ³：踢毽子

打佛子 ta³piã⁴tsɿ³：捉迷藏

捉蒙子 tsoʔ⁵məŋ¹tsɿ³：捉迷藏

放风灯 fɔ⁴fəŋ¹təŋ¹：放风筝

风吹嘞 fəŋ⁴⁴tɕy⁴⁴lə：风筝（蓉江片）

跳绳 tʰiɔ⁴ɕiəŋ²

跳橡皮筋 tʰiɔ⁴ɕiã⁴pʰi²tɕiəŋ¹

丢沙包 tiu¹sa¹po¹

搞水 kɔ³se³：游泳

打洽汋 ta³tɕʰiaʔ⁵mi¹：潜水

搞 kɔ³：玩

嬲 lio⁴：玩

下棋 ha¹tɕʰi²

打扑克 ta³poʔ⁵kʰeʔ⁵

　接牌 tɕiɛʔ⁵pʰæ¹：摸牌

　口牌 nio¹pʰæ¹：摸牌

打麻将 ta³ma¹tɕiɔ̃⁴

打估 ta³ku³：出谜（年轻人说猜谜）

打爆竹 ta⁴pɔ⁴tsuʔ⁵：放鞭炮

打爆虫 ta²¹pɔ⁵²tsʰən²¹：放鞭炮（蓉江片）

木脑子 muʔ⁵nɔ³tsʅ³：木偶

装古事 tsɔ̃¹ku³sʅ⁴

吹吹打 tsʰue¹tsʰue¹ta³：吹唢呐

吹口 tsʰue¹tʰia⁴：吹唢呐

走高脚师 tɕio³kɔ¹tɕioʔ⁵sʅ¹：踩高跷

变把戏 pĩ⁴pa³ɕi⁴：变魔术

拉胡弦子 la¹fu²ɕĩ²tsʅ³：拉二胡

侃捶 kʰã³tsʰe²：剪子石头布的地方玩法

邋簸⁼子 liɛʔ⁵po⁴tsʅ³：玩你追我赶的游戏

口 pe¹：手心手背玩法

吹箫子 tsʰue¹ɕiɔ¹tsʅ³：吹箫；吹笛

划拳 hua²tɕʰ ĩ²

（七）心理活动

诔 læ²：忘带东西

记忘 tɕi⁴mɔ̃⁴：忘记

记 tɕi⁴

　记稳 tɕi⁴ vẽ³：记住

　记出 tɕi⁴ tsʰoʔ⁵：惦记

　记得 tɕi⁴ teʔ⁵

望 mɔ̃⁴：希望

想 ɕiɔ̃³

　想稳来 ɕiɔ̃³vẽ³læ²：想都别想

默 meʔ⁵：忆；暗想

　默倒 meʔ⁵tɔ³：估计

　默稳来 meʔ⁵vẽ³læ²：想都别想

　默出 meʔ⁵ tsʰoʔ⁵：想到

到悔 tɔ⁴hue⁴：后悔

讨革⁼ tɔ³keʔ⁵：担忧（也说"革讨""革"）

讨气 tɔ³ɕi⁴：因担心生气而难过

讨惊讨吓 tɔ³tɕiã¹tɔ³haʔ⁵：担惊受怕

躁气 tsɔ⁴ɕi⁴：生别人的闷气

发躁 faʔ⁵tsɔ⁴：显得烦躁

发火 faʔ⁵ho³：发脾气

发恶 faʔ⁵o⁴：发大脾气（一般指小孩）

起抵 ɕi³tsɿ¹：指小孩哭得凶或大人盛怒貌

起口 ɕi³tɕia³：着急

起抵起口 ɕi³tsɿ¹ ɕi³tɕia³：心里焦虑不安

急 tɕiɛʔ⁵：着急；急迫

　　急猴 tɕiɛʔ⁵hio²：着急

慌 hɔ̃¹

　　起慌 ɕi³hɔ̃¹：发慌

　　慌忙慌急 hɔ̃¹mɔ̃² hɔ̃¹tɕiɛʔ⁵：很慌张；仓猝

　　发慌发死 faʔ⁵ hɔ̃¹faʔ⁵sɿ³：很慌张

伤心 sɔ̃¹ɕiəŋ¹：难过；讨厌（对人，程度比唔欢喜更深）

窃心 tɕʰiɛʔ⁵ ɕiəŋ¹：不喜欢（对人，程度比伤心更深）

伤脑筋 sɔ̃¹nɔ̃³tɕiəŋ¹：伤心；费精神

费神 fi⁴ɕiəŋ²：费心

　　难费神 nã²fi⁴ɕiəŋ²：不愿费心

欢喜 hũ¹ɕi³：喜欢、开心

（蛮）杀瘾 saʔ⁵iəŋ³：因获得满足而开心

爽 sɔ̃³：开心，爽快

　　饢爽 nɔ̃¹sɔ̃³：得意扬扬

苦 kʰu³：痛苦

怕 pʰa⁴：害怕；恐怕

吃唔得 tɕʰiaʔ⁵ ŋ̍³teʔ⁵：容不得别人比自己好

眼珠浅 ŋã³tsu¹tɕʰiɿ³：妒嫉

眼红 ŋã³həŋ²：妒嫉

倒架子 tɔ³ka⁴tsɿ³：丢面子

　　倒绝啦架子种：丢尽了面子

怪 kuæ⁴：责怪；怨

打野望 ta³ia³mɔ̃⁴：心不在焉

摆 pæ³：炫耀；排列；摇动

　　摆得 pæ³teʔ⁵：炫耀；爱打扮

摆婆（精）pæ³pʰo²（tɕiəŋ¹）：精于打扮的人（贬）

摆架子 pæ³ ka⁴tsŋ³：显摆；端架子

舍得 sa³teʔ⁵

纳得 naʔ⁵teʔ⁵：容得了，接受得了

好得 hɔ³teʔ⁵：心里过意得去，好意思；幸亏

才得 tsʰe²teʔ⁵：听凭（坑片说"齐得"）

管得 kũ²teʔ⁵：听任；不管

等 təŋ³：容许、听任

好意思 hɔ³i⁴sŋ：不怕难为情（多用作反语）

过得意 ko⁴teʔ⁵i⁴：心安不疚

过意唔去 ko⁴i⁴ŋ¹he⁴：心中不安，歉疚

监 kã¹：计较于要别人做事

　监得 kã¹teʔ⁵：很计较，爱让别人做事

饟 nɔ̃¹ 厌烦做某事；吃得很腻

　搭饟 taʔ⁵nɔ̃¹：厌烦做某事

胹 nia¹：厌烦做某事

　搭胹 taʔ⁵na¹：厌烦做某事

装（把子）tsɔ̃¹（pa³tsŋ³）：假装

熟套 suʔ⁵tʰɔ⁴：熟悉

晓得 ɕio³teʔ⁵：知道

醒水 ɕiã³se³：醒悟

生熟 sã¹suʔ⁵：陌生

嫌 ɕi²

　嫌当 ɕi²tɔ̃¹：嫌弃

忍 niəŋ¹

　忍肠子 niəŋ¹tsʰɔ̃²tsŋ³：容忍度

倚恃 i³sŋ⁴：信赖别人做某事

间界（或写作"尴尬"）kã¹kæ⁴：左右为难；难堪；数字或时间上处于
尴尬的中间状态

（八）儿童活动

撨 tsʰɔ⁴：指小孩不安分，爱捣蛋

　撨事 ts ʰɔ⁴sŋ⁴：指小孩爱犯事

　撨事棍 ts ʰɔ⁴sŋ⁴kuẽ⁴：对调皮孩子的昵称

　打撨 ta³ ts ʰɔ⁴：打搅（也用于大人）；搅别人的局

　撨得 ts ʰɔ⁴teʔ⁵：很能捣蛋

拱屎撧尿 kəŋ³sʅ³tsʰɔ⁴nio⁴：指小孩捣乱搅和

犯事 fã⁴sʅ⁴：小孩调皮惹事，也指大人做了犯法的事

　　犯事菀子 fã⁴sʅ⁴tio¹tsʅ³：对调皮孩子的昵称

划划动 hua²hua²tʰəŋ¹：婴儿手脚动貌

呀呀叫 ia³ia³tɕio⁴：婴幼儿大声哭貌

做喏喏 tso⁴no³no¹：婴儿做唱喏状

打蹬蹬 ta³tẽ²tẽ¹：小孩站立学步

漏口 lio⁴hio³：流口水

哕奶 veʔ⁵næ³：（小孩吃奶时）倒奶

疯皮 fəŋ¹pʰi²：小孩跑跳追逐

□ nəŋ³：娇惯小孩

惜 ɕiaʔ⁵：疼爱小孩

□ ho¹：顺着哄小孩（也可用于大人）

娇醒 tɕiã¹ɕiã²：心疼并用心带小孩

□ lɔ̃³：对小孩子缺乏管教

得意 teʔ⁵i⁴：撒娇；神气，骄傲（这个意义可用于大人）

撩 lio²：故意惹，如～叫（惹哭）

惹 nia¹：招惹（多用于小孩，也可用于大人）；小孩很娇气黏人

　　惹惹虫 nia¹ nia¹tsʰəŋ²：娇气黏人小孩（昵称）

斗闹 tio⁴nio⁴：（小孩）吵架

发性 faʔ⁵ɕiã⁴：小孩子哭

打赖死 ta³læ⁴sʅ³：耍赖（多指小孩，也可用于大人）

打讹赖 ta³o²læ⁴：耍赖；不认账（多指小孩）

□人 tɕʰiɔ²niəŋ²：小孩闹人

拣人 kã³niəŋ²：小孩只固定要谁带，不要别人带

（蛮要）口气 hio³ɕi²：口舌（常指小孩不听话，很费口舌）

□ me¹：小孩娇气易哭

顽皮 ŋã²pʰi²：小孩顽皮（略贬）

　　顽皮死贴 ŋã²pʰi²sʅ³tʰiɛʔ⁵：小孩顽劣（贬）

　　顽犯 ŋã¹fã³：顽皮爱动东西

定˭跳 tʰiəŋ⁴tʰio⁴：调皮（略贬）

　　定跳宝 tʰiəŋ⁴tʰio⁴po³：调皮小孩（昵称）

韧皮 niəŋ⁴pʰi²：很皮（贬）

硬˭赚˭ ŋã⁴tsʰã⁴：小孩故意不按大人的话去做，或故意招惹别人（略贬）

字˭腻˭ tsʰʅ⁴ni⁴：比硬赚程度更深些（贬）

知天 ti¹tʰ ĩ¹：小孩懂事

蛮会 mãve⁴：很会；常用于夸小孩很能干

（九）特定活动（裁剪晾晒刀工类）

裁 tsʰe²：剪

剪 tɕĩ³

　　剪正 tɕĩ³tsã⁵：剪好；为了管束惩罚使吃苦头

车 tsʰa¹：用缝纫机缝

联 fĩ²：用针缝

绲（边）kũ³：沿衣服等边缘车好或缝上布条

缲（边）tɕʰiɔ¹：用针线挑边

锁（边）so³：用锁边机加固边

組 tã⁴：长长地缝针

□（被窝）tiã⁴：缝（被子）

□（袜底）tɕʰiaʔ⁵：纳（鞋垫）

打鞋底 ta³hæ²ti³：纳鞋底

打衫衣 ta³sã¹i¹：织毛衣

敆（或写作"乿"）tuʔ⁵：用针或尖物刺

劙 lio³：用力快速用针状物刺

安（纽子）ũ¹：缝纽扣

打结头 ta³tɕiɛʔ⁵tʰio²：打结；指事情多而无头绪

洗 ɕi³

搓 tsʰæ¹：置物在板上搓（也指一般的搓，如～面）

挼 no²：以手掌搓

□ ŋɔ³：洗衣粉浸泡衣物

汰 tʰæ²：清洗（衣物）

□ lɔ̃¹：荡涤（器皿）

□ ts ʰəŋ⁴：持物在水中涤荡（也指一般的荡，如捧起来～：抱起来荡）

刷 soʔ⁵：用刷子刷；东西吃起来粗糙

晾 lɔ̃²：晾衣物

攀 pʰã¹：把衣物等直接晾在竹篙等物上

晒 sæ⁴：晒

收 ɕiu¹：把晾晒物收起来；收拾；停止；收取

切 tɕʰiɛʔ⁵

削 ɕioʔ⁵

剁 to⁴

削 pʰi¹：用刀薄薄地削

刡 tʰiɔ¹：雕刻图章

劈 pʰiaʔ⁵

砍 kʰã³

倒 tɔ³ 木：砍树

锯 tɕi⁴

□（或写作"改"）kʰo¹：用锄头类工具轻挖，如～沟

挖 va¹：用锄头类工具重挖

铲 tsʰã³：用铲子铲，如～菜

刨 pʰɔ²：用刨子刨，如～皮

刮 kuaʔ⁵（猪肉）：把皮上的毛刮干净

铰 kɔ³

十七　动作行为

（一）头部动作（头脸眼耳鼻嘴）

頷 ŋã³ 头：点头

仰 ŋɔ̃² 头：抬头（幅度更大）

舰 tã¹：抬头（幅度比仰更小）

□ ti²：低下头（幅度比勾更大）

勾 kio¹：低头（幅度更小）；勾住

　　勾头勾脑：指人总低头不伸展的样子（贬）

□ ŋã¹：以头撞

掉 tʰɔ⁴（脑盖）：摇（头）

　　掉尾巴 tʰɔ⁴mi¹pa：摇尾

中 təŋ¹：头顶东西；遮盖

看 kʰũ⁴：看；探望

角 koʔ⁵：用眼角看

横 vã²：瞪

觑 tɕʰiʔ⁵：小视貌

□ çi¹：眯眼

眯 mi¹

打眼拐 ta³ŋã³kuæ³：瞟

□ nẽ¹：睁眼

蒙 məŋ¹：遮住（眼睛）

□ la¹：巡视，看望

眨 tsaʔ^{5}
瞄 miɔ^{2}
听 t^{h}iã^{1}
□ tɕ^{h}iaʔ^{5}（起耳朵）：竖起耳朵认真听
嗅 ɕiu^{4}
擤 sẽ^{4}：捏住鼻子，用气排出鼻涕
𪖙soʔ^{5}：吸溜鼻涕
丫 ŋa^{1}：张开嘴或物像嘴张开状
　□丫丫 hio^{3}ŋa^{1}ŋa^{1}：张嘴貌
□ maʔ^{5} 稳：嘴紧闭
□ mi^{1}：抿嘴，抿一口
嘟 tu^{1}：噘嘴
咬 ŋɔ^{1}
噍 tɕ^{h}iɔ^{4}：嚼
哽 kẽ^{3}：噎
　哽喉哽颈 kẽ^{3}hio^{2}kẽ^{3}tɕiã^{3}：指难以下咽
□到 ts^{h}uʔ^{5}tɔ^{3}：呛到了
吞 t^{h}ẽ^{1}
□ pu^{4}：喷口水
吐 t^{h}u^{4}
啐 soʔ^{5}：喝
嘬 tsoʔ^{5}：吮吸
食 sɿʔ^{5}（烟饭茶酒）：泛指各种吃
□ so^{1}（烟饭茶酒）：吃（粗俗语）
□ le^{3}：伸舌
□ liɔ^{1}：伸长舌头舔
舐 se^{1}：舔
□ paʔ^{5} 烟：抽烟（形象语）
□ me^{3}：品咂，如～手指，～糖子
尝 sɔ̃^{2}：尝试味道
波 po^{1}：亲
　打波 ta^{3}po^{1}：亲嘴
吹 ts^{h}ue^{1}（气）
□ ha^{2}（气）：朝着镜子等吹气
敨气 t^{h}io^{2}ɕi^{5}：喘气，出气

（二）身子动作（肩背腹臀）

荷（俗作㧟）kʰæ¹：挑

担 tã¹：挑

扛 kɔ̃¹：抬

驮 tʰo²：背负

臂 pi⁴：扛

挎 kʰuæ³：一肩背有带子的物或手臂挽物

　　挎头 kʰuæ³tʰio²：挑东西时两头不一样重

放（肩）fɔ⁴：放下担子；休息

调（肩）tʰio²：换肩（年轻人也说"换肩"）

棯（头）tʰẽ⁴：放物使两头一样重；耽误

背 pa¹：背

靠 kʰɔ⁴

凭 pẽ⁴：靠

打屁 ta³pʰi⁴：放屁

屙（屎尿）o¹：拉（屎尿）

坐 tsʰo¹

扠 vẽ¹：从腰间相互搂住

　　扠腰跤 vẽ¹io¹kɔ¹：摔跤

□ kʰəŋ³：撅（屁股）

勾腰 kio¹iɔ¹：弯腰

驼背 to²pe⁴

（三）腿部动作

走 tɕio³

徛 tɕʰi¹：立

踎 pu¹：蹲

□ pia¹：深蹲

趄 maʔ⁵：跨（缺口）

跨 tɕʰia⁴：从胯下（或裤子下）过或从障碍物上跨过

跪 kʰue³

□ pʰia¹：双腿叉开

□ liɔ¹：用脚轻踢

踢 tʰiaʔ⁵：用力踢

蹍 nã³：伸长腿踢；蹬：～单车

蹂 no⁴：脚搓

兜 tio¹：踢；托

□ tɕʰio¹：提起鞋跟

□ kɔ⁴：（双手交叉抱胸或翘起二郎腿；缠在一起）

猋 piɔ¹：双脚跳

瘸 tɕʰio²：单脚跳

跳 tʰio⁴：跳（用于文体活动）

窜 tsʰũ¹：（快速向上）跳

　　起窜 ɕi³tsʰũ¹：着急慌乱

□ nẽ³：踮脚

□ tiɔ¹：抬脚

踩 tsʰæ³

撮 ⁼tsʰoʔ⁵：鞋子摩擦着地面走

□ tʰæ¹：跋

□ tsẽ⁴：用力踩

　　大脚细脚～得去：指胡乱踩一通

间 ⁼kã⁴：绊；除去或触碰到丝、藤、叶状物

　　间手间脚 kã⁴ɕiu³kã⁴tɕio²⁵：碍手碍脚

掼 kuã⁴：绊

踢 tʰɔ³：滑，滑倒

　　打踢 ta³tʰɔ³：打滑

（四）手的动作

批 tsɿ¹：用手指甲挠人

　　起～ ɕi³tsɿ¹：盛怒貌

□ ləŋ¹：伸手

□ tɕia³：用手指抓物用力爬

　　起□ ɕi³tɕia³：着急貌

搭 kʰaʔ⁵：用一指甲掐

□ neʔ⁵：用二指掐

捻 nẽ³：以手指搓

扭 niu³：拧

挼 no²：以手掌搓

拈 nĩ¹：以手指拾起

□ tsəŋ¹：五指抓住

揿 tɕʰiəŋ³：又作"搇"，用手指按住

搣 mieʔ⁵：用手指掰开，如：～开盖子

夹 kaʔ⁵：用两只手指夹住，也指一般的夹

钳 tɕʰĩ¹：用两手指弯曲夹住

捡 tɕ ĩ³：拾

摸 mia¹：摸

搒 pã¹：使劲拉，拔（也写作"拚"）

扯 tsʰa³：撕（也可说"撕"）

　　搒搒扯扯 pã¹ pã¹ tsʰa³ tsʰa³：拉拉扯扯

擘 paʔ⁵：掰开，撕扯

　　擘里擘杀 paʔ⁵li³paʔ⁵saʔ⁵：支离破碎

拗 ɔ³：两手持物两端，从中间折断

□ veʔ⁵：将硬物一头朝另一头折过来

折 tseʔ⁵：折纸、叠被类

搋 tsʰəŋ³：推

推（磨、砻）tʰe¹

捧 pəŋ³：双手横着抱起

□ mo³ 起：双手向上抱起

盒 ẽ¹ 稳：双手捧；量词，一捧

箍 ku¹ 稳：双手或物紧紧环抱；箍桶

奋 pʰiəŋ³：甩手或其他物甩动；鱼在地上动貌

　　奋奋动 pʰiəŋ³pʰiəŋ³tʰəŋ¹：不停甩动的样子

　　起奋 ɕi³pʰiəŋ：拼命甩动貌

□ io⁴（手）：挥手

□ iaʔ⁵：挥物

奢 ɕia¹：张开手

掀 ia³：用手抓物；挠（痒）；量词，一掀瓜子：一把瓜子

□ ha²：胳肢

锤 tsʰue²：用拳头或锤子击打

撮 pɔ⁴：用拳头猛击

搧 sẽ¹：用巴掌打

搉 kʰoʔ⁵：用手指关节或用棍子敲打

掐 maʔ⁵：用棍子击

□ lɔ⁴：用棍状物猛击人

□ tʰiɔ⁴：用锤子锄头等猛砸物

拱 kəŋ³：用棍子等搅

　　拱拱动 kəŋ³kəŋ³tʰəŋ¹：拱动的样子或指人坐不住不停地动

拱屎棍 kəŋ³sʅ³kuẽ⁴：搅浑事之人，调皮捣蛋之人

搅 kɔ³：用棍子等搅较稠的东西，如～黄元米果

舂 səŋ¹：舂捣；用肘部撞击

　舂缸 səŋ¹kɔ̃¹：专用于舂物的长竹筒

□ le¹：手持圆状物来回碾或物滚动

敦 tẽ⁴：手持柱状形物往下打击；将长短不齐的东西竖立着向下敲击，使之整齐

拌 pʰã¹：摔东西

□ pã⁴：用力往地上摔

扻 ɕieʔ⁵/fieʔ⁵：扔掉

□ tiã¹：用石头、土块等掷打，扔打

□ piaʔ⁵：投掷有黏性的东西并黏住目标

捶 tsʰəŋ⁴：荡，涤荡

□ tsʰeʔ⁵：前后抖动；眼皮跳动

扽 tẽ¹：两头同时用力

□ huaʔ⁵：用竹竿、刀具等晃动、拨动

提 tia²：提

□ ɕi⁴：用力塞东西

攎 lu²：胡乱地挽起衣裤

捏 nieʔ⁵：整齐地挽起衣裤

掇 toʔ⁵：用双手端

端 tũ¹

揽 lã³ 稳：用胳膊围住

扶 pʰu² 稳：扶住

泼 pʰaʔ⁵：泼洒

择 tʰoʔ⁵：挑选

绹 tʰɔ²：用绳子绑

揩 kʰæ¹：擦干净

钢 kɔ̃⁴：把脏擦到别处；在粗糙物上磨蹭

捋 loʔ⁵：捋叶子

扴 tɕʰia⁴：用笸子扴

揉 nio¹：把东西揉皱

迎 niã²：高举

擎（伞）tɕʰiã²：撑伞

萦 iã¹（毛绳）：缠（毛线）

猌ĩ⁴：把灰、种子等撒匀

　　猌禾子ĩ⁴o²tsŋ³：撒种；指把东西撒得到处都是

指tsŋ³

搜çio¹（袋子）：掏（口袋）

抠kʰio¹耳屎：用手指挖掘

掘tɕʰiɛʔ⁵：用手刨

抾tɕʰiɛʔ⁵：用手掖或双腿夹住

寸tsʰẽ⁴：搓体垢

（五）整体动作

□po⁴：跑

　　打□ta³po⁴：跑

　　起□çi³po⁴：跑步

邋liɛʔ⁵：追

摸tɕʰio³：用手掌或身体其他部位按住；用手掌挤压，如摸衫衣、摸
　　面粉

揞ã³：压住；硌，如揞脚、揞背

□niɔ̃³：在树枝或桥上上下晃动；发抖

　　□□动niɔ̃³niɔ̃³tʰən¹：不停抖动貌

　　□□出出niɔ̃³niɔ̃³tsʰoʔ⁵ tsʰoʔ⁵：指人生气并晃来晃去的样子

厳luʔ⁵：滑竹竿一类；（东西）滑下

□tsuʔ⁵：缩成一团

跌tiɛʔ⁵：摔跤；掉落；丢失

　　跛跛跌po³po³tiɛʔ⁵：易摔跤貌

　　□□跌pʰia²pʰia² tiɛʔ⁵：易摔跤貌

　　跌跤tiɛʔ⁵kɔ¹：摔跤（多用于小孩）

　　跌倒tiɛʔ⁵tɔ³：摔跤

　　跌苦tiɛʔ⁵kʰu³：日子过得很苦

　　跌钵tiɛʔ⁵poʔ⁵：落魄

□lẽ²：慢慢倒下

□tsũ⁴：急速倒下

捉tsoʔ⁵：捉拿；抓住

跟kẽ¹：跟从；打听追询

□nuʔ⁵：人或动物蠕动

□liən¹：转圈

　　打□□ta³liən¹liən¹：打转

滚 kuẽ³

　　打滚□ ta³ kuẽ³le¹：打滚

橶 tɕĩ¹：挤进去；器物的楔子；拥挤

　　橶橶搋搋 tɕĩ¹ tɕĩ¹tsʰən²tsʰən²：拥挤不堪

碰 pʰən¹：碰撞，碰见

撞 tsʰɔ⁴：碰撞；撞见

　　起撞 ɕi³tsʰɔ⁴：碰运气

（六）其他动词

潲 tsʰɔ⁴：淋

溻 tʰaʔ⁵：衣服湿透黏在身上

燀 tʰã²：微火烧

□ pʰu³：焚烧

□ na² 稳：黏住

　　□布子 na²pu⁴tsɿ³：胶布

　　蛮□ mã¹na²：好黏

褙 pe⁴：用布或纸一层一层地粘上去

　　～纸壳 pe⁴tsɿ³kʰoʔ⁵：糊纸板

沓 tʰaʔ⁵：一个个往上叠；量词

层 tsʰ ẽ²：一层层往上叠；量词

擸 laʔ⁵：一个个往上叠碗；量词

轧 ŋaʔ⁵：碾压；挤压；塞

□ tsẽ²：压住

籯 kẽ²（又写作"噙"）：盖住

盖 kue⁴：盖住被子一类

遮 tsa¹

壅 iəŋ¹：用土沙或灰把东西遮住

扣稳 kʰio⁴vẽ³：把碗反扣住

塞（起）seʔ⁵：垫起（桌子脚等）

贴 tʰ iɛʔ⁵：铺垫（鞋垫、垫被等）；张贴

扠 tsʰa¹

结 tɕiɛʔ⁵：条状物打成的疙瘩；缔结；砌墙

摎 liɔ¹：混合在一起；主动揽起

　　摎家 liɔ¹ka¹：指能整合事的人

　　摎稳 liɔ¹vẽ³：没有分家，合在一起

拈阄 nĩ¹kio¹：抓阄

撬 tɕʰiɔ³

舀 iɔ³

摊 tʰã¹：铺开

翻 fã¹

口 pe³：把东西翻转过来（北片）

拜 pæ⁴

排 pʰæ²：排列；量词

对（得来）te⁴：迎面撞来；碰巧来了

俾 piã⁴：躲、藏

　　俾俾子 piã⁴ piã⁴ tsʅ³：暗地里

转 tsũ³：回；转

　　去转 he⁴tsũ³：去回

　　转来 tsũ³læ²：回来

口 lũ¹：扒拢；勾引

接 tɕiɛʔ⁵：接收；迎接；接牌；接菜；拼接

斗 tio⁴：把东西接起来；斗争；凑；算

驳 poʔ⁵：接起来

　　靠驳 kʰɔ⁴poʔ⁵：连接到

安 ũ¹：安装，如安灯泡；钉（扣子）

装 tsɔ̃¹：安装；假装

上 sɔ̃³：安装；培土

寻 tɕʰiəŋ²：寻找

　　寻食 tɕʰiəŋ²sʅʔ⁵：找食物：谋生活

　　寻钱 tɕʰiəŋ²tɕʰʅ¹：赚钱

　　寻尾巴 tɕʰiəŋ²mi¹pa：吃玩上瘾，吃了还想吃，玩了还想玩

爆 pɔ⁴：裂；长出

　　爆坼 pɔ⁴tsʰaʔ⁵：开裂

　　爆芽 pɔ⁴ŋa¹：长芽

宕 tʰɔ̃⁴（车）：错过，～车，～觉；迷路

抛 pʰɔ¹：向上扬；车子很颠

沤 io⁴：因长时间浸泡而变质；人长时间没学或没重用而耽误了前程

整 tsã³：修理

　　冇滴整 mɔ³tiɛʔ³ tsã³：没有（一点）办法拯救或修理

影 iã³：闪现；放映

晟 tsʰã²：照射，光刺眼

晟眼 tsʰã²ŋã³：刺眼

　　晟光晟影 tsʰã²kɔ¹tsʰã²iã³：很刺眼

腾 iã⁴：剩下

休 ɕiu¹：害掉；完蛋

　　休生 ɕiu¹sẽ¹：害掉；完蛋

　　休命 ɕiu¹miã⁵：要命

磨 mo²：折磨；磨（刀）

调 tʰio³：换

口 tʰio³：用水勾兑或调匀，如口奶粉

擎 tɕʰiu¹：聚拢，只作补语，如走擎、扫擎

争 tsẽ¹：差

　　争滴子 tsẽ¹tiʔ⁵tsŋ³：差点儿

消得 ɕio¹te：需要；嘲讽自作自受，常伴随拍巴掌动作，说"消得，巴不得"

浮 fio²

　　浮浮泛泛 fio²fio²pʰã⁴pʰã⁴：飘浮貌

沉 tɕʰiəŋ²

成搭 sã² taʔ⁵：像样（只用于否定）

有 iu¹：有

冇 mɔ²：没有

　　冇滴押 mɔ²tiɛʔ⁵iaʔ⁵：一点都不靠谱

　　冇下台 mɔ²ha¹tʰe²：很难收场

　　冇人工 mɔ²niəŋ²kəŋ¹：没时间，不得闲

　　冇变 mɔ²pĩ⁴：没有办法；没有变化

在 tsʰe¹：在

肯 hẽ³：愿意

会 ve⁴：善于做某事；愿意；有可能

系 he⁴：是

　　克系 kʰeʔ⁵he⁴：是不是

　　唔系 ŋ̍³ŋe⁴：不是

打 ta³：含义广泛的动词（还有很多带"打"的词散见于各类词条中）

　　打蛮 ta³mã²：硬撑

　　打走 ta³tɕio³：水冲走

　　打眼 ta³ŋã³：挖洞

舞 vu³：做（还有很多带"舞"的词散见于各类词条中）

舞你几下子 vu³ni²tɕi³ha⁴tsʅ³：揍你一顿

舞什么 vu³sẽ³mo：干什么

舞死你去 vu³sʅ³ni³he⁴：弄死你去

舞死人 vu³sʅ³niəŋ²：活不好干，干死人

舞牛 vu³niu³：用牛

舞鬼设窃 vu³kue³seʔ⁵tɕʰiɛ⁵：净干些歪门邪道的事

发 faʔ⁵：长出，产生；患；膨胀；泼洒、翘起来；（量词）次（还有很多带"发"的词散见于各类词条中）

　发起来了 faʔ⁵ɕi³læ²la：一头掀起来；指人发财、发福；食物因发酵或水浸而膨胀

　发虫 faʔ⁵tsʰəŋ²：长虫

　发虱婆 faʔ⁵seʔ⁵pʰo²：长虱子

搞 kɔ³：做；干；办；弄；玩（还有很多带"搞"的词散见于各类词条中）

　搞尿口子 kɔ³niɔ⁴vu³tsʅ³：本指小孩玩尿，一般指干活不到位，不负责

　搞鬼 kɔ³kue³：暗中使诡计；女孩来例假

　搞什么名堂 kɔ³sẽ⁴moʔ⁵miəŋ²tʰɔ¹：（贬）到底干了些什么

十八　形状性质

鄙 pe²：不好

　鄙索⁼ pe²soʔ⁵：（人品）不好

歪⁼væ¹：脾气不好，凶

衰 se¹：（运道）不好

冇时 mɔ²sʅ²：运气不好

坏 huæ⁴

蠢 tɕʰiəŋ³：（脾气或说话）冲

屒 səŋ²：丑

笨 pẽ⁴：笨

口 e⁴：笨

　～～嘴⁼嘴⁼ e⁴e⁴tse⁴tse⁴：指说话喋喋不休却思路不清楚

谔 ŋɔ²：抬头惊呆貌；抬头

木 muʔ⁵：反应迟钝

　木木屡⁼屡⁼ muʔ⁵muʔ⁵tuʔ⁵tuʔ⁵：脑子不好使，迟钝

　得木 teʔ⁵ muʔ⁵：反应慢，不灵气

阿⁼叉⁼ a¹tsʰa¹：笨

阿里阿搭 a¹li³a¹taʔ⁵：人很笨

口 so³：笨

标致 piɔ¹ tsʅ：人长得漂亮

好 hɔ³

唔好 ŋ̍³ hɔ³：不好，可合音 ŋɔ³

靓 liã⁴：东西好；漂亮

正 tsã⁴：好，放在动词后补语，表处理好

　　正当 tsã⁴tɔ̃⁴：妥当

刁 tiɔ¹：聪明，多用于小孩

　　半刁口 pũ⁴tiɔ¹so³：较笨却自视很聪明

媗 tsã³：精明能干，多用于女性

精 tɕiəŋ¹：精明、机灵心细

　　精作 tɕiəŋ¹tsoʔ⁵：工于计算，小气

弄＝难＝ nəŋ⁴n ã⁴：老人脑子不好使，做事说话哆嗦且不靠谱

古板 ku³ pã³

死板 sʅ³pã³：（行事）不知变通

呆板 ŋæ²pã³

拣接 kã³tɕiɛʔ⁵：指人很挑剔，不干脆

孔＝窃＝ kʰəŋ³tɕʰiɛʔ⁵：很多古怪

打孔＝ ta³ kʰəŋ³：很多古怪，不可靠

随搭 se²taʔ⁴：好色

懵 məŋ³

　　懵懂 məŋ³ təŋ³

（挺）幸时 ɕiəŋ⁴sʅ²：（很）自以为是的样子（贬）

古怪 ku³kuæ⁴：狡猾

恶 o⁴：凶恶；凶狠；小气

　　恶出 o⁴tsʰoʔ⁵：凶恶；小气

　　恶绝 o⁴tɕʰiɛʔ⁵：特别凶恶或小气

　　恶赛 o⁴sæ²：小气、凶恶

　　造恶 tsʰɔ⁴o⁴：做恶事

杀心 saʔ⁵ɕiəŋ¹：狠心

造孽 tsʰɔ⁴niɛʔ⁴：可怜

跛＝碎＝ po³sue⁴：做事过于细（贬）

懒尸 lã¹ sʅ¹：懒惰

做家 tso⁴ka¹：节俭

黑掇⁼ heʔ⁵toʔ⁵：心狠；做事要多

勤耕 tɕʰiəŋ² kã¹：勤快

下恳 ha¹kʰẽ³：勤奋；发愤

贤惠 çĩ²hue⁴：贤良；大方（北片）

潮 tsʰɔ²：大大咧咧，有点犯二，有点小傻，不着调

　　潮气 tsʰɔ²tɕʰi⁴：意义同上

　　潮里潮气 tsʰɔ²li³ tsʰɔ²tɕʰi⁴：很不着调

　　发潮 faʔ⁵ tsʰɔ²：犯二，发傻

　　潮头 tsʰɔ²tʰio²：说话、做事很不着调的人

快 kʰuæ⁴：快

　　快斯 kʰuæ⁴sʅ¹：赶快

放斯 fɔ⁴sʅ¹：赶快

扎⁼ tsaʔ⁵：快速；能干；厉害

　　扎科 tsaʔ⁵kʰo¹：能干；厉害

扫⁼辣 sɔ⁴laʔ⁵ （做事）麻利

趒 tɕiaʔ⁵：动作迅速

　　趒扫 tɕiaʔ⁵sɔ⁴：动作迅速

虎⁼虎赞⁼ fu³fu³tsã⁴：做事很快

口爽 lɔ¹sɔ³ 做事快而马虎

活 hoʔ⁵：生活宽裕；灵活

　　活道 hoʔ⁵ tʰɔ⁴：灵活

　　生活 sẽ¹ hoʔ⁵：干活较轻松；生活

慢 mã⁴

煴 iəŋ¹：（做事、性子）慢

　　煴尸 iəŋ¹sʅ¹：指做事慢的人

　　煴尸搭拐 iəŋ¹sʅ¹taʔ⁵kuæ³：做事慢（略贬）

　　煴鸡子 iəŋ¹tɕi¹sʅ³：做事慢的人（詈语）

磨 mo¹：（做事、走路）磨蹭

急 tɕiɛʔ⁵：性子急；着急

　　急猴 tɕiɛʔ⁵hio²：猴急

　　急急跳 tɕiɛʔ⁵tɕiɛʔ⁵tʰio²：很着急貌

霸 pa⁴：能干；杰出；酒烈；抢占

健 tɕʰĩ⁴：（指老人）健康

　　康健 kʰɔ¹tɕʰĩ⁴：（指老人）健康（年轻人也说"健康"，适合任何人）

　　健曹 tɕʰĩ⁴ tsʰɔ²：（指老人）健康

雄 ɕiəŋ²：强壮有力；精力旺盛

　雄造 ɕiəŋ²tsʰɔ⁴：强壮有力

弱 nioʔ⁵：身体虚弱

高 kɔ¹：高；这

矮 æ³

壮 tsɔ̃⁴：肥胖（指人）

肥 fi²：肥肉；肥胖

　肥古隆冬 fi²ku³ləŋ²təŋ¹：很胖

　肥冬冬 fi²təŋ¹təŋ¹：肉特别肥的样子

瘦 ɕio⁴：瘦

　瘦骨蜟蠮 ɕio⁴koʔ⁵la²tɕʰia²：形容很瘦

　口瘦 tɕiaʔ⁵ ɕio⁴：很瘦

　铁骨人 tʰieʔ⁵koʔ⁵niəŋ²：看上去很瘦但称起来不轻的人，即骨头较重
　　的人

　骨头豺豺 koʔ⁵tʰio²sæ²sæ²：指很瘦

奀 ŋã¹：体形瘦小（多指小孩）

　奀丁 ŋã¹tiəŋ¹：瘦小的人（多指小孩）

滴꞊恤恤 tieʔ⁵ɕieʔ⁵：体形娇小（多指女孩，多用重叠"滴滴恤恤"）

腈 tɕiã¹：（食用的肉）瘦

大 tʰæ⁴

斗 tio³：大（口语化）

　斗剥꞊ tio³poʔ⁵：很大

　斗脑子 tio³nɔ³tsɿ³：指大人物

粗 tsʰu¹：粗

　粗实 tsʰu¹seʔ⁵：粗

老 lɔ³：与"少""嫩""新"相对

　老柴柴 lɔ³tsʰæ²tsʰæ²：指食物吃起来好像啃柴火一样或人干瘦如柴

　老家 lɔ³ka¹：故乡

　老古人 lɔ³ku³niəŋ²：古人

　老脚子 lɔ³tɕioʔ⁵tsɿ³：老手

　老扎꞊ lɔ³tsaʔ⁵：成熟稳重；酒很烈

　老扎꞊兜子 lɔ³tsaʔ⁵tio¹tsɿ³：很老成的人（一般指小孩）

　老掇꞊ lɔ³toʔ⁵：成熟稳重

　老成 lɔ³tɕʰiəŋ²：小心谨慎

　老实 lɔ³seʔ⁵

老打老实 lɔ³ta³lɔ³seʔ⁵：很老实

细 ɕi⁴：小；年幼的；排行最小的

嫩 nẽ⁴：与"老""粗"相对

□ tɕʰ iɛʔ⁵：小而挤

狭 haʔ⁵：（屋子、场地）小

阔 kʰuaʔ⁵：（屋子、场地）大

长 tsʰɔ̃¹

猛 mã³：（条状物）长

短 tũ³

圆 ĩ²

   谷辣圆 kuʔ⁵laʔ⁵ĩ²：很圆

   圆古隆冬 ĩ²kuˈ¹ləŋ²təŋ¹：很圆

扁 pĩ³

   纳杀扁 naʔ⁵saʔ⁵pĩ³：很扁

尖 tɕĩ¹

   □尖 liuʔ⁵tɕĩ¹

聱 ŋɔ²：歪

   聱里毕翘 ŋɔ²liˈ³piʔ⁵ tɕʰiɔ⁴：不正的样子

   聱聱叨叨 ŋɔ² ŋɔ²tɔ¹tɔ¹：观点常故意与人不一致

平 pʰiã¹：平

   平正 pʰiãˈ¹tsã⁴：平整

   平洋 pʰiãˈ¹iɔ̃¹：大而平坦

抛 pʰɔ¹：（车子）颠；抛物

崎 tɕʰi¹：陡峭

禁 tɕiəŋ¹：耐受，结实耐用

   禁得 tɕiəŋ¹teʔ⁵：耐受得住，花时

   禁得捧 tɕiəŋ¹teʔ⁵pã¹：耐受力好，有恒心有毅力

恒 hẽ²：（绳子拉得）紧；严格

实 seʔ⁵：（地压得）紧

   实掇 seʔ⁵ toʔ⁵：很扎实

紧 tɕiəŋ³：（门关得）紧

□ maʔ⁵：无缝

   □扎⁼ maʔ⁵tsaʔ⁵：一点缝隙都没有

严 nĩ²：严格

松 səŋ¹：与紧、严相对

颣 lɔ⁴：稀疏（间距大）；量词，一阵子

密 miɛʔ⁵：密度大

　密实 miɛʔ⁵seʔ⁵密度大

□ niu³：果实结得很密

□ ŋaʔ⁵：频繁

□ maʔ⁵：没有缝隙；严实

　□扎 maʔ⁵tsaʔ⁵：意义同上（多用重叠式）

谷＝实 kuʔ⁵seʔ⁵：密（如毛线缠皮筋缠得很密）

□ tsʰɔ⁴：分量足

新 ɕiəŋ¹

　新斩斩 ɕiəŋ¹tsã³tsã³：很新

旧 tɕʰiu⁴

　□旧 miaʔ⁵tɕʰiu⁴：很旧

厚 hio¹

薄 pʰoʔ⁵

　薄枼枼 pʰoʔ⁵iɛʔ⁵iɛʔ⁵：东西薄扁

炀 iɔ̃⁴：（赶集）人多

闹热 nɔ⁴ niɛʔ⁵：热闹（年轻人说"热闹"）

满 mũ³：满；排行最小的（读 mã¹）

空 kʰəŋ¹

　各录空 koʔ⁵loʔ⁵kʰəŋ¹：很空

光 kɔ̃¹：（灯很）亮；光线

燥 tsɔ¹：（衣物等）干

　燥爽 tsɔ¹sɔ̃³：干燥

　框燥 kʰuã⁴ tsɔ¹：很干

溓 lĩ²：（池塘水）干

湿 seʔ⁵：湿；山地等林木茂密，行路不便

　□湿 tɕiʔ⁵seʔ⁵：很湿

　□潺湿 tɕiʔ⁵taʔ⁵seʔ⁵：很湿

　湿□□ seʔ⁵to²to²：湿透了

枯 kʰu¹：干枯

枯焦 kʰu¹tɕio¹：干旱少水或植被稀少

利 ti⁴：锋利

钝 tʰẽ⁴：不锋利

瘸 ko¹：器物用久磨损

□ na²：（糨糊、胶水等）黏

　　～布 na²pu⁴：胶布

鲜 çĩ¹：（水）清；（汤、稀饭、鼻涕、痰等）稀

　　鲜汤寡水 çĩ¹tʰɔ¹kuæ³se³：（汤、稀饭等）很稀

夭 iɔ¹：（泥、面等）因水多而稀

　　夭壁＝ iɔ¹piaʔ⁵：指稀泥或拉的稀

烂 lã⁴：破；破烂；腐烂；水多而稀软

　　墨烂 meʔ⁵ lã⁴：很烂

　　烂□□ lã⁴pia²pia²：因水多而太稀软

　　烂壁屎 lã⁴piaʔ⁵sɿ³：较稀软的屎

　　烂泥 lã⁴ni²：稀泥

　　□圆□烂 mã⁴r²tɕiʔ⁵lã⁴：完全破碎

软 nĩ¹：松软

　　软显 nĩ¹ çĩ³：很软

　　软随随 nĩ¹se²se²：太软

脸 nẽ²：松软

　　波＝波脸 po³po³nẽ²：很松软

健 tɕʰ ĩ⁴：（饭）水分少而硬

硬 ŋã⁴

　　梆硬 pã¹ŋã⁴：很硬；不理对方的态度坚决做自己的事

　　吃硬气 tɕʰiaʔ⁵ŋã⁴ɕi⁴：（在能力不够的情况下）争气

□ nio³（汤、稀饭、鼻涕、痰等）浓稠

　　□ toʔ⁵nio²：很稠

　　□实 nio³ seʔ⁵：很稠

韧 niəŋ⁴：柔软而结实

　　韧拐 niəŋ⁴kuæ³：筋道

　　韧索 niəŋ⁴so³：筋道

　　丩韧 tɕiuʔ⁵ niəŋ⁴：太筋道

酥 su¹：松而易碎

　　壳＝录＝酥 kʰoʔ⁵loʔ⁵ su¹：脆而易碎貌

胖 pʰã⁴：酥脆；中空的

　　胖松 pʰã³ səŋ¹：松动貌

　　胖心 pʰã⁴：（萝卜）心儿糠了

厴 iɛʔ⁵：瘪；嗓子哑

　　夹□厴 kaʔ⁵mã³ iɛʔ⁵：嗓子哑

浊 tsʰoʔ⁵：（水）浑

浑 hue²：（水）浑

响 çiɔ̃³

呼呼响 hu³hu³çiɔ̃³：风声大貌；说话做事雷厉风行貌

匀净 iəŋ² tɕʰiã⁴：均匀

熨帖 iɛʔ⁵ tʰiɛʔ⁵：（摆设）整齐妥帖

伸叉 çiəŋ¹ tsʰa¹：衣物伸展不皱

弄 ⁼nəŋ⁴：皱

　弄弄⁼竹竹⁼nəŋ⁴ nəŋ⁴tsuʔ⁵tsuʔ⁵：皱皱巴巴（也可说成竹竹弄弄）

揉揉曹⁼曹 nio¹nio¹tsʰɔ²tsʰɔ²：皱皱巴巴

（干）净 tɕʰ iã⁴：干净

擸撠 laʔ⁵seʔ⁵：脏

　擸乌擸撠 laʔ⁵ vu²laʔ⁵seʔ⁵：很脏

哎⁼呷⁼æ²i¹：脏（只对小孩说）

撇脱 pʰ iɛʔ⁵tʰoʔ⁵：爽快干脆；简捷简便

爽快 sɔ̃³kʰuæ⁴：直爽

消 çiɔ¹：指身体或生活让人费心，为难

　消浮 çiɔ¹fio²：指身体或生活难于处理

麻 ma²

痹 pi⁴：麻

疤 pa¹：麻

行时 çiəŋ²sʅ²：时尚；得势

时运 sʅ¹iəŋ⁴：运气

红 həŋ²：

　红丝丝 həŋ²sʅ¹sʅ¹：红通通

　血辣红 çiɛʔ⁵laʔ⁵həŋ²：血红

乌 vu¹：黑

　墨乌 meʔ⁵vu¹：很黑

　墨漆搭乌 meʔ⁵tɕʰiʔ⁵taʔ⁵vu¹：很黑

青 tɕʰiã¹：绿

　青秀 tɕʰiã¹çiu⁴

　青禾⁼禾 tɕʰiã¹ho²ho²

　节⁼谷⁼青 tɕiɛʔ⁵kuʔ⁵tɕʰiã¹

白 pʰa⁵

　白寡寡 pʰaʔ⁵kua³kua³

雪白 ɕiɛʔ⁵pʰa⁵

黄 ɔ̃²

　　黄赏赏 ɔ̃²sɔ̃³sɔ̃³：很黄（褒）

　　□黄 neʔ⁵ɔ̃²：很黄（贬）

绿 tiuʔ⁵

蓝 lã²

灰 hue¹

花 hua¹：多种颜色或图案

　　花花辣辣 hua¹hua¹laʔ⁵laʔ⁵：花花绿绿

杂 tsʰaʔ⁵

　　夹夹杂杂 kaʔ⁵kaʔ⁵tsʰaʔ⁵tsʰaʔ⁵：错杂，混杂

热 niɛʔ⁵

凉 tiɔ̃²：凉；凉快

　　□凉 ɕiuʔ⁵tiɔ̃²：很凉

滚 kuẽ³：（水很）烫，温度高

　　八⁼辣⁼滚 paʔ⁵laʔ⁵ kuẽ³：很烫

冷 lã¹

　　冰冷 piəŋ¹lã¹

重 tsʰəŋ¹

　　得⁼重 teʔ⁵tsʰəŋ¹：很重

　　得⁼砣⁼重 teʔ⁵tʰo²tsʰəŋ¹：很重

轻 tɕʰiã¹

　　飘轻 pʰiɔ¹tɕʰiã¹

滑 vaʔ⁵

　　□滑 liuʔ⁵vaʔ⁵：很滑

踢 tʰɔ̃³：滑，滑倒

甜 tʰɿ¹

　　□甜 niaʔ⁵tʰɿ¹：太甜

酸 sũ¹：

　　□酸 mã³sũ¹：很酸

苦 fu³

　　□苦 nioʔ⁵fu³ 很苦

　　苦辣 fu³ laʔ⁵：指米酒烈

咸 hã¹：

　　纳⁼咸 naʔ⁵hã¹：很咸

馊 ɕio¹：酸臭味

　　喷馊 pʰəŋ¹ ɕio¹：很馊

淡 tʰã¹

　　刮⁼淡 kuaʔ⁵tʰã¹：很淡

　　节⁼抹⁼淡 tɕiɛʔ⁵maʔ⁵tʰã¹：很淡

骚 sɔ¹

　　喷骚 pʰəŋ¹sɔ¹：很骚

臭 tɕʰiu⁴

　　喷臭 pʰəŋ¹tɕʰiu⁴

　　喷天烂臭 pəŋ¹tʰɿ¹lã⁴tɕʰiu⁴：很臭

香 ɕiɔ̃¹

　　喷香 pʰəŋ¹ ɕiɔ̃¹

辣 laʔ⁵

　　辣丝丝 laʔ⁵sɿ¹sɿ¹：（人）辣貌

结 tɕiɛʔ⁵：涩

　　纳⁼结 naʔ⁵tɕiɛʔ⁵ 很涩

绵 mĩ²：如吃棉花般口味

　　口绵 mã³ mĩ²：很绵

沙⁼口口 sa¹mẽ³mẽ³：松脆

客⁼口 kʰaʔ⁵soʔ⁵：（吃起来）干而粗糙

十九　代词

偓（本字为"我"）ŋæ³：我

　　偓们 ŋæ³mẽ¹：我们（唐江）

　　偓子人 ŋæ²tsɿ¹niəŋ²：我们（唐江片）

　　偓些人 ŋæ²¹ɕiɛ²¹niəŋ²¹：我们（潭口片横寨）

　　偓兜人 ŋæ²¹tio²⁴ niəŋ²¹：我们（龙华片）

　　偓人 ŋæ²¹niəŋ²¹：我们（北片、潭口片、龙回片、蓉江片）

你 ni²：第二人称（复数依第一人称加）

渠 tɕi³：他/她/它

自家 sɿ⁴ka¹：自己

大（自）家 tʰæ⁴（sɿ⁴）ka¹：大家

别人 pʰiɛʔ⁵niəŋ³

别个 pʰiɛʔ⁵kæ⁴：别人

哪个 næ³kæ⁴

口人 niəŋ⁴ niəŋ²：谁（唐江片、蓉江片、龙回片）

哪人 næ⁴²niəŋ²¹：谁（北片、潭口片）

哪个 næ²¹kæ⁴²：谁（龙华片）

口 nã⁴²：什么（北片）

什么 seʔ⁵mə：什么

木介 muʔ⁵kæ⁴²：什么（龙华）

麻介 ma²¹kæ⁵¹：什么（潭口）

脑号 nɔ²¹hɔ²⁴：什么（潭口横寨村）

样什（子）niɔ̃² / iɔ̃² seʔ⁵：怎样，为什么

样势（子/嘞）niɔ̃²¹ sŋ²⁴：怎样，为什么（北片/龙回片）

样口（子/嘞）niɔ̃²¹ mã²⁴：怎样，为什么（北片/潭口片）

样嘞 niɔ̃²¹lə：怎样，为什么（蓉江片）

样般 niɔ̃²¹pã²⁴：怎样，为什么（龙华）

舞口（个）vu⁴²nã²² （ke²¹）：干什么（坑片）

做什么 tso⁴seʔ⁵mə：干什么，为什么

舞什么 vu³ seʔ⁵mə：干什么（只用于疑问）

该 kæ² / kæ⁴：这 / 那

该子 kæ² / kæ⁴ tsŋ³：这里 / 那里

该起 kæ² / kæ⁴ çi³：这种 / 那种

该个 kæ² / kæ⁴ kæ⁴：这个 / 那个

该口 kæ²¹nɔ̃²¹：这里（北片）

该当 kæ²¹ tɔ̃：这里（北片大坪）

该嘞 kæ²¹lə：这里（蓉江片、潭口片）

咁‗子 kã¹tsŋ³：这样

咁（样）嘞 kã²⁴ （iɔ̃⁵²） lə：这样（蓉江片、潭口片）

咁（么）kã³ （mə）：这么

高‗kɔ¹：这

加‗ka¹：这（加强语气）

拈‗子 nĩ¹ tsŋ³：那里

拈嘞 nĩ²⁴ lə：那里（蓉江片、龙回片）

该咁 kæ⁵¹ lə：那里（潭口片）

该析 kæ²¹saʔ⁵：那里（北片）

拈起 nĩ¹ çi³：那种

哪子 næ³tsŋ³：哪里，什么地方

哪当 næ⁴²tɔ̃²⁴：哪里（北片大坪）

哪口 næ⁴²nɔ̃²¹（子）：哪里（北片）

哪嘞 næ²¹lə：哪里（蓉江片、潭口片、龙华片）

侄口 ŋæ⁴²nɔ̃²¹：我这里（北片）

你口：ni²¹nɔ̃²¹ 你那里（北片）

渠口：ku²⁴nɔ̃²¹ 他那里（北片）

别个地方 pʰiɛʔ⁵kæ⁴tʰi⁴fɔ̃¹：别处

别口 pʰiɛʔ⁵nɔ̃²¹：别处（北片）

别当 pʰiɛʔ⁵tɔ̃²：别处

到处 tɔ⁴tsʰu⁴：处处

哪久子 næ³tɕiu³tsɿ³：什么时候

二十 副词

最 tsue⁴

太过 tʰæ³ko⁴：太

几 tɕi³：多，多么

蛮 mã²：很

顶 tiəŋ³：很

口 kə²⁴：很（蓉江片）

口么 kə²⁴mə：非常（蓉江片）

系蛮 he⁴mã²：非常

稍微 sɔ¹ve¹：

还 hæ²

较 kɔ⁴：更

更 kẽ⁴

越发 iɛʔ⁵faʔ⁵：更加；表示程度随着条件的发展而发展

口 tsʰẽ³：程度深，重（只作补语）

各样 koʔ⁵iɔ̃⁴：特别；与……不一样

一下 iɛʔ⁵ia⁴：全部，可合音 ia⁴

净 tɕʰ iã⁴：全

都 tu¹

捡拢 tɕĩ³ləŋ¹：总共（觉得少）

紧 tɕiəŋ³：反复，总是

　紧咁子 tɕiəŋ³kã¹tsɿ³：总是，一直

　紧×紧×：越×越×

就 tɕʰiu⁴：只；马上；表示事情发生或结束得早；偏

只 tseʔ⁵

交 kɔ¹：遍，只作补语，如寻交啦

正 tsã⁴：刚刚

口迡 toʔ⁵te³：经常

时常 sŋ²tsʰɔ¹：经常

在 tsʰe¹：正在

唔曾 ŋ²tsʰẽ²：未曾；还没有

将好什子 tɕiã¹hɔ³seʔ⁵tsŋ³：刚好

暂时 tsʰã⁴sŋ²

连辣˭ lĩ¹laʔ⁵：连接着（发生）

辣˭响˭ laʔ⁵ɕiɔ³：赶快（催促语）

放斯 fɔ̃⁴sŋ¹：赶紧

潇赛˭ ɕiɔ̃¹sæ²：表示时间很宽裕，不用着急

再 tsæ⁴：再，放在动词前

添 tʰŋ¹：再，放在动词带量词和宾语之后；添加

起头 ɕi³tʰio²：开始

起始 ɕi³ sŋ³：从……开始

起势 ɕi³ sŋ⁴：刚开始

煞甲 saʔ⁵kaʔ⁵：结束

话起 va⁴ɕi³：难道

还会 hæ²ve⁴：难道会；不会吧

好得 hɔ³teʔ⁵：幸亏；过意得去

特势 teʔ⁵sŋ⁴：故意

横直 vã²tsʰeʔ⁵：横竖

偏行 pʰĩ¹ɕiəŋ²：偏

（恐）怕 pʰa⁴：恐怕

的确 tieʔ⁵koʔ⁵：实在

确实 kʰoʔ⁵ seʔ⁵：确实

着实 tsoʔ⁵seʔ⁵：干脆

本来 pẽ³le²：本来

何止 ho²tsŋ³：岂止

搭介 taʔ⁵kæ⁴：好像

口直 tiã⁴tsʰeʔ⁵：径直

肯行 hẽ³ɕ iəŋ²：宁肯；动作快而不停

肯觉 hẽ³ koʔ⁵：宁肯

难怪 nã²kuæ⁴

怪唔得 kuæ⁴ŋ̍³teʔ⁵

□□ oʔ⁵noⁿ⁴：白费

□ nɔ̃⁴：白

□ nəŋ⁴：白

（才）不论（tsʰe²）poʔ⁵lẽ⁴：随便

不不论论 poʔ⁵ poʔ⁵lẽ⁴ lẽ⁴：随便

冇 mo²：没有

唔 ŋ̍：不

　　唔要 ŋ̍² iɔ⁴ —ŋ̍²　niɔ⁴ — niɔ⁴：不要

　　唔□ ŋ̍²　æ¹ —ŋ̍²　ŋ̍æ² —ŋæ：不愿

　　唔肯 ŋ̍²　hẽ³ —ŋ̍²　ŋ̍ẽ³ — ŋẽ：不肯

　　唔系 ŋ̍²　he⁴ —ŋ̍²　ŋe⁴ —ŋe⁴：不是

　　唔好 ŋ̍²　hɔ³ —ŋ̍²　ŋ̍ɔ³ —ŋɔ³：不好

　　唔争 ŋ̍²　tsã¹ — tsã¹：不必；不用

二十一　数量词

一 iɛʔ⁵

二 ni⁴

三 sã¹

四 si⁴

五 ŋ̍³

六 tiuʔ⁵

七 tɕʰiɛʔ⁵

八 paʔ⁵

九 tɕiu³

十 seʔ⁵

百 paʔ⁵

千 tɕʰi̍¹

万 vã⁴

亿 i⁴

两 tiɔ̃³

零 tiã²

冤 te³：整数

半 pũ^{4}

半老成子 pũ^{4}lɔ^{3}tsʰã^{2}tsɿ^{3}：半截子

几 tɕi^{3}：多少；很

几多子 tɕi^{3}to^{1}tsɿ^{3}：多少

几久子 tɕi^{3}tɕiu^{3}tsɿ^{3}：多久

几远子 tɕi^{3}ɪ̃^{3}tsɿ^{3}：多远

字 tsʰɿ^{4}：钟表面上的数字，用来计算时间，每个字等于五分钟；文字

钟头 tsəŋ^{1}tʰio^{2}：小时

一只 tsaʔ^{5}（鸡、鸭、狗、牛、猪、猫、马、蛇、虫、鱼、手、脚、房间、碗、杯、眼洞、船、瓜等）

一皮 pʰi^{2}：一片叶（猪肉、瓦）

一析 saʔ^{5}：一片（切开或劈开物的一片）

一个 kæ^{4}

一块 kʰuæ^{4}（砖、板、手表等）

一蔸 tio^{1}：一棵树、菜

一栋 təŋ^{4} 屋：一栋房子

一蒲 pʰu^{1}：一泡（尿、屎）

一蓤 pʰoʔ^{5} 草：一丛草

一丘 tɕʰiu^{1} 田：一畦田

一口 tiaʔ^{5}土：畦

一副 fu^{4}（眼镜、棺材、药等）

一顶 tiəŋ^{3}（车、轿子、帽子）

一行 hɔ̃^{2} 事：一件事

一餐 tsʰã^{1}（饭、打、骂）：一顿饭

一眼 ŋã^{3} 针：一根针

一股 ku^{3}（绳子、路、木头）：一段

一口 ka^{3}：编绳子、头发时分成几等分，每一等分叫“一～”

一提 tia^{2}：一串（猪肉、辣椒、葡萄、香蕉等）

一面 mĩ^{4}（镜子、钟）

一口 pʰiã^{1} 血：一摊血

一坨 tʰo^{2}（饭、牛屎）：一团

一紽 tʰo^{2} 线：一团线

一口 toʔ^{5} 痰、口水：一小团

一鬏 liɔ^{1} 饭、头发：一小撮、一小缕

一股 ku^{3}（棍、绳子）

一床 tsʰɔ² （被窝、蚊帐）

一根 kəŋ² （烟、蜡烛）

一挂 kua⁴ 爆竹

一刀 tɔ¹ 纸

一张 tsɔ̃¹ （纸、台子、凳子）

一把 pa³ （刀、芒扫、伞、勺子）

一架 ka⁴ 飞机

一掫 ia³ 瓜子：一把瓜子

一掐 kʰa¹ 青菜：一把青菜

一揸 tsa¹青菜：一把青菜

一口 vu²水：一小坑水

一颗 kʰo¹ （米、花生、豆子、牙齿、纽子等）

一粒 tiɛʔ⁵ （饭、沙子）

一身 ɕiəŋ¹ 衫裤：一套

一件 tɕʰɿ⁴ 衫衣：一件衣服

一饼 piã³姜：一大块

一撮 tsoʔ⁵：五个手指头握住的一小把

一条 tʰiɔ² （裤子、面帕）

一双 sɔ̃¹ （鞋、袜）

一部 pʰu⁴ （电视、洗衣机、冰箱、空调、缝纫机等）

一铺 pʰu¹ 桥

一品 pʰiəŋ³ 香

一撒 laʔ⁵ 碗：一叠碗

一封 fəŋ¹ 糕子

一刹 sa⁴ 雨：一阵雨

一口lɔ⁴ 子：一阵子，一段子

一口 nã³：伸直大拇指与中指之间的长度

一场 tsʰɔ² 好事：一场喜事活动

一拨 poʔ⁵ 子：一批，一队

一各 koʔ⁵豆腐：一小块豆腐（如霉豆腐）

话一遍 pʰɿ¹：说一遍

走一到 tɔ⁴：走一趟

转（来、去）一脚 tɕioʔ⁵：回一趟

发 faʔ⁵：（洗过）次，"着了两发"指穿过两次，中间洗过一次

二十二　方位

上向 sɔ̃⁴ɕiɔ̃⁴：上面

上面 sɔ̃⁴mĩ⁴：上面

上脑 sɔ̃¹nɔ³：上面（北片）

脑（高）nɔ³（kɔ¹）：上面

下向 ha⁴ɕiɔ̃⁴：下面

下面 ha⁴mĩ⁴：下面

下脑 ha⁴nɔ³：下面（北片）

前头 tɕʰĩ¹tʰio²：前面

前面 tɕʰĩ¹mĩ⁴：前面

后背 hio⁴pe⁴：后面

后尸背 hio⁴sʅ¹pe⁴：后面

后面 hio⁴mĩ⁴：后面

背 pe⁴：（房）背面、后面

　　背头 pe⁴tʰio²：后面

（田、手）心 ɕiəŋ¹：里、中间

□□ teʔ⁵nã⁴：里面

（屋）里 ti³：里

轭 ŋaʔ⁵：最里面，如岭轭下

外头 ve⁴tʰio²：外面

侧边 tsʰeʔ⁵pĩ¹：侧面

边上 pĩ¹sɔ̃⁴：旁边

左手片 tso³ɕiu³pʰĩ：左边

反手片 fã³ɕiu³pʰĩ：左边

右手片 iu⁴ɕiu³pʰĩ：右边

顺手片 ɕiəŋ⁴ɕiu³pʰĩ：右边

（河）舷 ɕĩ²：（河）边

（蚊帐）顶上：tiã³sɔ̃⁴

崇脑 təŋ⁴nɔ̃³：顶上

屎底 tuʔ⁵ti³：底下

（床、岭、壁）脚下 tɕioʔ⁵ha¹：底下

（碗、镶）屎 tuʔ⁵：底下

隔壁 kaʔ⁵paʔ⁵

对过来 te⁴ko⁴le²：对面

地下 tʰi⁴ha¹：地上

向当上 ɕiã⁴tɔ̃¹ sɔ̃¹：向上

向当下 ɕiã⁴tɔ̃¹ ha¹：向下

（村）肚里 tu³ti³：村子深处

（村）尾 mi¹：（村子的）结束处

口 hio³：山或水的开始

咀 tsue⁴：山或水的开始

角落头 koʔ⁵loʔ⁵tʰio²：角落

二十三　其他虚词

个 ke⁴：助词，的

得 teʔ⁵：助词，表程度、结果、趋向、可能

等 təŋ³：介词，让；动词，同普

拿 na¹：介词，被；用；动词，同普

拿 naʔ⁵：介词，给

把 paʔ⁵：介词，给

赶 kũ³：趁；动词，同普

　　赶滚 kũ³kuẽ³：趁热

搭 taʔ⁵：与；跟；对；动词，同普

同 tʰəŋ¹：和、跟、同

阵 tɕʰiəŋ⁴：同

向 ɕiɔ̃⁴

照 tsɔ⁴：按照

要系 iɔ⁴he⁴：如果

帮 pɔ̃¹：替

倒 tɔ³：表动作持续；表动作达到目的；将东西倒入模具定型；倒掉
　　（动词）

稳 vẽ³：动作正在进行；牢固（形容词）

过 ko⁴：动作发生过；动作再进行一次；动词，同普

啦 la ²：了

嘞 lə：了（蓉江片、潭口片、龙华片）

口 [tsa⁵]：朝、向

了 liɔ³：掉

间 ˗kã⁴：连……一起

二十四　成语　惯用语

鸡手鸭脚 tɕi¹ɕiu³aʔ⁵tɕioʔ⁵：做事不熟练

窄手窄脚 tɕʰ iɛʔ⁵ ɕiu³tɕʰ iɛʔ⁵tɕioʔ⁵：地方太小施展不开

演文作礼 ĩ²veʔ²tsoʔ⁵ti³：过于客气推辞

蛇锣胆大 sa²lo²tã³tʰa⁴：胆子很大

二五八成 ni⁴ŋ³paʔ⁵tsʰã²：指人半吊子

阿乌八精 a¹u¹paʔ⁵tɕiəŋ¹：小孩脏貌

八脚蝓蠷 paʔ⁵ tɕioʔ⁵la²tɕʰia²：字写得歪歪扭扭

吓死百人 haʔ⁵sɿ³paʔ⁵niəŋ²：很吓人

天聋地哑 tʰĩ¹ləŋ²tʰi⁴a²：又聋又哑

五古拉杂 ŋ³ku³laʔ⁵tsʰaʔ⁵：很驳杂

五古落漱⁼ ŋ³ku³loʔ⁵soʔ⁵：不务正业

作古认真 tsoʔ⁵ku³niəŋ⁴tɕiəŋ¹：故作认真貌

冇动冇爽 mɔ²tʰəŋ¹mɔ³sɔ̃³：没有动静

冇口冇搭 mɔ²tɔ̃²mɔ²taʔ⁵：无缘无故

冇落冇出 mɔ² loʔ⁴ mɔ² tsʰoʔ⁵：没着落感

红颜绿色 həŋ²ŋã²tiuʔ⁵seʔ⁵：五颜六色

生鱲打拐 sã¹lu¹ta³kuæ³：指生锈得厉害

尽死老命 tɕʰ iəŋ⁴sɿ³lɔ³mã⁴：拼命（跑）

赶忙赶急 kũ³mã²kũ³tɕiɛʔ⁵：很赶

慌忙慌急 hũ¹mã ²hũ²tɕiɛʔ⁵：很慌

急忙急死 tɕiɛʔ⁵mã³tɕiɛʔ⁵sɿ³：很急

青面凉⁼牙 tɕʰiã¹mĩ⁴tiɔ̃²ŋa²：脸色发青

火爝火烧 ho³laʔ⁵ho³sɔ¹：脸或心里发烧貌

红面红口 həŋ¹mĩ⁴həŋ¹ia³：满脸通红貌

角头角尾 koʔ⁵tʰio²koʔ⁵mi¹：到处

大细老少 tʰæ⁴ɕi³lɔ³sɔ⁴：老老少少

鲜汤寡水 ɕĩ¹tʰɔ̃¹kua³se³：汤粥等很稀

舞鬼设窃 vu³kue³seʔ⁵ tɕʰiɛʔ⁵：干不正当的事

一事百贴 iɛʔ⁵sɿ⁴paʔ⁵tʰ iɛʔ⁵：事情完全处理好

乱舞群潮⁼lũ³vu³ɕiəŋ²tsʰɔ²：乱做一通

乱打家俬 lũ⁴ta³ka¹sɿ²：乱砸一通

臀里剥落 pi⁴li³poʔ⁵loʔ⁵：大风触物声、爆竹声等

多手多脚 to¹ɕiu³to¹tɕioʔ⁵：多手

多嘴多鼻 to¹tsue⁴to¹pʰi⁴：多嘴

重三到四 tsʰəŋ²sã¹tɔ⁴sʅ⁴：多次重复

七七八八 tɕʰiɛʔ⁵tɕʰiɛʔ⁵paʔ⁵ paʔ⁵：指事情很棘手

七坞八口 tɕʰiɛʔ⁵vu³ paʔ⁵ toʔ⁵：指路上坑坑洼洼

天聋地哑 tʰĩ¹ləŋ²tʰi⁴a³：指聋哑人不能听说貌

瞎田螺壳 haʔ⁴tʰĩ¹lo²kʰoʔ⁵：睡觉

神头八脑 ɕiəŋ²tʰio²paʔ⁵nɔ³：愣貌

三下五除二 sã¹ha⁴ŋ̃³tsʰu²ni⁵：做事利索

坑头旮旯 hã¹tʰio²kaʔ⁵laʔ⁵：指穷乡僻壤

三工零一早晨 sã¹kəŋ¹liã¹iɛʔ⁵tsɔ³ɕiəŋ²：指时间短

三朝唔曾捆手 sã¹tsɔ¹ŋ̃³tsʰəŋ²kʰuẽ³ɕiu³：指小孩多动

瓦˭里瓦˭死 ŋa³li³ŋa³sʅ³：衣服、棉絮等破出很多絮絮的样子

兵˭搒死扯 piəŋ¹pã¹sʅ³tsʰa³：线、绳等打结扯不顺

横假˭直二 va²ka³tsʰeʔ⁵ni⁴：横七竖八

二十五　口头禅、詈语

瘑末绝笾 ko¹moʔ⁵ tɕʰiɛʔ⁵tio¹：断子绝孙

瘑末绝代 ko¹moʔ⁵ tɕʰiɛʔ⁵tʰe⁴：断子绝孙

绝菟个 tɕʰiɛʔ⁵ tio²ke⁴：绝种

死绝个 sʅ³tsʰiɛʔ⁵ke⁴：死光

关门倒灶 kʰuã¹mẽ²tɔ³tsɔ⁴

倒灶个 tɔ³tsɔ⁴ke⁴

冇人埋个 mɔ²niəŋ²mæ²ke⁴

V 过 V 绝：Vko⁴V tɕʰiɛʔ⁵

鸟 tiɔ³：交配

　我鸟 ŋæ³tiɔ³

　我鸟你 ŋæ³tiɔ³ni²：南康男子的口头禅

　狗鸟个 kio³tiɔ³ke⁴：骂男人用

卵拐尸 lũ³kuæ³sʅ²：（轻微粗话）称呼年轻男性

婊子崽 piɔ³tsʅ³tse⁴

野种子 ia¹tsəŋ³tsʅ³

王八蛋 ɔ̃²paʔ⁵tʰã⁴

卖（老、烂）屄个 mæ⁴（lɔ³/lã⁴）piɛʔ⁵ke⁴

奋箕挎 fẽ⁴tɕi¹kuæ³

短命种 tũ³miã⁴tsəŋ³

打短命个 ta³tũ³miã⁴ke⁴

冇好死个 mɔ²hɔ³sɿ³ke⁴

好死唔死个 hɔ³sɿ³ŋ³sɿ³ke⁴

欢喜去死 hũ¹çi³he⁴sɿ³

打靶鬼 ta³pa³kue³

砍头鬼 kʰã³tʰio²kue³

鬼寻到了的 kue³tɕʰiəŋ²tɔ⁴la²ke⁴

棺材板子 kũ¹tsʰe²pã³tsɿ³

死佬 sɿ³lɔ³：死人

寻死打斋 tɕʰiəŋ³sɿ³ta³tsæ¹：指某人莫名其妙去到某个地方

跌死抹杀 tiɛʔ⁵sɿ³maʔ⁵saʔ⁵：摔跤挨骂

作死 tsoʔ⁵sɿ³

死得去 sɿ³teʔ⁵he⁴：快去

寻死 tɕʰiəŋ²sɿ³：找死

寻死个 tɕʰiəŋ²sɿ³ ke⁴：找死的

死皮烂肉 sɿ³pʰi²lã⁴niuʔ⁵：脸皮厚

尸疤⁼子 sɿ²pa¹tsɿ³

老头拐 lɔ³tʰio²kuæ³：称老年男子

老毭壳 lɔ³tɕia³kʰoʔ⁵：称老年女子

老柴火 lɔ³tsʰæ²ho³：老年人

死眼落实 sɿ³ŋã³loʔ⁵seʔ⁵：骂人眼神不好

死木烂笨 sɿ³muʔ⁵lã⁴pẽ⁴：笨

眼珠随⁼ ŋã³tsu¹se²：眼睛不会看东西

白尾狗 pʰaʔ⁵mi¹kio³：呼小孩

驴马畜生 ti³ma³tsʰu¹sã¹

狗屄个 kio³tio³ke⁴

死歇猪 sɿ³çiɛʔ⁵tse¹

瘟鸡子 vẽ¹tɕi¹tsɿ³：骂人做事太慢或没反应

煴鸡子 iəŋ¹tɕi¹tsɿ³：骂人做事太慢或没反应

死蚓子 sɿ³kuæ³tsɿ³：骂人做事太慢或没反应

王斑虎 ɔ²pã¹fu³：很霸道

薯儿 se³lə²（县城话）：骂人做事太慢或没反应

木菟子 muʔ⁵tio²tsɿ³：骂人做事太慢或没反应

丫叉佬/婆 a¹tsʰa¹lɔ³/pʰo²；骂人笨

笨佬子 pẽ⁴lɔ³tsɿ³

口佬子 soʔ²loʔ³tsɿ³：傻子

口牯子 e⁴ku³tsɿ³：傻子

懒尸佬/婆 lã¹sɿ²loʔ³/pʰo²：懒男/女

撖搥佬/婆 laʔ⁵seʔ⁵loʔ³/pʰo²：脏男/女

造多了恶的 tsʰoʔ⁴to¹laʔo⁴：做多了坏事

逼到了冤 piʔ⁵toʔ⁴laʔʔi¹

恶绝 o⁴tɕʰiɛʔ⁵

败家精 pʰæ⁴ka¹tɕiəŋ¹

八败 paʔ⁵pʰæ⁴：很会毁坏东西的人

喊冤 hãʔi¹：训斥总喊

烂牙骸 lã⁴ŋa²koʔ³：胡说八道

　烂牙骸噍蛆 lã⁴ŋa²koʔ³tɕʰioʔ⁴tɕʰi¹：胡说八道

打摆子 ta³pæ³tsɿ³：不好好做事

轻骨头 tɕʰiã¹koʔ⁵tʰio²：贱骨头

一脑子个猪油渣 iɛʔ⁵nio³tsɿ³ke⁴tse¹iu²tsa¹：指人得意忘形、自以为是
　的样子

烂得朵朵跌 lã⁴teʔ⁵toʔ³toʔ³tieʔ⁵

烂蛇子头 lã⁴sa¹tsɿ³tʰio²：烂手指头

骨头骨渣 koʔ⁵tʰio²koʔ⁵tsa¹

屙痢疾子 o¹li⁴tɕʰiɛʔ⁵tsɿ³：拉肚子

瞎了啦眼 haʔ⁵lio³laʔŋã³：瞎了眼

生膜啦 sã¹mo¹laʔ：瞎了眼

搭介挺幸时一样 taʔ⁵kæ⁴tiəŋ³ɕiəŋ⁴sɿ²iɛʔ⁵iɔ̃⁴：好像很了不起一样（微贬）

第四章 语法

第一节 词类

一 名词

南康方言的名词词缀不多，前缀有"老、满、毛、初、第"，后缀有"公、牯、婆、佬、头、子"等。"初、第"与普通话一致，此不赘。"子"用法较复杂，将详细分析。

1. 老：

（1）用于称呼人和动物。例如：

老弟 老妹 老伯（哥哥,背称） 老表（表兄弟） 老庚（同年） 老崽（昵称儿孙） 老虎 老鼠 老蟹（螃蟹） 老鸦（乌鸦）

（2）在坑片，加在人的名字前用于称呼，一般加在名字的最后一个字前。例如：

老青 老鸿 老忠 老香

2. 满、细：用在排行最小的亲属。十八塘以南用"满"，坑片除十八塘外用"细"，例如：

满叔（父亲最小的弟弟） 满母 满爹 满奶 满公公（外公最小的弟弟） 满婆婆 满崽 满女子

细叔 细姑姊 细姨娘

3. 毛：坑片坪市隆木一带用在最小的姑姨前，现在的年轻人嫌此称谓太土，已不用。例如：

毛姑（最小的姑姑） 毛姨驰（最小的姨娘）

4. 公、牯、婆、佬

（1）"公""牯"表示雄性，禽类用"公"，畜类用"牯"。"婆"用在雌性的动物后。例如：

鸡公（公鸡） 鸡婆（母鸡） 鸭公（公鸭） 鸭婆（母鸭） 狗牯（公狗） 狗婆（母狗） 牛牯（公牛） 牛婆（母牛）

（2）公、婆也可用在没有性别或不分雌雄。例如：

猫公（猫）　虾公（虾）　虱婆（虱子）　鼻公（鼻子）　蠨公（蚯蚓）

没有特殊语境下说“猫公”，就是指猫。若有语境下，“猫公”指公猫，“猫婆”指母猫。其他几个没有雌雄对立的说法，只表通称。

（3）公、婆表示大的。例如：

手指婆（大拇指）　脚趾婆（大脚趾）

（4）婆（子）、佬（子）、牯（子/佬），有时加在有生理、性格缺陷或特殊职业后，带有一定的鄙视意味。例如：

打卦婆（特爱说话的女人）　乡下婆　乡下佬　打屠佬　打铁佬　壮牯（子）癫佬（子）（疯子）矮牯（子）　矮婆（子）　据婆（手足不能伸展之人）　哑婆　聋牯（子）贼佬（贼）蛮牯（很蛮横的人）蛮牯佬（指蛮横不讲理的人）兵牯佬（旧时对士兵的蔑称）

（5）有时加“婆、佬”没有鄙视意味，甚至含有亲热意味

丈人佬（岳父，背称）　丈婆（岳母，背称）　爷佬（父亲，背称）毑佬（母亲，背称）叔佬（叔叔，背称）大姨婆（大姨妈）

（6）有时在人名加“婆”“牯”表亲热，一般取最后一个字加“牯”或“婆”，有时与“老”一起用。

亮牯　老香婆　文牯　谚牯　凤婆

5. 则

用在人名后，一般取最后一个字加“则[tseʔ⁵]”，作为小名用。男女都可用。也可用在亲属称谓中。

芳则　凤则 红则 和则 兰则　莉则 叔则（叔叔）　母则（婶婶）　婆则（外婆，坑片的坪市）

6. 头：与普通话基本相同，可加在名词、动词、形容词、方位词词根的后面。

石头、木头、斧头、馒头、拳头、墙头、镢头、斧头、望头、听头、甜头

钵头、砖头、镬头、笼头、肩头、早晨头、夜晡头、食头、外头、前头

7. 公头、牯头表示养来交配的家畜。例如：

鸡公头　猪牯头

8. 子（县城话用儿[lə²¹]，或写作“嘞”，用法相同）[①]

“子”字可以附着在名词、动词、形容词、量词、代词以及合成词的后

① 此部分为本人发表过的论文《南康方言的“子”字探析》（《牡丹江大学学报》2009 年第 11 期）的改写。

面，大多只是起名词化的作用，也有的有专门意义。

（1）名+子

这里的"名"指"名词"或"名语素"，普通话的"子"前的成分主要是黏着语素，自由语素很少。南康方言"子"前的自由语素比普通话广，且不一定具有专门意义。如鸡子、猫子、鹅子、瓶子、葱子、章子、耳子（果实的蒂或器物的柄）、脚子（液体的沉淀）、雄子（鳙鱼）等，以上例子中，耳子、脚子、雄子有专门意义，其他"子"前的成分既可以单用，也可以加"子"缀，如：

你有几颗章？

该颗章子冇用啦（这颗印章没用了）。

你克才供鸡（你有没有喂鸡）？

该只鸡子蛮会生蛋。

从以上例子可以看出，作主语时习惯用"子"缀，作宾语时则用该词本身。还有一些词加"子"与否没有主宾之分，有一定的任意性。如"筛/筛子、篮/篮子、车/车子、袋/袋子"。南康方言没有"儿"尾，所以"子"尾可表示的范围大，不分整体与部分、抽象与具体、大类与小类，只要习惯，就可以带"子"。如：

部分：嘴子（如茶壶嘴子）、鼻子（如针鼻子，即针眼）、把子（物体突出来便于手拿处）

全体：镬子、壶子、勺子、盆子

大类：鱼子（鱼的总称）、蜴子（蛙的总称）、虫子

小类：蚂尾子（蚂蚁）、麻鸟子（麻雀）

（2）（形+名）+子

南康方言很少形容词直接加"子"缀的，较常见的几个如"尖子""空子"都与普通话相同，"子"起名词化的作用。但"（形+名）+子"的，在南康方言中却有不少。如：壮牯子（胖子）、聋牯子、哑巴子、细伢[ŋã³]子（小孩）、蒙眼子、癫佬子、口（so²）佬子（笨佬子）、光岭子（光头）、壮婆子等。以上例子中除了"细伢子"外，其他皆含有不敬之意，针对人的生理缺憾、智力低下、身体疾病等，组成对这一类人的统称，在具体的语言环境中，也可以指特定的人。

（3）"子"用在动词、量词及其他词类的不多，且与普通话的说法及功能相近。与普通话一样，这些动词加"子"有名词化的作用。如"锯"是动词，"锯子"是名词。

量词+子：本子、（凑）份子、（拍）片子等。

动词+子：锯子、刨子、梳子、筛子、拍子、摊子、钳子、袋子、纽子等。

（4）合成词缀"崽子"。"崽子"表小称，可以指人，也可以指物。

"崽子"用为小称词缀，"子"为一般词缀。如"细伢子"指一般小孩，"细伢崽子"指三岁以下的婴幼儿。"台子"指桌子，"台崽子"指好小的桌子。"子"和"崽子"的分布并不是同一的，有的可以"子"和"崽子"并举；有的则习惯带"子"或"崽子"。如狗崽子、妹崽子、猪崽子都没有对应的狗子、妹子、猪子，则应说狗、瓜、猪，妹则不单说。只有刀、刀子、刀崽子三个都用，刀是总称，单说一般指较大的刀，如菜刀、柴刀类，刀子指较小的刀，如水果刀类，刀崽子指削笔刀类。

"崽子"中的"崽"内部还有屈折，如果读一般上声调，指一般小称；如果读得高而重，则表示强调特别小。如"狗崽[tse^{31}]子"，指的是小狗，"狗崽[tse^{35}]子"指好小的狗。

（5）人名后加子，作为小名用。男女通用。

六香子　茶香子　六妹子　五生子　水牯子　石生子　和子　忠子

二　动词

（一）动词的体，"体"就是一个动作过程中的各个阶段，如普通话中表进行的"着"；表完成的"了"；表开始的"起来"；表继续的"下去"。

1. 完成体：表示动作的完成或结束，结构形式：V+啦/哩。"啦（哩）"相当于普通话的"了$_1$"。

唔要客气，我食啦饭 (不客气，我吃了饭)。

渠们商量啦半天，还有话好 (他们商量了半日，还没说成)。

小李去啦一个多月啦 (小李去了一个多月了)。

2. 起始体：

（1）用"啦/哩"，表示事件发生的起始阶段，相当于普通话的了$_2$"

食饭啦 (吃饭了)。

落雨啦 (下雨了)。

起风啦 (刮风了)。

（2）用"起来"，结构是 V+起+名+来啦，表示事情开始并有了新的变化。

落起雨来啦 (下雨了)。

起起风来啦 (刮风了)。

3. 进行体：表示说话人说话时刻动作、行为正在进行或动作造成的状态正在持续进行。可以用"V+稳"或"在+动词"表达。如：

丫毛崽子在叫稳，什么都唔食 (小孩哭着呢，什么也不吃)。

偓在看稳书，渠在写稳字 (我在看书，他在写字)。

外头在落稳雨，带把伞去 (外面下着雨呢，带把伞去)。

4. 持续体：表示动作持续或反复进行。

（1）V+稳 如：

门开稳，口口 [teʔ⁵nã⁴] 有人 （门开着，里面没有人）。

渠低稳脑盖，唔话一句事（他低着头，不讲一句话）。

渠们擎稳伞在街上走（他们打着伞在街上走）。

（2）V+倒

坐倒，唔要话事（坐着，别说话）。

唔要歇倒来看书（没躺着看书）。

5. 经历体：表示行为动作曾经发生过，某种现象曾经存在过，用"V+过"表示。

偃食过饭啦（我吃过饭了）。

这本书偃早先看过（这本书我看过）。

偃们去过蛮多地方，就是唔曾到过三清山（我们走过不少地方，就是没有到过三清山）。

6. 反复体：表示说话人说话之后，之前的动作行为不间断地反复进行。南康客家方言有三种表示方法，有时，一个句子中可以出现一至三种表示法，用来加强语气，加大反复的力度。

（1）紧+V+稳 或 紧+V+得去 如：

A. 渠紧话稳。B. 渠紧话得去。（他不停地说着话。）

A. 雨紧落稳。B. 雨紧落得去。（雨不停地下着。）

A. 小明紧叫稳。B. 小明紧叫得去。（小明不停地哭着。）

（2）紧+ V + 紧+ V 如：

渠紧叫紧叫，紧叫紧大声（他老哭老哭，越哭声音越大）。

偃等人紧走紧走，紧都唔在走到（我们不停地走，老是右走到）。

（3）紧咁子+ V

你紧咁子话，有什么用（你总说有什么用）。

天紧咁子落雨，出唔得门（天总下雨，出不了门）。

从以上的例子当中可以知道与持续体相比，反复体表示的动作行为不间断地反复进行，而持续体表示的动作行为是有间断的。

7. 继续体：表示说话人说话时刻动作行为继续进行。

（1）V + 下+ 去

等渠讲下去，唔要插嘴（让他说下去，不要插嘴）。

你唔要再做下去啦，太过苦啦（你不要再做下去了，太辛苦了）。

（2）V + 下+ 添

偃想歇觉啦，你们聊刻子添（我想睡觉了，你们继续聊吧）。

偃再做下添，等下再食饭（我再干一下活，待会儿再吃饭）。

偓再睡下添，你人先食 （我再睡一会儿觉，你们先吃吧）。

8. 先行体：表示先做这件再说。用"V +减+数量词+来"表示。

管得渠，歇减一觉来 （管他，先睡一觉再说）。

食减两杯来再冲 （先喝掉两杯来再加水）。

嫽减刻子来讲 （玩一下子再说）。

9. 尝试体：表示试着做某事。用"V+式子"来表示。

你尝式子克好食 （你尝尝看好不好吃）。

你看式子我着克合适 （你看看我穿合不合适）。

（二）动词重叠

1. 单音节动词单用不能重叠，即没有 VV 式，所以要表示短时、尝试意义，用"V +下子"或"V +什（子）"表示。如：

你们出去走下子 （你们出去走走）。　　　　你们出去走走。（×）

你尝下子克好食 （你尝尝好不好吃）。　　　　你尝尝克好食。（×）

你骑什子看什克好骑 （你骑一下子看看好不好骑）。　　你骑骑看什克好骑。（×）

拿偓看什子 （给我看看）。　　　　拿我看看。（×）

2. 双音节动词也基本不会用 ABAB 式，如"介绍"基本不会说成"介绍介绍"。

3. 少量意义相反、相近的两个单音节动词可以构成 AABB 式，这种用法强调的不是动作，而是状态。例如：

搒搒扯扯 （拉拉扯扯）　进进出出　担担挎挎 （又挑又提）　鸟鸟戳戳 （骂骂咧咧）

4. V（P）XX 式、VVXX 式，这类动词加双音节后缀后也一样强调状态，一样表"XX 貌"。

叫随随（哭泣貌）　笑随随　落雨搭搭　讲讲夹夹 （吵架斗嘴）　鋗鋗掇掇 （打瞌睡不断点头貌）

5. BBV 式

a. 抖抖动　弹弹动　惊惊动　滚滚动　飙飙[pio¹]动 （跳貌）　窜窜动　砍砍动　蠕蠕动　拱拱动　录录动　奋奋[pʰiəŋ³]动 （上下左右晃貌）

b. [po³po³]跌 （摔跤貌）　口口 [pʰia²pʰia²]跌 （摔跤貌）

急急跳 （读阳平，《广韵》待聊切）（着急貌）　呀呀跳 （乱叫貌）

反反起 （反胃欲呕貌）　口口 [tɔ³ tɔ³]滴 （往下滴貌）　嗷嗷叫　辣辣响 （利索）

南康方言中有些单音节动词前加两个重叠音节，构成 BBV 式，整个 BBV 是形容词性质，其中的 BB 主要是动词，也可以是形容词和象声词，都还保留一定的词汇意义，V 也失去原有的语法意义，只保留词汇意义。这种结构具有描摹性质，语义上动作行为有"连续不断"或"持续时间较长"的意义，语用上显得生动形象，绘声绘形。用得最多的是"动"，前面加上不同的动词，表示不同的动貌，其次是"跌""跳""叫"等，这几个词前面会加动词（反反起）、形容词（急急跳）和象声词（呀呀跳）。BBV式在句中作谓语和补语，"阿子"可用可不用。如：

你的手口[niɜ³]什子在抖抖动阿子（你的手为什么在不停地抖动）？

坐车坐得偃反反起阿子（坐车坐得我胃不舒服，想呕）。

6. V过V绝、VVVV式［见下节形容词（一）重叠式］。

7. V啊V子，① 表示情况逐渐在变化，这种情况只见于"大啊大子"。② 持续做某一动作，这种情况多用于否定句，如果用在肯定句中，说话者对之也是否定的语气。

渠大啊大子就更标致啦（她越大越漂亮了）。

唔要在该子话啊话子（别在这里说呀说的）。

又来引啊引子，引起偃个疳积来（又来引诱我了，别诱起我的疳积来）。

8. V减V，这种重叠与"V啊V子"②用法相同，不过否定的语气更强些。

偃搭你唔要在该子话减话（你别在我这里说呀说的）。

日日写减写，唔晓得渠在写什么（天天写呀写，不晓得他在写什么）。

（三）高频动词分析

有些动词在口语中使用频繁、意义繁多，可以代替很多其他具体行为动词，这类动词虽然数量少，但出现频率高，生命力异常强大，所以被语言学家称为"万能动词"。每种语言或方言中都有一些"神通广大"的词，如古代汉语的"为"，现代汉语的"打、搞"，北方方言的"整、造"，徐州方言的"玩"，英语的"come/have/do/go"等。南康方言也有一些高频动词，其中"打、舞"可称为"万能动词"。

1. 打

"打"在普通话中运用也甚广，在客家方言中比普通话运用还更广泛，除表示一般打的具体动作，如打交（打架），还可用于各种动作，如打古（出谜）、打露（下了露水）、打蛮（硬撑）、打走（被水冲走）、打空手（手中没拎物）、打坑声（说坑里话）、打野话（说不着边际的话）、打什谎（说谎）、打山歌（唱山歌）、打硬构（结冰）、打瓜（结瓜）、打郎家（没穿裤子）、打眼（挖洞）、打出锡来（说话露馅）、打出肉来（衣服破烂露出皮肤来）、打胎（堕胎）、打秧（育稻秧）、打屁（放屁）、打卦（聊天）、打衫衣（织毛衣）、打洽尾（潜水）、打药等。

2. 舞

"舞"在南康方言中可以表示多种行为动作。如舞饭（做饭）、舞田（种田）、舞柴（砍柴）、舞你几下子（揍你一顿）、舞什么（干什么）、舞死你去（弄死你去）、舞死人（活不好干，干死人）、舞牛（用牛）、舞鱼子（抓鱼）、舞正（做成）、舞唔赢（来不及）、舞唔成（搞不成）、舞清来_{（弄清楚来）}等。"舞"在近代汉语中就有"搞、做、干"之义，如《儒林外史》第二回："你们各家照分子派，这事就舞起来了。"章太炎《新方言》卷二："庐之合肥，黄之蕲州，皆谓作事为舞。""舞"在客赣方言中是比较普遍的动作行为词。

3. 发

"发"在南康方言中也运用甚广，可以表示发出，如发货、发信、发车；长出，如发芽、发虫等；身体产生疾病，如发病、发热、发尿淋、发疖子、发热痱子、发癫_{（发疯）}、发疳积、发鱼鳞_{（一种皮癣）}、发风口[pʰu²]_{（荨麻疹）}、发虱婆等；食物、财物、身体膨胀，如发糕、发面、发包子、发豆芽、发财、发福等；翘起来，如发起来了_{（一头掀起来）}；其他，如发秋梦_{（做白日梦）}、发性_{（小孩哭）}、发慌、发火_{（发脾气）}、发脾气、发恶_{（生气）}等。

4. 搞

"搞"有"消闲、玩耍、玩、做、设法获得、弄"等义。如去搞_{（去玩）}、搞鬼、搞火_{（玩火）}、搞龙灯_{（舞龙灯）}、搞尿坞子_{（敷衍乱做一通）}、搞水_{（游泳）}、搞滴子酒来_{（弄点酒来）}等。按：表示"消闲、玩耍"义，南康方言既用"搞"，也用"嫽"，但"嫽"没有"搞"的其他义。北片坑声更偏向于"搞"，其他片用"嫽"多一些，这是因为北片在明末清初接收粤闽客家回迁的较少，"搞"为赣方言常用词，"嫽"则为客家常用词。这也反映了赣南作为客赣方言过渡地带的兼用特征。

5. 讨

"讨"可表示乞讨，如讨饭、讨钱；表示博取某种利益或好处，如讨利市、讨好话；表迎娶，如讨老婆、讨新妇；表惹、招致，如讨人欢喜、讨人伤心_{（惹人讨厌）}；表经受，如讨革_{（担忧）}、讨气_{（伤心难过）}、讨惊_{（受惊吓）}、讨吓_{（受惊吓）}等。

6. 起[ɕi³]

"起"可表示长出，如起瘰、起劈子、起臊等；表示动作开始并持续，侧重的是一种状态，如起批、起口[tɕia³]_{（着急）}、起窜、起奋[pʰiəŋ]_{（拼命甩动貌）}、起慌、起口[po⁴]_{（跑步）}等；表示开始发生，如起风、起蒙雾、起势等；表示由卧伏站立或坐立，如爬起、徛起_{站起}等；放在动词后，这一点与普通话一样，表示向上、够得上、涉及人或物等，如捧起人、拿唔起、提得起、问起你等。

7. 跌

"跌"有遗失，如跌了一块钱；摔跤，如跌跤、跌死抹杀、跛跛跌_{（摔跤貌）}；（物价）下降，如跌价、有涨有跌；掉落，如落落跌、朵朵跌、手上的东西就会跌啦、花花昨日跌落塘里去啦_{（花花昨天掉到水塘里了）}；生活过得不好，如跌剥、跌苦等。

8. 落

"落"表示落下，如落雨（雪、雹）；遗留在后面，如落尾；停留，如落脚（下脚）、落壳（身体不好，行动不便）；落还可放在动词后面，表示踏实，如歇唔落（睡不下、睡不踏实）、坐唔落（坐不住）；落放在动词后，相当于"下"，表示某动作从高位到低位、使固定及留存下来等义，如跌落、跪落、歇落、停落、写落。

9. 赚

"赚"表示获利，如赚钱；表示挨受，如赚打、赚骂、赚鸟等；表示打岔，如打赚、赚牙搭骹；表示不太明白事理，常常干扰别人做事，如赚头、蛮赚、硬赚。

10. 抵

"抵"表示抵押、抵偿、抵消，如拿房子来抵贷款、一命抵一命、该两行东西将好什么抵了啦；表示挨受，如抵打、抵骂；表示值得、值，如偓该一生世唔抵（我这一辈子不值）、该串珠子抵得两百块钱（这串珠子值两百块钱）。

11. 拿

"拿"除表示与普通话相同的词义：持握、抓取、强取、捕捉、领取、得到、使用等外，表示给予义用得最广，如拿了一块钱偓。此外还表示处置义，如拿你个饼拿偓食（把你的饼给我吃）中的第一个"拿"；表示嫁，如红红拿得唐江去啦（红红嫁到唐江去了）；表示使役，如偓唔捱拿渠去打工（我不会让他去打工）。

12. 斗

"斗"除了与普通话相同的打斗、斗争等常用义（如斗闹、两个人又在斗）外，还表示拼接、对接，如斗凳子、斗鸡鸡（童谣）；表示计算、合计，如斗数；表示凑，如斗份子、打斗食；一种儿童游戏，斗烟包（小孩游戏，香烟纸折成等腰直角三角形放在手背，然后一揎抓想要的那几个）。

三　形容词①

形容词固有的原始形式称为"基本形式"，包括单音节形容词（多、少、快、慢）和双音节形容词（干净、大方、规矩、阿叉），而把在"基本形式"上变化派生出来的形容词称为"生动形式"。另外与普通话一样，有一部分动词、名词重叠或加缀之后具有形容词的性质，也一并放在这里讲，如"勾

---

① 此部分为本人发表过的论文《南康方言形容词的生动形式》（牡丹江大学学报 2013 年第 8 期）的改写。

搭"是动词，但"勾勾搭搭"却是描写关系不太正当的样子，不能再带宾语，可以带 "子"或"阿子"。

（一）重叠式

1. 单音节形容词的重叠（AA式）

a. 好好子话　慢慢子食　轻轻子放　b. 铺得平平子　切得薄薄子 c. 面红红子　天气冷冷子　脚长长子　脾气暴暴子　d. 买了件红红子个[ke⁴]裳衣

单音节形容词的重叠不能直接作句子成分，要在后面加"子"再充当句子成分。a组作状语，表示程度加深，如"轻轻子放"就是"很轻很轻地放"，中间这个"子"相当于普通话的"地"，从语境来说，这种形式一般用在叮嘱别人或在向别人描述一件事的时候，前者有双方共知的语境，后面的动词常不说，如"轻轻子，唔要吵到了别人"。能重叠起来作状语的单音节形容词不多，要带有"亲热、爱抚"的感情色彩，所以没有对应的"坏坏子、快快子、重重子"的用法。b组作补语，也表示程度加深，但说得不多，更常见的说法是"铺得蛮平""切得蛮薄"。c、d组作谓语和定语，则表示程度轻，如"脚长长子"，表示"脚有点长"，"红红子个裳衣"表示"有点红的衣服"。

2. 双音节形容词的重叠

（1）AB类型的重叠：AABB式

这是由一般双音节形容词 AB（表属性，可以受程度副词"蛮""挺"等的修饰）前后两个音节分别重叠而来，重叠式比基本形式程度深，如"阿阿叉叉"指"很笨"，"鳌鳌翘翘"指"很不正"。这种形式在句中可作谓语、补语、定语、状语，作谓语、补语后面一般会加"阿子"，作定语时可加也可不加"子"，作状语时则不加（后文中的用法也一样，则直接在例子中写出，文中不赘）。如：

你们俩人唔要在该子搒搒扯扯（你们俩人不要在这里拉拉扯扯）。

渠生得标标致致阿子，可惜癫了啦（她长得这么漂亮，可惜疯了）。

阿阿叉叉（子）个人，会气死偃（这么笨的人，会气死我）。

认认真真做你个事，唔要管闲事（认认真真做你的事，别管闲事）。

可以构成 AABB 式的形容词还有撒脱（干脆、随意）、唉最[e⁴tse⁴]（笨）随搭（人不修边幅或没脸没皮）、孔窃（爱算计别人，不可靠）、拣接（为难别人，不干脆）、定跳（人很调皮）、褛包（穿衣多而鼓）、鳌翘（很不正）、乱弹（做事毛糙或不负责任）、木笃（反应慢）、窿空、熨帖、自然、欢喜、扎实、辛苦、正当、稳当、斯文、随便、拖沓、清楚、顺当、平安、康健、毛糙、蓬松、勉强、迷糊、密实、冷清、扭捏、磨蹭、牢靠、懵懂、空洞、客气、冷清、结巴、规矩、含糊、鬼祟、哆嗦、勾搭、方正、大方、服帖、吵闹、拼凑、马虎、踏实、白净、累赘、古怪、尴尬、夹杂、拉杂、干净、弄难（老人家不记事）等。也有少量的 AABB 中的 AB 不成词，如丁丁吊吊（挂着的东西摇晃貌）中的"丁吊"不单用。

（2）BA 类型的重叠：BBA 式

笔笔直　墨墨乌　墨墨暗　雪雪白　冰冰冷　飘飘轻　邦邦硬　屑屑薄　血血红

这里的 BA 与前一种 AB 是不同类型的形容词。AB 单纯地表示事物的属性，但 BA 已具有一定的描写性质和主观估价（BA 不能受程度副词"蛮""挺"等修饰。B 仍有一定的词汇意义，B 可以是动词、形容词、名词等，A 才是表示事物的属性，B 修饰 A，BA 的内部结构是偏正关系），所以两者的重叠式是完全不同的。BA 的重叠式为 BBA 式。从程度和语气来说，有一个不断增强的趋势，即 A（原级）→BA（进级）→BBA（再进级），如直（原级）→笔直（进级）→笔笔直（再进级）。在句子中，BBA 式可作谓语、补语，一般不作状语和定语。如：

该子墨墨暗阿子，唔要进去（这里好暗，别进去）。

渠徛得笔笔直阿子（他站得很直）。

（二）加缀式

1. XA 式、XXA 式：

a. □[tɕiʔ⁵]湿　　　　胖[pʰã³]松　　　　　麦[maʔ⁵]绵

框[kʰuã⁴]燥　　　　墨[meʔ⁵]烂　　　　　得[teʔ⁵]重

屮[tɕiuʔ⁵]韧　　　　□[neʔ⁵]黄　　　　　□[liuʔ⁵]尖

□[ɕiuʔ⁵]凉　　　　□[niaʔ⁵]甜　　　　　□[mã³]酸

□[tɕiaʔ⁵]瘦　　　　□[nioʔ⁵]苦　　　　　喷臭

□[liuʔ⁵]滑　　　　纳[naʔ⁵]咸　　　　　刮勑[læ²]（疲惫）

踏[tʰaʔ⁵]溜　　　　刮[kuaʔ⁵]淡　　　　　得[teʔ⁵]木（反应慢）

搭[taʔ⁵]软　　　　□□[toʔ⁵nio²]（液体稠）

b. □□[tɕiʔ⁵tɕiʔ⁵]湿　框框燥　屮屮韧　刮刮淡　刮刮勑……

与前文提到的 BA 类型的形容词不同，XA 前一音节 X 没有词汇意义，只有语法意义，是前缀，XA 是派生词，但两者的重叠式及用法都是一样的，即凡是 XA 都可以有 XXA 式，没有 XAXA 式，从程度和语气上，A→XA→XXA，是一个增强的过程，如：燥（原级）→框燥（进级）→框框燥（再进级）。XA在句子中可作谓语、定语、补语，不需加"子"或"阿子"，XXA 在句中作谓语或补语，要加"阿子"。如：

该碗菜纳咸，唔好食（这碗菜太咸，不好吃）。

□[tɕiʔ⁵]湿个裳衣着唔得（湿湿的衣服穿不得）。

今日的日头蛮好，东西晒得框燥 (今天的太阳真好，东西晒得很干)。

黄元米果丩丩韧阿子，嚼唔烂 (黄元米果太筋道了，嚼不烂)。

饭煮得墨墨烂阿子，冇味 (饭煮得太烂了，没味)。

严格来说，X 为构词成分，非构形成分。但从意义上看，X 确有意义加深的意味，与其他生动形式无异。

2. XYA 式

谷辣 [kūlaʔ⁵] 圆　　　　　　节抹 [tɕiɛʔ⁵maʔ⁵] 淡

纳杀 [naʔ⁵saʔ⁵] 扁　　　　　各录 [koʔ⁵loʔ⁵] 空

框口 [kʰuãʔ⁴lɔʔ⁵] 燥　　　　八辣 [paʔ⁵laʔ⁵] 滚 (很烫)

口搭 [tɕiʔ⁵taʔ⁵] 湿　　　　　壳录 [kʰoʔ⁵loʔ⁵] 酥 (脆而易碎)

口辣　[aʔ⁵laʔ⁵] 口 [so²] (笨)　抹圆口 [maʔ⁵ʔî²tɕiʔ⁵] 烂

这是属于加双音节前缀，表示程度加深，"谷辣圆"就是"很圆"的意思，依此类推。值得注意的是，前面的 XA 式、XXA 式，这里的 XYA 式，从语音上来看，X、XY 基本上念入声，在南康方言中，入声的韵尾是喉塞音ʔ，音值是 5，"喉塞音是使声门突然关闭，声带突然拉紧的方式来快速提高基频，使得高升的感觉更明显"[1]，其语音短促而铿锵，这种高调语音凸显，具有明显的强调作用。有一部分 XY 还具有叠韵关系，如"纳杀扁、壳录酥、各录空、八辣滚"中的"纳杀、壳录、各录、八辣"均为叠韵关系，音节响亮，能有很强的表现力。最后一个"抹圆口 [maʔ⁵ʔî²tɕiʔ⁵] 烂"前面有三个音节，即 XYZA 式，但目前的调查中只发现了这一个，故不单列一类。

3. AX 式

健曹 (健康)	健驳 (干而硬)	雄曹 (雄壮)	燥爽 (很干)
恶赛 (凶恶)	潇赛 (不急)	枯赛 (很枯)	韧索 (很韧)
勑索 (疲倦)	嫩生 (很嫩)	快生 (很快)	木笃 (反应慢)
黑掇 (做事很厉害)	靓掇 (很好)	实掇 (很结实)	老掇 (很老成)
软显 (很软)	省净 (节省)	谷实 (绳子等搓得很结实)	口 [nio²¹] 实 (很稠)
黄爽 (很黄)	鄙索 (很差劲)	青秀 (很青)	扎科 (学习、能力很厉害)

以上只有燥爽、黄爽、枯赛、木笃可以有 AXX 的生动形式，其他不能重叠。除了潇赛、实朵、黑朵、谷实、老掇中的 A 不能独立成词，其他 A 都可以单用，前面可加"蛮"，意思一样，如：蛮健、蛮扎、蛮软、蛮煴、蛮省等。整个 AX 也可以受程度副词修饰，如蛮健曹、蛮实朵、蛮鄙索。从这一点看，与其他生动形式又不一样。说明 X 的词缀特点更明显，更趋

---

① 朱晓农：《亲密与高调——对小称调、女国音、美眉等语言现象的生物学解释》，《当代语言学》2004 第 3 期。

向于构词。

4. AXX 式、NXX 式

a.软嗲嗲[tia³]　软随随[se²]　红丝丝[sๅ¹]　辣丝丝　冷丝丝　老柴柴[tsʰæ²]　燥爽爽[sɔ̃]　黄爽爽　青和和[ho²]　圆滚滚[kuẽ³]　木笃笃[tuʔ⁵]　矮掇掇[toʔ⁵]　晕宕宕[tʰɔ̃⁴]　糊夹夹[kaʔ⁵]　薄棻棻[ieʔ⁵]　枯赛赛[sæ²]　暗忿忿[tɕʰi¹]　肥东东[təŋ¹]

b. 沙口口[mẽ³]（一种如吃西瓜的口感）　汗随随　汗渍渍[tseʔ⁵]　眼斜斜[tɕʰia²]　肉胚胚[pʰe¹]、口丫丫[ŋæ¹]　眼涕汪汪[vɔ̃]　鼻脓随随　口溇依依[i¹]（口水多貌）

这是属于双叠式后缀，与普通话一样，这种形式很普遍，后缀"XX"有很强的类化作用，有些名词 b 组、动词组（例子见本节"动词重叠"），后附加上 XX 后都变成了形容词。如"软嗲嗲"指"很软的样子"，"汗随随"指"出了很多汗的样子"，"叫随随"指"总在哭的样子"。有的 XX 只能搭配在一定的 A 后，如"和和、依依、口口[mẽ³]"；有的则搭配能力较强，如"随随、丝丝、爽爽"。需要说明的是，这种形式的 XX 有的有一定的实义，如"老柴柴"就指口感像吃干柴一样，"汗渍渍"指出了很多汗的样子，"眼斜斜"指人眼睛没精神的样子，其中的"柴柴""渍渍""斜斜"也有一定的意义，但大部分 XX 没有实义。由于这两种结构在用法和语义上没有区别，这里就不区分开来讨论。另外，少量 AXX 有 AX 式，如"燥爽、黄爽、木笃"都能独立成词，大部分不能。

5. AXY 式、NXY 式

圆滚囹[kuẽ³luẽ¹]　圆谷辘[kuʔ⁵luʔ⁵]　矮的掇[tiʔ⁵toʔ⁵]　火气八辣[paʔ⁵laʔ⁵]（指食物容易上火）　骨头口口[læ²sæ²]（瘦貌）　眼屎八扎[paʔ⁵tsaʔ⁵]（眼屎多貌）

与 XYA 中的 XY 一样，AXY 中的 XY 也有双声或叠韵关系，显得音节响亮，韵律和谐，很有地方特色。

6. AXYB 式或 BXYA 式

聱里比[li³pi³]翘（不正貌）　墨其搭[tɕi²taʔ⁵]乌（乌黑貌）　扯其八蛋（说话不靠谱貌）啰里八唆[li³paʔ⁵]（说话不简洁）　花里胡哨（过于花哨）

这些是聱翘、墨乌、扯淡、啰唆、花哨中间插入两个中缀而成。

7. AXYZ 式

麻里格笃[li³keʔ⁵tuʔ⁵]（不纯貌）　黑咕隆咚　圆咕仑灯[ku³lẽ²tẽ¹]（圆貌）　肥咕隆咚

总的来说，3、4、5、6 四种形式表现力强，但数量不多，都是表示程度加深，在句中作状语和补语。

8. CXAB 式

作古认真（故作认真貌）　五古拉杂（多而杂貌）

这种情况的认真、拉杂可以独立成词，作、五也有词汇意义，古是个中缀，没有词汇意义。

（三）错综式

这是重叠式和加缀式的综合。

1. AXAB 式

啰里啰唆　懵里懵懂　邋里邋遢　古里古怪　糊里糊涂　慌里慌张　流里流气　土里土气　小里小气　娇里娇气　潮里潮气 _{（为人不合时宜貌）}　花里花辣 _{（花色杂貌或眼视物模糊貌）}　各里各脱 _{（松动貌）}　夹里夹杂

擸乌擸搋 [laʔ⁵vulaʔ⁵seʔ⁵] _{（很脏貌）}　老打老实、搋[iaʔ²]乌搋搭 _{（脏貌）}

与普通话一样，这是一种加中缀半重叠式，加"里"、"乌"或"打"，一般具有贬义的感情色彩的词才能入此格式。但也有非贬义色彩的，仅仅是描述一种状貌或程度加深，如"花里花辣、各里各脱、老打老实"。

2. AAXX 式

麻麻搭搭 _{（不纯貌）}　花花搭搭 _{（花色太杂貌）}　□□[tɔ̃³tɔ̃³]搭搭 _{（什么都有，随便混搭貌）}　反反搭搭 _{（相反貌）}　□□[tən²tən²]搭搭 _{（东西不配套或说一下这，说一下那，前后不搭架）}　晕晕宕宕 _{（头晕貌）}　潇潇□□[sæ³sæ³] _{（时间充裕貌）}　糊糊夹夹 _{（流状物太稠貌）}　燥燥爽爽 _{（干燥貌）}　花花辣辣 _{（花色太杂或视物模糊貌）}　细细塞塞 _{（小声小气）}　搣搣索索 _{（做事很慢，小动作较多）}

这里其实包括两种情况：AX 的重叠式，如燥爽、晕宕、潇□[sæ³]；AX 不成词，如："糊糊夹夹"，指流状物很稠貌，没有"糊夹"一词。两者语法功能上没有区别，这里合并讨论。

3. A 打 A

稳打稳 _{（很有把握貌）}　硬打硬 _{（肯定貌）}　实打实 _{（无虚假貌）}

4. A 过 A 绝　V 过 V 绝

a. 笨过笨绝　热过热绝　冷过冷绝　b. 做过做绝　话过话绝　舞过舞绝　骂过骂绝

"A 过 A 绝"结构表达程度极高，且有批评义，如"笨过笨绝"意为"笨到极点，没有更笨的了"。"V 过 V 绝"批评行为太过分了，到了人无法忍受的程度。这种结构常用于泄愤或骂人。

（四）其他式

1. 大大+量

含有每单位都很大、总数又很多的意思，通常表示对一些被浪费的事物或对慷慨行为的感叹。可以作定语、状语和补语。

店里个菜大大碗倒掉去 _{（店里的菜一大碗一大碗地倒掉去）}。

渠写个字大大只阿子 _{（他写的字每个都好大）}。

大大担个番薯卖唔出去 _{（整担整担的番薯卖不出去）}。

2. AAAA 式、VVVV 式

有少数动词及象声词可以重叠四次，用以描写持续的动态，非常形象。语调上，第二个音节读升调，调值为35，第四个音节读降调，调值为31，第一、三个音节读原调，即 AA↗AA↘。如"斜斜斜斜"指走路跟跟跄跄，"嚷嚷嚷嚷"指说话嘟囔不清貌。

唔晓得渠一早晨哈哈哈哈笑什么（不知道他一大早在不停地笑什么）。

脓流流流流阿子，吓死人（脓不停地流，挺吓人的）。

你们俩公婆夎工夎日讲讲讲讲阿子，有什么好讲（你们夫妻俩整天吵，有什么好吵的）！

四　词的兼类

词的兼类在普通话中也很常见，如"门没有锁"可以表示"门上没有锁"和"没有锁门"，就因为"锁"既可以作名词，也可以作动词。南康方言也有不少词可以兼类，主要是一些单音节的词。下面举一些有特色的兼类词。

（一）名词兼形容词。

山：名词　山岭
　　形容词　山深林密　　　拈子太过山啦，唔敢去（那里山太深密了，不敢去）。

烟：名词　烟雾
　　形容词　烟多，呛人　　灶前蛮烟（厨房烟太多了，呛人）

木：名词　木头
　　形容词　反应慢、笨　　渠该几年木了蛮多（他这几年反应迟钝了许多）。

花：名词　植物的花
　　形容词　花色多样　　　该件衫衣太过花啦（这件衣服花色太杂了）。

夜：名词　　晚上　　　　　一夜唔曾歇出（一个晚上没有睡着）。
　　形容词　晚　　　　　　唔要搞到太过夜啦（别玩到太晚了）。

坑：名词　两山之间的山谷地带，也特指南康北片山区　　坑声（北片话）
　　形容词　山深偏远　　　渠屋里系蛮坑（他家住在深山中，非常偏僻）。

斗：名词　一种装粮食的木制容器。也可以作量词，十升等于一斗。
　　形容词　大　　　　　　斗脑子（指大人物）

（二）名词兼动词

声：名词　声音、口音　　　你话坑声（你说坑片话）。
　　动词　说、吭声　　　　唔要声（别作声、别说出去）。

油：名词　油　　　　　　　我们食木子油（我们吃茶油）
　　动词　油变质了　　　　炸烫皮油了啦，唔好食（炸烫皮有点油变味了，不好吃）。

袋：名词　袋子、口袋　　　我冇袋（我没口袋）。

　　　　　动词　装入袋子　　　　　　太过多啦，袋唔下 (太多了，装不下)。

车：名词　各种车子，风车、水车、单车、火车等

　　　动词　用车做事，车水、车谷、车衫裤等

　　　我的裤子爆了啦，搭我车一下 (我的裤子裂了，帮我用缝纫机缝一下)。

界：名词　界线　　　　　　　　唔要过界 (别过线)。

　　　动词　溢出来　　　　　　水太多啦，就会界出来啦 (水太满了，就快溢出来了)。

泥：名词　泥状物

　　　动词　粉刷　　　　　　　我晓得泥墙 (我会粉墙)。

扫：名词　扫把　　　　　　　　我买了一把扫 (我买了一把扫把)。

　　　动词　扫地　　　　　　　日日要扫地 (天天要扫地)。

筛：名词　筛子

　　　动词　用筛子筛　　　　　桥太摇了，像筛米一样 (桥太晃得像筛米一样)。

簸：名词　比筛孔更密些的晾晒用具，也说簸子

　　　动词　用簸子扬弃

铲：名词　铲子

　　　动词　用铲子铲　　　　　铲滴子灰来壅鸡屎 (用铲子盛着灰来遮鸡屎)

（三）名词兼动词及形容词

櫼：名词　楔子

动词　挤　　　　　　　　　　　人再多我也要櫼进去 (人再多我也要挤进去)

形容词　拥挤　　　　　　　　　街上太过櫼啦 (街上太拥挤了)。

（四）动词兼形容词

滚：动词　滚动　　　　　　　　渠在地下打滚 (他在地上打滚)。

　　　形容词　烫　　　　　　　水蛮烫 (水很烫)。

出：动词　出去、支出　　　　　该笔钱人人出 (这笔钱谁出)？

　　　形容词　露骨　　　　　　渠话得太过出 (他说得太露骨了)。

摆：动词　显摆　　　　　　　　摆架子 (端架子或在别人面前显摆)。

　　　形容词　爱摆阔气、爱打扮

　　　　　　　　　　　　　　　渠蛮摆，日日着新衫衣 (她真爱打扮，天天穿新衣服)。

（五）形容词兼动词

雄：形容词　强壮有力；精力旺盛

　　　渠七十岁还荷得起一担谷，蛮雄 (他七十岁了还挑得起一担谷子，真强壮)。

　　　动词　凶人　渠挺会雄我 (他好喜欢凶我)

（六）动词兼量词

层[tsʰẽ²]：动词　把东西一层层往上放　层起该滴子笼床来 (叠起这些蒸笼来)

　　　　　量词　一层

提[tia³]：　动词　提物　我提唔起一桶水 (我提不起一桶水)、

　　　　　　量词　一串　一提猪肉 (用稻草等把一块肉拴一下称为一提)

繝[tʰaʔ⁵]：　动词　一个个往上叠　繝好衣服来 (一件件往上叠好衣服来)

　　　　　　量词　沓　一繝衫裤 (一叠衣服)

擸[laʔ⁵]：　动词　叠碗　擸起碗来 (把碗一个一个往上叠好来)。

　　　　　　量词　一叠碗　我买了一擸碗 (我买了一叠碗)。

担[tã¹]：　动词　挑　落雨天担秆，越担越重 (下雨天挑稻草，越挑越重)。

　　　　　　量词　担　今日我担了两担水 (今天我挑了两担水)。

掍[ia2]：　动词　用手抓起来　掍起该滴子瓜子来 (抓起这些瓜子来)。

　　　　　　量词　用手一抓的量　一掍瓜子都冇，装什么

盘子 (一把瓜子都不够了，不用装盘子了)

（七）动词兼形容词、副词

杀：动词　宰杀、弄死　　我唔敢杀鸡 (我不敢杀鸡)

　　形容词　狠　　　　　渠蛮杀心 (他很狠心)

　　副词　　很　　　　　该起蛮杀搞 (这个很好玩)。

五　数量词

（一）约数的表示

1. 量+把子，这个只表一个估计的数字，所有量词都可入此格式。意为"左右"。

斤把子　两把子　里把子　碗把子　尺把子

2. 百、千、万+把+量+子，表示约数，如"百把个子"表示一百个左右。

3. "几+量+子"，表示数量不多，也可以表示主观上认为不多。

几斤子　几里子　几块子　几年子

4 两+量+子"，主要表示主观上认为少。

两个子　两斤子

5. 不定数字+量+子，表约数。

五六个子　百把斤子　一百零几个子

6. 量+把+两+量+子，表示一两+量词+子，主观上认为较少

斤把两斤子　只把两只子　个把两个子　工把两工子

7. 上[sɔ³]+十、百、千、万，表达到十、百、千、万

上十人　上百人　八九上十人

（二）整数、余数的表示

1. 用"迲[te³]"表示整数，如迲担就是整担。

2. 用"零"表余数，相当于普通话的"多"，如"一百零斤"表一百多

斤，"两斤零"表示"两斤多"。

3. 超过很多，九以内（包括后面加"百、千、万"）的用"大零"，十至九十的用"大几"。

两斤大零（两斤多很多）　一百大零（一百好几）　二十大几（二十好几）

4. 量+打+量，意为"整（个）整（个）"，表义上有多、长、重等义，数字中"百、千、万"，时间名词"工、月、年"也可入此式。形容词中的"硬、实"也可入此式，但意义不同，"硬打硬"表示明摆着、一定，"实打实"表示实实在在。

斤打斤　桶打桶　担打担　根打根　回打回

万打万　千打千　百打百　亿打亿

工打工　月打月　年打年

硬打硬　实打实

（三）比例的表达

成[tsʰã²]，表占的比例，如二成，表 2/10。"分成"就是按比例分配。

（四）间界[kã¹kæ⁴]

主要表示数字或时间上下不靠，处于尴尬的中间状态，如买了一斤半肉，做一碗扣肉又多，做两碗不够，这样就很"间界"。又如医院上午 12:00点下班，下午 2:30 上班，而你上午 12:30 才到，这样在时间上也很"间界"。"间界"可重叠为"间间界界"。古汉语中有"不间不界"一词，此词见于南宋朱熹《朱子语类》卷三四："圣人全体极至，没那不间不界底事。"这里的"不间不界"指左右为难，不好处理。南康方言的"间界"也有此义，如"渠紧咁子话，舞得我系蛮间界"。表示数字或时间上下不靠应该是其引申义，"间界"就是现代常写的"尴尬"，但是没有"不尴不尬"的贬义"行为不正"之义。

（五）南康、南昌、梅县量词比较①

1. 三地都与普通话相同的量词有 58 个：一身衣服、一幅画、几岁、一出戏、一代人、一股味道、一撮毛、一度电、一批货、一张纸、一排台子、一餐饭、一条河、一只鸡、一笔钱、一层灰、一条烟、一堆沙、一块砖、一挂爆竹、一趟车、一班车、一段路、一盏灯、一面镜子、一把扇子、一箱衣服、一套家具、一壶茶、一双鞋、一打袜子、一担水、一封信、一顶帽子、一副眼镜、一支笔、一盘水果、一碗饭、一杯茶、一包花生、一捆

---

① 这里南昌与梅县的方言资料均出自温美姬的《客赣方言量词比较研究》，第十届客家方言国际学术研讨会论文集，2014 年，第 251 页。

纸、一盒饼干、一句话、一篇文章、一行字、一页书、一本书、一门功课、
一份报纸、一架飞机、一首诗、一门亲事、一家人、打一下、看一眼、见
一面、打一拳、踢一脚。

2. 南康话与普通话相同，南昌、梅县与普通话不同的有 3 个：一个人、
一座钟、一颗花生，梅县话分别说成：一只人、一只钟、一荚花生，南昌
话说成：一只人、一只钟、一个/只花生。

3. 三地相同，但与普通话不同的有 5 个：一点东西、一丝风、一个办
法、一柜衣服、一片叶子，三地都说成：一滴东西、一滴风、一只办法、
一橱衣服、一皮叶子（南昌也会说一片叶子）。

4. 南康话与南昌话相同，但与梅县不同的有 25 个（其中与普通话相同
的有 17 个）：

普通话	南康话	梅县话	南昌话
一台戏	台	棚	台
一盘棋	盘	盆	盘
一棵树	蔸	条	蔸、棵
一朵花	朵	盏	朵
一颗珍珠	颗	只	颗
一滴雨	滴	点	滴
一根头发、线、棍子	根	条	根
一撮盐	撮	戳	撮
一床被子	床	番	床
一面镜子	面	只	面
一堵墙	堵	皮	堵
一扇门	扇	皮	扇
一根蜡烛	根	支	根
一瓣瓜	瓣	敛	瓣、片
睡一觉	觉	觉目	觉
说一遍	到、遍	转	遍
一串辣椒	提	串	提
一顶蚊帐	床	顶	床
一个名字	只	条	只

一块长条形猪肉	刀	敛	刀
一团泥巴	坨	堆	坨
一头猪、一匹马、一首歌、一艘船	只	条	只
一口棺材	副	只	副
一杆秤	把	支	把
一拨人	拨	阵纲	拨

5. 南康话与梅县相同，与南昌话不同的有 11 个（其中与普通话相同的有 4 个）：

普通话	南康话	梅县话	南昌话
一把米	搣	搣	把
一排房子	杠	杠	排
一桌酒席	台	台	桌
一个脸盆	只	只	个
一垛碗	擵	擵	垛
一部电影	部	部	只
一支烟	支	支	根
一丘田	丘	丘	块
搧一巴掌	巴掌	巴掌	巴
一丛草	蔢、蔢罗	蔢、蔢罗	大片
一张席子	番	番	床

6. 南康话部分地与梅县话或南昌话相同的有 18 个：

普通话	南康话	梅县话	南昌话
一个礼拜	个	个	个、只
一种人	起、种	t^hin^{11}、种	种
一片草地	块	片、块	片
一间房	只	只	间、只
一头牛	只	条	条、只
一服/剂药	包、副	帖、服	包、服

一炷香	炷、支、品	炷、支	炷
一把锁	把	把、只	把
住一宿	夜、晚	夜、宿	夜、个晚上
一个蛋	个	只	个、只
打一顿	餐、次	次、顿	顿、餐
一把菜	掐、揸、把	揸	把
一辆车	顶、部	辆	部、乘、只
一片肉	皮、块	线	块
吃一次	到、次、回、餐	摆、到	餐、次、回
来一次	脚、到、遍、回	摆、到、转	回
说一遍	到、回、遍	转	遍
洗一回	到、发	出、过、到	水

7. 南康话与梅县、南昌话、普通话都不同的有 19 个：

普通话	南康话	梅县话	南昌话
一串葡萄	提	串	串
一帮人	伙	帮	帮
一粒米	颗	粒	粒
一片药	颗	片	片
走一步	脚	步	步
一拃宽	nã³	kʰiam⁵⁶	码、kʰan¹¹
一摊血	pʰiã¹、蒲	堆	摊
一叠纸	撖	叠	坨
一截棍子	股	节	莝
一截甘蔗	股、节	裁	莝
一座坟	丘	穴	棺
一畦土	tiaʔ⁵	垅、厢	块
一根针	眼	枚	管
一小块地方	各	迹	只

一件事	行	件	件、场
一阵雨	刹	阵	场、觉
一绺头发	鬃	撮	绺
一座桥	铺	一	座
一窝猪	伙	窦	窠、窝
一泡屎尿	蒲	堆	泊

8. 还有几个特色量词

析[sa?⁵]：一片（切开或劈开物的一片，比皮要厚些）　一析苹果

□[ka³]：编绳子、头发时分成几等分，每一等分叫"一～"

□[to?⁵]：一小团浓稠物　一口[to?⁵]痰　一口[to?⁵]鼻齈

坞［vu²]：一坑水

饼：几块连在一起　一饼姜

发：（下水洗过）次　衫衣正着了两发就烂了啦 [衣服才穿了两次（中间洗过一次）就破了]

9. 通过以上对比，我们可以得出以下结论：

（1）南康方言中的量词大部分与普通话相同，与普通话相同的近 100 个，占 65%。

（2）南康方言与南昌话相同的比与梅县话相同的要多。

（3）体现出赣南客家方言处于以梅县为代表的客家方言和以南昌为代表的赣方言的过渡性质。如南康方言说"一番席、一床被窝"，梅县都说"番"，南昌都说"床"。"一把菜"，南康方言既说"把"又说"揸"，梅县只说"揸"，南昌只说"把"。"来一次"，南康方言既说"来一到"，也说"来一回"，梅县不说"回"，南昌则不说"到"。

（4）量词"只"使用极广，这在三地都是通用量词。

① 各种动物普通话有不同的量词，南康统一用"只"，如鸡、牛、马、鱼、蛇、虫等。

② 普通话的"个"用得较广，南康方言中除人外，其他都用"只"代替，如瓜果、身体器官等，如一只茄子、一只辣椒、一只牙齿、一只手指等。

③ 其他如：船、台子、凳子、间、鬼等，甚至人南康也可以用"只"。如：

渠挺欢喜该只女（他好喜欢这个女儿）。

六　代词

（一）人称代词

		唐江片	北片	龙华片、潭口片	蓉江片	龙回片
第一人称	单数	偃	偃	偃	偃	偃
	复数	□们、□人、□些人	□支人	□兜人、□些人	□人	□等人
第二人称	单数	你	你	你	你	你
	复数	你人、你们	你支人	你些人	你人	你等人
第三人称	单数	渠	渠	渠	渠	渠
	复数	渠人、渠们	渠支人	渠些人	渠人	渠等人
其他		自家、大自家、个个、别人、别个人、人家、别人家、各人				

　　1. 读音方面。"我"读$[\eta æ^{31}]$，俗作"偃"。"渠"有三个读音，坑片读$[ku^{24}]$，蓉江声读$[kə^{21}]$，其他读$[tɕi^{21}]$

　　2. 南康的人称代词单数较一致，复数多样化。

　　3. 人称代词没有主宾定等格的区别。

　　4. 没有对应的"咱们"的用法，语境中理解第一人称复数形式是否包括了受话人一方：或者在第一人称复数形式后面加上复指形式"自家""自家两个人""自家几个人"等，也经常干脆省略第一人称复数形式，只用"自家"、"自家两个人"、"自家几个人"等表示包括发话一方和受话一方。

　　5. "自家"相当于"自己"。

（二）指示代词

	这	这里、那里、别处	这会儿	这点儿	这种、那种 这些、那些	这样、那样	这么、那么	这（加强语气）
近指	高、该	该子、该端、该在、该嚷（子）、该勒、该当	该刻子	该滴子	该起、该行	咁子、咁勒	咁（么）	加
远指	该、拎	该子、该端、该在、该析、该向 拎子、拎在、拎勒			该起、拎起、拎行			
旁指		别当、别嚷、别勒						

1. 南康话的近指和远指还可以进一步通过语音曲折来区别。"该"读[kæ²]表示"这"，读"该[kæ⁴]"表示更远一些，可表示"那"。坑片、潭口片、龙华片没有"拈"，则完全用"该"的内部屈折来表示近和远。"拈[nĩ¹]"表示"那"，远指，若读[nĩ⁴]，则表示"更远指"。"该[kæ⁴]""拈[nĩ⁴]"不仅声调有改变，音长和音强也比原来的音更突出些，有明显的强调意味。

匤在该[kæ²]子 （我在这里）。

书在该[kæ⁴]只橱子里 （书在那个橱子里）。

拈[nĩ¹]起东西唔好食 （那种东西不好吃）。

匤要拈[nĩ⁴]起树上的果子 （我要那种树上的果子）。

2. 该、拈：没有普通话的"这、那"应用广泛。"该、拈"字不可独立作主语或宾语，只可作定语或跟别的语素合在一起构成词。

怕该行怕拈行 （怕这怕那）。

该起蛮便宜 （这很便宜）。

3. 嚷[nɔ³²²]（子）：坑片的特征词，单用表这里，也可与"该" 合用"该嚷"，意思一样。另可组成"拈嚷（那里）、别嚷（别处）、哪嚷（哪里）"等词。

4. 高[kɔ¹]："高" 则可作主语、定语，一般不做宾语。

高唔系我个 （这不是我的）。

高什么东西 （这是什么东西）？

高东西唔好食 （这种东西不好吃）。

5. 咁[kã³]（么）：用于修饰形容词，表程度，相当于"这么"，声调为上声。

你样什子走了咁么久 （你怎么走了那么久）？

你话得咁好笑 （你说得这么好笑）。

6. 咁[kã¹]子：这样，用于修饰动词，作状语。也可直接作主语、宾语，"咁子个"可做定语。语音上读阴平。

你看稳来，要咁子做 （你看着，要这样做）。

咁子唔可以 （这样不行）。

你样什像咁子 （你怎么这样）。

咁子个人理唔得 （这样的人不能理睬）。

7. 加[ka¹]：用在句首，后面常跟"样什（子）、样满（子）、就"，所指为虚，起加强语气作用。

加样什（子）办 （这怎么办）？

加就好啦 （这可好了）。

加你就会死了 （这你就要死了）。

（三）疑问代词

	问人	问事物	问数量、程度	问处所	问时间	问情况
普通话	谁	什么	多少	哪里	什么时间	怎么、怎样、为什么
南康话	人人、哪人、哪介	什么 口[nã⁴²]（坑声） 麻介（潭口） 木介（龙华） 脑号（横寨）	几、几多子	哪子 哪嚷子（坑声） 哪在 哪勒（番江、龙华、潭口） 哪当（大坪）	哪久子	样什（子） 样势子 样满（子）（坑声、潭口） 样般（龙华）

1. 人人 [niəŋ⁴ niəŋ²]：谁，语音上第一个音有变调，读成去声。

2. 口 [nã⁴²]：这是坑片最有代表的词，一听就是坑里人。麻介：什么，见于潭口一带的河源声。

3. 几：① 单用，② 构成"几+形+（子）"，这种结构除了问数量，还可表程度。

十加二等于几？

几多子钱一斤（多少钱一斤）？

你有几重子（你多重）？

红红的学习几好子（红红的学习多好啊）！

4. 样什（子）、样满（子）：怎么、怎么样、为什么。样读 [niɔ̃³] 或 [iɔ̃³]

你样什子唔好好读书（你为什么不好好读书）？

渠的屋装修得样什子啦（他的房子装修得怎么样了）？

七 副词

（一）程度副词

除了有与普通话相同的"最、顶、稍微"外，还有以下用法：

1. 蛮：很，用得最多。

这本书蛮好看（这本书很好看）。

有几个词只有与蛮合在一起才使用，不单用。

蛮口 [tɕia¹] 人：挺让人吃惊、挺吓人

2. 系蛮：是强调式，特别、非常

这本书系蛮好看（这本书特别好看）。

3. 太过、忒过：太

一个月 2000 块钱太过少啦（一个月 2000 元太少啦）。

4. 口[kə²¹]：只见于县城话，很，非常，比"蛮、顶"程度要更高。

口杀瘾（非常过瘾）。

口好看 (很好看)。

5. 较、更：更

你唔去，偓较唔去 (你不去，我更不去)。

你较多，偓较少 (你更多，我更少)。

6. 唔晓得：指程度极高，到了没法说出的程度。

渠的女生得唔晓得几怂子 (他的女儿长得不知有多丑)。

7. 各样：表程度极高，到了与其他的不一样的程度。

渠什么都舍唔得食，各样个省 (他什么都舍不得吃，特别特别的省)。

渠的新妇各样个歪 (他的儿媳特别凶)。

8. 口 [tsʰẽ³]：放在动词后面表程度深，可以构成"V+得+蛮口[tsʰẽ³]"。

渠该一跤跌得蛮口[tsʰẽ³] (他这跤摔得好重)。

该起菜煮口[tsʰẽ³]啦就唔好食 (这个菜煮太过不好吃)。

（二）范围副词

1. 一下：都，全、一起。"一下"一般连读为[ia⁵¹]，常和"都"连用"一下都"，表全都。"一下"有时读得短促，似入声[iaʔ⁵]。

大家一下来啦 (大家全都来了)。

一下都唔敢去 (全都不敢去)。

2. 净：全、只，既可表全部，也可表限制性的范围。

今日净系青菜 (今天全吃青菜)。

唔要净话搞，要读滴子书 (别光玩，要读点书)。

3. 捡拢：总共，有主观上认为少的意味。

捡拢都冇几块钱，还半工价 (总共都不用几块钱，还半天价)。

4. 交[kɔ¹]（啦）：遍，只放在动词后面作补语。

寻交了就唔曾寻到 (找遍了都没找到)。

江西偓都走交了 (江西我都走遍了)。

（三）时间副词

1. 正[tsã⁵¹]：刚刚

渠正走，追得上 (他刚走，追得上)。

偓正话稳你，你就来了 (我刚说你，你就来了)。

2. 口趸[tɔʔ⁵te³]：经常

渠多得有菜卖，蛮勤耕 (他经常有菜卖，真勤劳)。

要多得来嫽 (要常来玩)。

3. 就会：将

就会打得来了 (就要挨打了)。

还唔走，就会夜得来了 (还不走，就要天黑了)。

4. 将好什子：刚好

偓们到的时候，将好什子发车 (我们一到，刚好发车)。

将好什子十块钱，唔争找 (刚好十块钱，不用找零)。

5. 特角：终于。为了强调，还说"特角特"，表示期盼已久的事终于发生了。

特角落雨啦 (终于下雨了)。

走了半工，特角到啦 (走了半天，终于到了)。

6. 辣响：赶快

小江辣响写作业 (小江赶紧写作业)。

7. 放势：赶紧，一般有一定的前提或后续成分。

你放势走，等渠来了就走唔了啦 (你赶紧走，等他来了就走不了了)。

老爸一转，偓放势做作业 (老爸一回来，我赶紧写作业)。

8. 紧[tɕiəŋ³]：见动词章

9. 连辣[laʔ⁵]：接连着（发生）

样什连辣出咁么多事 (怎么会接连出这么多事)？

10. 直[tsʰeʔ⁵]：表示动作一直持续到最终状态，放在单音节动词后面，相当于"直到……为止"。"直"前为单音节动词。

渠痛直死（他一直痛到死）。

渠食东西欢喜食直尽（他吃东西喜欢吃到一点不剩）。

渠个衫衣着直烂（他的衣服一直穿到破烂）。

（四）语气、情态副词

1. 好得[hɔ³teʔ⁵]：幸亏、幸好

好得你来了啦 (幸亏你来了)。

今日好得唔才落雨 (幸好今天没下雨)。

2. 正[tsã⁴]：与否定词连用，加强否定或肯定的语气。

（1）与"唔"连用，加强否定的语气。

正唔系咁子话 (真不认同这样说)。

正唔欢喜 (真不喜欢)。

（2）与"冇+几+形容词"连用，表示肯定的语气。

街上的人正冇几多 (街上的人真的很多)。

等啦正冇几久 (等了真的很久)。

3. 特事[tʰeʔ⁵sɿ⁴]：故意

渠特事咁子话 (他故意这样说)。

偓特事哄渠 (我故意骗他)。

4. 话起[va⁴ɕi³]：难道，表示质问或反问。

话起落雨都要去 (难道下雨都要去)？

话起你唔晓得该行事（难道你不知道这件事）？

5. 老才：表示主观上认为少或早。

倨老才 25 岁，就话倨蛮老了（我才 25 岁，就说我很老了）。

渠老才走，你就来了（他刚走，你就来了）。

6. 口直[tiã^{4}tsʰeʔ^{5}]：径直

渠口［tiã^{4}］直进屋，唔才声一句（他径直进屋，一句话都没说）。

7. 肯觉[hẽ^{3}koʔ^{5}]：宁肯

倨肯觉读书，顶脄做事（我宁肯读书，不愿做事）。

8. 禁得[tɕiəŋ^{1}teʔ^{5}]：① 表示耐受力好，这种情况也可单说“禁”。② 很花时，还要做很久，带有一点不耐烦的语气。“禁得”后面带单音节动词。

该件衬衣蛮禁（得）着（这件衣服很耐穿）。

该起纸唔禁用（这种纸用得快，不耐用）

车子还有两个钟头正会走，禁得等（车子还要两个钟头才会发车，还要等好久）。

你咁子走，到唐江就禁得走（你这样走，到唐江还要走好久）。

9. 着实[tsoʔ^{5}seʔ^{5}]：索性、干脆

等都等啦，着实多等刻子（等都已经等了，干脆再等会儿）。

渠咁多话子，着实唔要理渠，当狗叫（她那么爱指责人，干脆别理她，把她当狗叫）。

10. 样得[iɔ̃^{3}teʔ^{5}]：不得，心理上觉得时间太久太长了，事情很难做完或日子难捱。

咁多作业样得做得煞甲（这么多作业怎么做得完）。

该起日子样得了呀（这样的日子怎么才捱得了呀）。

11. 兴$^{=}$觉[ɕiəŋ^{4}koʔ^{5}]：表示知道事实真相后，后悔做或没做某件事，如果“兴觉”后面是否定的表达，表示后悔做了某事，如是“兴觉”后面是肯定表达，则表示后悔没做某事。

早晓得咁子，兴觉唔要话渠（早知道是这样，就别说他了）。

兴觉早滴子来，就可以见渠一面（要是早点来就好了，就可以见上他一面）。

12. 口（nɔ̃^{4}）/口口[oʔ^{5}no^{4}]：白

口[nɔ̃^{4}]/口口[oʔ^{5}no^{4}]累了一工，一分钱都唔曾拿到（白累了一天，一分钱都没有拿到）。

老师又话作业唔争做啦，口[nɔ̃^{4}]/口口[oʔ^{5}no^{4}]倨做了一晏昼（老师又说作业不用做，我白做了一上午）。

13.（才）不论：随便，也可以重叠成“不不论论”，“不论”前面的“才”可用可不用，重叠后不能加“才”。

（才）不论舞正啊子（随便弄弄）。

你（才）不论拿几多子钱（你随便给点钱）。

（五）否定副词

1. 唔：相当于"不"。"唔才、唔曾"表示"没有、未曾"，"唔争"表示不用、不必，"唔要"表示"不要"。"唔捱"表示不愿意。"唔肯"表"不肯"。"唔系"表示不是。值得注意的是：①"唔"与这些词搭配时往往有连读变调（见语音章）。②"唔曾、唔争、唔捱"没有对应的肯定用法。表示没发生过某事，用"V+过"或"V+啦"，表必须做某事，用"要"，表愿意做某事用"会"。

渠唔才来 _(他没有来)。——渠来过、渠来啦 _(他曾经来过、他来了)。

今日你唔争洗碗 _(今天你不用洗碗)。——今日你要洗碗 _(今天你必须洗碗)。

偓唔捱读书 _(我不读书)。——我会读书 _(我愿意读书)。

唔要话事 _(别说话)。

今日渠唔肯去 _(今日他不愿意去)。

"唔"有时可构成"V+唔+V"或"A+唔+A"的特色结构，表示否定的意义，有强调的语气。如：

渠高人声唔声，晓得渠在想什么_(他这种人不爱说话，不知道在想什么)。

天光唔天光就爬起来啦，累死了 _(还没天亮就起床了，累死了)。

好不好走得岭上去 _(干吗走到山上去)。

好死唔死个 _(詈语，该死的)。

晓唔晓就嫑话 _(不知道就别说)。

2. 冇：一般作动词，有时也作副词，表示没有、不。

这面钟冇走啦 _(这面钟不走了)。

冇去冇转 _(有去无回)

冇好死 _(不得好死，詈语)

八　介词、连词、助词

1. 个：助词，相当于普通话的"的"

来了一个撑船个 _(来了一个撑船的)。

该本书系偓个 _(这本书是我的)。

2. 得：助词，"得"在南康方言中用得很多，放在动词后面。

（1）可以表示程度，这种情况"得"后有的会加程度补语。有的则不加别的词，这种情况动词前一般有程度副词"蛮"，这种的否定是把"蛮"改为"冇顶、冇喃[nã²⁴]（北片）"，这是程度的减轻。

你写得蛮好 _(你写得真好)。

你心里憋得蛮苦就搭我话 _(你心里憋得难受就跟我说)。

渠蛮食得 _(他很能吃)。——渠冇顶食得 _(他吃不了很多)。

你蛮做得（你真能干）。——你冇顶做得（你做不了很多）。

你蛮话得（你真能说）。——你冇顶话得（你不太能说）。

（2）表结果。否定用法是否定词"唔"放在动词与补语中间。

话得蛮好（说得真好）。——话得唔好。

正一岁就走得蛮稳（才一岁就能走得很稳）。——走得唔稳。

（3）表可以、允许、可能。否定用法是否定词"唔"放在动词与补语中间。

该起菌子食得（这个蘑菇能吃）。——食唔得

教室里坐得下 50 个人（教室里能坐 50 个人）。——坐唔下

今日的衫裤可晒得燺（今天的衣服能不能晒干）？——晒唔燺

（4）表趋向，表示动作的起始，这时，如果动词后面有其他成分，则把其他成分放在"得"与"来"之间，构成兼语句或连动句。这种动作都是即将发生的，所以没有对应的否定的用法。如：

打得来啦。

喊得渠来打牌（叫他来打牌）。

昨日㑇带得菜来啦食（昨天我带了菜来吃）。

开得车来啦（车开得来了）。

有时，得还可插在一些可变化意义的词中间，表趋向。如：

天得光来啦（天亮得来了）。

断得暗来啦（天暗得来了）。

（5）动词后面有表人的宾语时，其否定用法格式是"V+N+唔得"。

纳得渠（心里容得下他）——纳渠唔得

舍得渠——舍渠唔得

认得渠——认渠唔得

（6）"唔得"可以放在动词或形容词前，表示"很难"，是情态副词，没有对应的肯定用法。

唔得死：指累得要死又没价值

唔得过：指日子很难捱，也指心里很难熬

唔得了：很难用得完，也指糟蹋东西

渠唔得舞得好饭：她做事慢，做顿饭要好久。

（7）有不少"×得"是固定词，不是词的临时组合，这种词没有相应的否定用法。如：

才得或齐得：让他、别管、算了

管得：别管

晓得：知道

好得：幸亏

够得：够

做得：行，可以 _(应答词)

消得：表幸灾乐祸，常与"巴不得"连用

（8）唔得闲：没闲，反义词为"闲得"

3. 搭：给、跟、与，引出受益的对象或涉及的对象。

搭偃看什子有什么病 _(给我看一看有什么病)？

你搭偃注意下子 _(你给我小心点)。

有什么事搭偃话 _(有什么事跟我说)。

偃搭渠冇事话 _(我跟他不说话)。

偃唔争过来，偃搭你带过来 _(你不用过来，我给你带过来)。

4. 把：（1）放在动词前的"把₁"与普通话用法相同，如表处置、致使、处所、对等。这种情况下的"把"读上声[pa³]。

把₁台子捡正啊子 _(把桌子收拾一下)。

（2）用在动词后"把₂"，相当于普通话的"给"，后面接交付、传递的接受者或受益者。这种情况下的"把"读入声[paʔ⁵]。

该身衫裤拿把₂你 _(这套衣服拿给你)。

把₁该本书送把₂贝贝 _(把这本书送给贝贝)。

5. 口[tsa⁴]：朝、沿着。

外孙狗食了口[tsa⁴]门走 _(外孙食了饭就朝门外走)。

口[tsa⁴]该条河走得去就到啦 _(沿着这条河走就到了)。

6. 拿：被、给（见下一节的被动句、拿字句）。

7. 间[kã⁴]：连……一起，用在名词前。

今日食瓜间瓜子一下食了啦 _(今天吃瓜连瓜子都一起吃掉了)。

倒"恶꞊索꞊" _(垃圾) 间剪刀都倒了啦 _(倒垃圾连剪刀都倒掉了)。

8. 阵[tɕʰiəŋ⁴]：同，表示在同样条件下。"阵"作名词有"伴"的意思。

阵咁子读书，样式渠就考得出来，你就唔晓得读 _(同样读书，为什么他就考得出来，你就不会读)。

阵一只村，有的人家有钱，有的就挺苦 _(同一个村，有的家庭很富裕，有的很穷)。

九　语气词、叹词

（一）语气词

1. 生[sã¹]/[sẽ¹]

"生"读为[sã¹]或[sẽ¹]，没有用法上的区别，只是个人的习惯而已。用不用"生"，意思相同，但用了"生"，可以表示多种不同的语气。"生"最主要的表义是催促，大多数情况读重音，有不耐烦的语气。

（1）用在祈使句末。表示不耐烦、训斥、催促的语气，可以看到"烦"形于色，可用于肯定句和否定句中。若故意把"生"音拖长，语气则舒缓得多，甚至带有商量、邀请、委婉的语气，多用在肯定句中。普通话没有对应的词。

唔要闹生 (不要吵)。

走生 (走)。

（2）用于疑问句末，可用于特指问、选择问、正反问等，表示、催促、商量、征询、请求等语气。

你什么时间走生 (你什么时候走)？

你系哪个生 (你是哪个)？

你系学生还系老师生 (你是学生还是老师)？

你可会去生 (你去不去)？

（3）和"系"结合在一起使用，起强调作用。

系生，偓晓得 (是的，我知道)。

唔系生，你懂什么 (不是，你懂什么)？

（4）用在形容词谓语句末，起强调作用。肯定式谓语前一般有副词太、太过，谓语后一般有助词"啦"。否定式则没有副词"太"、"太过"，谓语后用不用"啦"也没有强制性。这类形容词都是性质形容词，状态形容词不适合此式。

楠楠太过细啦生 (楠楠太小了)。

读书太受苦啦生 (读书太辛苦了)。

衫衣冇挺贵生 (衣服不贵)。

街道唔狭啦生 (街道不小了)。

2. 斯[$s\gamma^1$]

"斯"用在句末，主要表示假设情况下的各种语气。"斯"用与不用，意思不同，不能省略。

（1）表征询，有"怎么办""怎么样"的语义，这种情况下可用"呢"表示，但"斯"的语气更强，"呢"的语气更弱。

万一录唔到斯？ (万一录不到怎么办)

要系自家屋里个狗咬啦人斯 (要是自家的狗咬了人怎么办)？

渠记唔得斯 (他记不得怎么办)？

（2）表反诘，主语一般是第一人称"我"，表示"我如果怎么样，你能怎么样"，后继部分一般不说。如：

偓唔去斯 (我不去你能怎么样)？

偓要斯 (我如果要呢？你能怎么样)？

（3）用在表假设关系的双重复句的假设分句末。后一分句有时可省略。表达一种委婉的语气，相当于普通话的"……的话"，语音上一般会故意拖长。

你要好好子读书斯，就唔争食该碗饭 (你要是好好读书的话，就不用干这行了)。

渠唔答识你斯，滴子办法都冇 (他如果不理你的话，一点办法都没有)。

3. 者[tsa³]

"者"在古代汉语中是个常见的语气词，可以表示各种语气。在南康方言中，"者"用得不多，主要表示反诘语气，用在肯定句表示否定意思，主语为第二人称。有时连用"者哇"，有强调意味和训斥意味。

你又话渠者 (你又说他干什么，意为你别说他)？

你理渠做者 (你理他干什么，意为你别理他)？

你调了渠的东西者哇 (你换他的东西干什么，意为你别换他的东西)？

4. 盲嚷[mɔ̃²nɔ̃²]

"盲嚷"表猜测语气，多数用于句尾，也可用在句首和句中。

渠唔捱来盲嚷 (他可能不会来)。

盲嚷渠唔捱来。

渠盲嚷唔捱来。

5. 个[ke⁴]

"个"表示情况本来如此，某些句子末尾不用"个"表示事情尚未发生，用"个"则表示已经发生，相当于普通话的"的"。

偓走路来个 (我走路来的)。

渠什么时间走个 (他什么时候走的)？

6. 啦[la]

"啦"既可作时态助词，相当于普通话的了₁、了₂，分别表示动作的完成和肯定事态出现了变化或即将出现变化，有成句的作用，读轻音。如：落啦雨（下了雨）。落雨啦（下雨了）。南康方言中"啦"作语气词用在陈述句中，有表示警告的语气。

打得来啦 (马上要挨打了)。

唔要话事啦 (别说话了)。

7. 啊[a¹]

（1）"啊"放在疑问句中，带有出乎意料的语气，语义上偏向于肯定。

你晓得了啊 (你已经知道了)？

渠会来啊 (他会来，是吗)？

（2）当"啊"用于双方都知道的信息，用于进一步加以确认时，其疑问的语气就十分弱了，一般用于打招呼的交际用语。主语为第二人称，但大多数不出现。这时的"啊"读轻声。

舞饭食啊_{（在煮饭呀）}？

供猪啊_{（喂猪呀）}？

8. 呢［ne］

"呢"放在名词性成分后面，问"在哪里"，或问"怎么样"相当于普通话的"呢"的一部分用法，读轻声。

人呢_{（人在哪里）}？

你个作业呢_{（你的作业呢）}？

倔明朝去转，你呢_{（我明天回家，你怎么样）}？

（二）叹词

叹词是独立于句法结构之外，表达人类自身情感态度的一类词。叹词主要表达喜悦、感叹、悲伤、无奈、意外、惊讶、提醒、鄙视、应答、允诺等情感。普通话的叹词有三十多个，多为单音节词。南康方言的叹词除了有"啊、哦、呃、咦、喷"等与各地通用的单音节词外，还有不少双音节词或多音节词。

1. 哎呀嘞［æ²ia²le¹］

"哎呀嘞"是赣南客家山歌和采茶戏中常用的衬词，起着起兴、提示等作用。在口语中，人们也常用之，主要表示惊讶之中有心疼难过惋惜等语气。"哎呀勒"也可说成"啊呀勒"，语气相同。这个词是赣南客家的通用词。

哎呀勒，谷一下发虫啦_{（哎呀，谷子都长虫子了）}。

哎呀勒，你就走啦_{（哎呀，你就走啦）}。

2. 哦嗬［o²ho¹］

"哦嗬"表示惋惜、遗憾、猛然发现忘记了东西或人的语气。"哦嗬"也可作群起"吆喝"声，故有一词"打哦嗬"，就是起哄的意思。可以单独用"哦"，但更少用，语气也更弱（后两处的"哦"读［o²⁴］）。

哦嗬，明日报到要落雨，去唔成啦_{（哎，明天预报会下雨，去不成了）}。

哦嗬，我唔曾带钱_{（哎呀，我忘带钱了）}。

3. 哎当（当）［æ¹tɔ̃³］

"哎当（当）"表示惊讶中有点夸张赞叹的语气。也可说成"哎多（多）"

哎当（当），考到 100 分_{（哇，考到了100分）}。

哎当（当），食得咁齐整_{（哇，吃得这么丰盛呀）}。

4. 嘀［ti¹］

"嘀"是表提示作用的语气词，往往会伴随手或目光的指示。如：

嘀，在该子_{（看，在这里）}。

嘀嘀嘀，咁子写个 _(看稳来，就是这样写的)。

5. □[hẽ¹]

（1）□[hẽ¹]是应答之声，相当于普通话的"哎"。

——婆婆。

——□[hẽ¹]

（2）□[hẽ⁴]是表出乎意料知道不好的事，深表惋惜的口气，语气较强。

□[hẽ⁴]，咁有年纪就得该起恶病 _(啊，这么年轻就得了这种恶病)。

□[hẽ⁴]，才考到 50 多分 _(啊，才考了50多分)。

6. 坑[hã¹]

"坑"用于有时没听清别人说什么，要别人重复说一遍。相当于普通话用"什么"。

A：你去哪子 _(你去哪里)？

B：坑 _(什么)？

A：你去哪子？

7. 嗯[ẽ³]

"嗯"表示给别人东西时起到提醒、提示作用的语气词。可以单独用，一般伴随手递对象的动作。

嗯 _(给)。

嗯，拿转你 _(给，还给你)。

8. 欤[e¹]

"欤"表示诧异，出乎意料，这种诧异一般是出现了较好的自己又希望出现的现象，表情也露出诧异欣喜状。

欤，天晴啦。

欤，就轮到渠啦 _(啊，就轮到他了)。

9. 噢[ɔ⁴]

"噢"表示明白的叹词，伴随动作是点头。

噢，原来是咁子 _(噢，原来是这样的)。

噢，我晓得啦 _(噢，我明白了)。

10. □[hɔ̃⁴]

"□[hɔ̃⁴]"用于讲完自己的观点后，希望对方同意自己的观点，可放在前面也可放在后面。

你有钱，□[hɔ̃⁴]？

偓唔才话事，□[hɔ̃⁴]？

□[hɔ̃⁴]，妈妈。

11.（哎）耶［iɛ¹］

表惊讶，出乎意料的语气。一般是较欣喜的事。面部会有相应的吃惊表情。

（哎）耶，你来啦（啊，你来了）。

（哎）耶，你唔才去（啊，你没去）。

12. □［tia¹］

在示范动作时提醒别人注意观察，或指示某物在某处，这时有手指的伴随动作。

□［tia¹］，咁子写（喏，这样写）。

□□□［tia¹tia¹tia¹］，油系咁子倒了去个（喏，油是这样倒掉了的）。

□□□［tia¹］，在该子（喏，在这里）。

第二节　句式

一　正反疑问句

1. 克［kʰeʔ⁵］+V/A，这里的"克"应该是"可"的一种音变。"克"还可以读成［eʔ⁵］

你克系渠老妹（你是不是他妹妹）？

你克会写毛笔字（你会不会写毛笔字）？

你克欢喜渠（你喜不喜欢他）？

渠克标致（她漂不漂亮）？

你克打得开该只瓶子（你能不能打开那个瓶子）？

今日克争上课（今天要不要上课）？

2. V/A+盲［mɔ̃⁴²］，这种格式主要用于坑片。

屋里有盲人（家里有人吗）？

你听盲懂渠话事（你听得懂他说话吗）？

该本书好盲看（这本书好看吗）？

二　比较句

1. A+比+B+较+形容词

你比俚较有钱（你比我更有钱）。

渠比你较大（他比你更大）。

唐江个青菜比赣州个较便宜一块钱（唐江的青菜比赣州便宜了一块钱）。

这种情况下"较"也可以不用。

偓比渠大。

偓比渠大两岁。

2. A+形容词+过+B，能进入这种格式的形容词较少。主要是反义形容词中程度更高的那个，如"大、高、嫲、刁、快"等。

渠都高过爷佬啦 _(他都比父亲还高了)。

3. A+冇+B+（咁）+形容词

偓冇渠（咁）刁 _(我没他聪明)。

该只灯泡冇拈只（咁）光 _(这只灯泡没那只那么亮)。

4. A+形容词+B+数量词

偓高渠两公分 _(我比他高两厘米)。

渠大我五岁 _(他比我大五岁)。

三 被动句

南康方言的被动词不是"被"，一般用"拿"来表示，且行为的施事者不能省略。

渠拿人家骗了五千块钱 _(他被人骗了五千元)。

偓的书包拿老鼠咬烂啦 _(我的书包被老鼠咬破了)。

动词"赚""抵"相当于普通话的"挨"，表遭受，也有被动意味。主要搭配有"打、骂、鸟"意义的词。施事者一般不出现，如果出现施事者，会在施事者与动词中间加"个"。

渠又赚打了 _(他又挨打了)。

今日一工赚了两回骂 _(今天一天就挨了两回骂)。

日日抵老板个骂，做唔下去啦 _(天天挨老板的骂，做不下去了)。

话法偓！你嫌了人人的打？ _(告诉我！你挨了谁的打？)

四 处置句

普通话的"把"字句又叫处置式，用介词"把"引出受事、对受事加以处置的一种主动句。南康方言较少用"把"字，多数用一般主动句表示，具体表现如下：

1. 如果谓语后面带"得+形容词"或带介词短语作补语，则一般用"把"字。

红红把坪扫得系蛮净 _(红红把院子扫得很干净)。

偓把书放得在台上 _(我把书放在桌上了)。

2. 如果谓语是动补型双音节，动作又是已然，那么两种结构都常见。

渠把裳衣舞烂啦/渠舞烂啦裳衣 _(他把衣服弄破了)。

偓把你个表整正啦/偓整正啦你个表 _{（我修好了你的手表）}。

3. 主语如果是偓、你，动作又是未然，则只用一般主动句，不用"把"字句，而且句末往往加语气词"来"，带有吩咐、允诺、祈使等语气。

你洗一下碗 _{（你把碗洗一下）}。

你们一定要看稳渠来 _{（你们一定要把他看住）}。

偓们一定医好渠来 _{（我们一定会把他治好）}。

你捡好啊子该只间来 _{（你把这个房间收拾一下）}。

4. 如果处置方式带有"打、骂、话、玩笑"等批评训斥玩乐类的，常用"（名）+捉/舞倒+名+来+动"的格式来表示。

只晓得捉倒大个来骂，小个就唔管 _{（只晓得骂大的，小的就不管）}

净捉倒偓来话 _{（光晓得讲我）}。

大家都舞倒渠来开玩笑 _{（大家弄到他来开玩笑）}。

五　"来""去"句

"来""去"除了有普通话中实义动词和趋向动词的一般用法，还有一些有特色的用法。

1. "来"有内部语音屈折，① 读[le²]相当于普通话的"来"。② 读[le⁴]则相当于"去"，这种情况可用"去"代替，第一人称多用"来"。

你克会来[le²] _{（你会不会来）}。

你克会来[le⁴] _{（你会不会去）}。

你克会去 _{（你会不会去）}。

2. "来"+动词，① 读[le²]主要是提示主语的作用，有时带有一点商量的口气。② 读[le⁴]，相当于"去"，有明显的趋向，表示要做某事，这种情况一般只用于第一人称。"去"则适用于所有的人称。

偓来[le²]炒菜，你来切菜 _{（我来炒菜，你来切菜）}。

偓来[le⁴]舞饭食 _{（我去做饭）}。

偓们来[le⁴]转 _{（我们去回）}。

你们去舞什么 _{（你们去干什么）}？

3. "来[le⁴]去"连用，表示要做某事，可以单独做谓语，也可以放在动词前。"来去"后面动作都是未发生过的，所以不能加"过、啦"等助词。这个结构的主语只能是第一人称。

偓下个星期来去上海 _{（我下个星期去上海）}。

偓们来去超市买东西 _{（我们去超市买东西）}。

4. "来[le²]"放在句末，有商量的语气，表示先做这件事。

（1）"V+数量词+来"

搞刻子来 _(过来玩一下子)。

食碗茶来 _(过来喝杯茶)。

等我歇刻子来 _(让我再睡一下子)。

（2）用"V+减+数量词+来"表示先做这件事再说。

歇减一觉来 _(先睡一觉再说)。

食减两杯来 _(先喝两杯再说)。

5. "去"用在祈使句末，起加强语气的作用。

食了该碗饭去 _(吃掉这碗饭)。

写了作业去 _(写掉作业)。

六 "拿"字句

"拿"除表示与普通话相同的词义"持握、抓取、强取、捕捉、领取、得到、使用"等外，还表示"给予、处置、许配、使役"等，下面就分析一下与普通话不同的"拿"字的几种句式。

1. S+拿+O_1+O_2 +（VP），这是用得最多的一种，相当于普通话的"给"，这里的双宾语的词序与普通话不同，是表事物的直接宾语在前，表人的间接宾语在后，而且表人的宾语常常带给予事件目的的动词 VP（也可以不带）。

爹爹拿了几块钱俚用 _(爷爷给了我几块钱)。

阿姨拿了个苹果明明食 _(阿姨给了明明一个苹果)。

2. NP_1+拿把+NP_2+（VP），这是"S+拿+O_1+O_2"的一种变式，"把"是表递系的介词，NP_1 表物，NP_2 表人，NP_2 常常带给予事件目的的动词（也可以不带）。"把"的声调读为入声$[pa?^5]$。

该本书拿把小红看 _(这本书给小红)。

你唔听话，该只搞个唔捱拿把你 _(你不听话，这个玩具不给你)。

3. 拿 $_1$+NP_1+拿 $_2$+NP_2+（VP），这种句式常用在祈使句中，隐含的主语是"你"，拿 $_1$ 是表示处置义的动词，拿 $_2$ 是表给予类的介词，表示物权的转移，拿的声调读为入声$[na?^5]$，整个句式相当于普通话的"把……给……"，这里的拿 $_1$ 拿 $_2$ 可以省略其中之一，当拿 $_1$ 省略时，拿 $_2$ 则成为表给予义动词，读原调。

拿该张纸拿奶 _(把这张纸给奶奶)。

拿一块钱拿俚买食个 _(给我一块钱买吃的)。

4. NP_1+拿 $_1$拿 $_2$+NP_2+（VP），这种句式其实是"拿 $_1$+NP_1+拿 $_2$+NP_2"的一种变式，拿 $_2$ 的声调读为入声$[na?^5]$，拿 $_2$ 可以省略，NP_1 是有定的。

该张纸拿拿奶奶 _(把这张纸给奶奶)。

该块钱拿拿偓买食个 _(这块钱给我买吃的)。

5. 拿得

（1）NP+拿得（+ NP₂）+VP，表示处置，"拿得"是一个整体，NP 是处置的对象，是后面 VP 的受事。

鞋子蛮撇捱啦，拿得（去）洗了去 _(鞋子好脏了，拿去洗了)。

该碗饭拿得狗食了去 _(这碗饭给狗吃)。

（2）NP₁+拿得+ NP₂，这里的"拿得"表示"许配、嫁"义，NP₁ 是女方名，NP₂ 是男方家的地名、人名等，如果是男方家的人名，则"拿得"也可以说成"拿把"。这种意义也可以理解为"处置"义的一种引申，从文化的角度来说，是过去女孩子没有社会地位，人被物化，也就当作一物件"处置"了。

小红拿得唐江 _(小红嫁到唐江)。

小芳拿得老李做新妇 _(小芳嫁给老李做儿媳)。

兰则拿得哪子去啦 _(兰兰嫁到哪儿了)？

6. NP₁+拿+NP₂+VP，表示使役，相当于普通话的"让、叫"。这里的 VP 和前面表给予处置义的 NP₂ 后带的动词不同，这里的 VP 是 NP₂ 的动作，VP 不可以省略。而前面 VP 虽也是 NP₂ 的动作，但其实是"拿"带给予处置事件目的的动词，因此 VP 也可以不带。

你唔要拿渠搞咁多手机，会看坏眼珠 _(别让他玩那么多手机，会看坏眼睛)。

你唔要拿偓看到啦，看到一回打一回 _(你别让我看到了，看到一回打一回)。

七　几种特殊的词序

1. 双宾语，如果动词是授予类的词序为直接宾语在前，间接宾语在后，这与普通话的词序刚好相反。如果动词是告示一类的则与普通话一样，间接宾语在前，直接宾语在后。

拿块钱偓 _(拿给我一块钱)。

渠送了两本书偓 _(他送了我两本书)。

过来，话法你一行事 _(过来，告诉你一件事)。

也可以在间接宾语之前加"拿[na?⁵]"，相当于普通话的"给"。

送滴子菜拿你 _(送点菜给你)。

2. 表示加量的"添"放在动词之后，这种情况动词前还可以使用"再"

食碗饭添 _(再吃一碗饭)。

再坐刻子添 _(再坐一会儿)。

3. 补语与宾语的词序。补语是否定则宾语在前，补语在后，与普通话相反。补语是肯定的则补语和宾语顺序在前在后都可以。

佢打渠唔赢 （我打不过他）。——打得渠赢/打得赢渠

佢食饭唔下 （我吃不下饭）。——食得下饭/食得饭下

该支笔写字唔出 （这支笔写不出字）。——写得出字/写得字出

4. 带有位移方式动词（如"开"）、来去动词和目的地三个成分的位移句，直接由来去动词做补语介引目的地成分。

该顶汽车要开得去广州 （这辆汽车要开到广州去）。

佢们走得来转 （我们走回去）。

第三节　特色补语

1. V+煞=甲=[saʔ⁵kaʔ⁵]，相当于"完、结束"，表示通过某动作使某事物完结或某动作完结，否定是"V+唔+煞甲"。常见有：做煞甲、舞煞甲、写煞甲、吃煞甲、用煞甲、学煞甲等。

佢今日写煞甲啦作业 （我今天写完了作业）。

2. V+交[kɔ¹]，相当于"遍"，表示动作遍及某个范围，否定是"V+唔+交"。常见的有：走交、看交、寻交、搞交、食交、读交等。

佢寻交了学堂都唔曾寻到渠 （我找遍了学校也没找到他）。

鲁迅的书我一下读交啦 （鲁迅的书我全读过了）。

3. V+到[tɔ⁴]，① 表示某动作达到了一定的目的。常见的有：寻到、买到、借到、食到、用到、拿到等。② 通过某动作而有所发现，有了结果，仅限于感官动词，看到、听到、嗅到、梦到等，相当于"见"。③ 表示动作达到某种程度、动作到达某处所、动作延续到某时间点（这些与普通话相同）。

佢买到了凉粉 （我买着了凉粉）。

渠特觉过到了好日子 （他终于过上了好日子）。

佢听到了渠话事 （我听见了他说话）。

4. V+倒[tɔ³]，表示某动作产生了结果，多是消极的。常见的有：跌倒、扭倒、烫倒、碰倒、冻倒、累倒、饿倒、压倒等。

多食滴子，唔要冻倒啦 （多吃点，别冻着了）。

5. V+成[sã²]，表示通过某动作，有了成功结果。常见的有：话成、舞成、谈成、离成等。

渠们的婚离成啦 （他们的婚离成了）。

渠们两个人话得成 （他们俩恋爱谈得成）。

6. V+正[tsã⁴]，相当于"好"，表示通过某动作，事情都弄好了、办妥了，常见的有：舞正、整正、剪正、捡正、切正、写正等。

偓的电视整正啦（我的电视修好了）。

有客会来，屋里要捡正下了（有客人要来，家里要收拾好来）。

7. V+净[tɕʰiã⁴]，相当于"光"，表示通过某动作使某事物一点不剩，常见的有：食净、用净、花净、烧净、脱净、跌净、卖净、舞净、剥净等。

渠个牙齿一下脱净啦（他的牙齿全掉光了）。

渠剥净了衫裤正晓得今天停水（他脱光了衣服才发现今天停水）。

8. V+了[liɔ³]啦，① 表示动作结束了，相当于"完了"。② 通过某动作去除、离开、消失，相当于"掉"。

写了啦作业（写完了作业）。

偓今日晏昼打了啦一只碗（我今天中午打掉了一只碗）。

9. V+减[kã³]，相当于"掉"，后面常与数量词或"滴子"连用，表示可以先做掉部分，如：

等偓话减两句来你再话（等我说掉两句你再说）。

还有咁多，拿减滴子有要紧（还有这么多，拿掉点子没关系）。

有钱就先还减滴子（有钱就先还一点）。

10. V+落[loʔ⁵]，相当于"下"，① 表示某动作从高位到低位，如跌落、跪落、歇落等。② 使固定及留存下来，如停落、写落、定落等。③ 与"得、唔"一起使用，表示踏实。如坐唔落、歇唔落、食得落。

看稳人来，唔要跌落床脚下来啦（看住人，不要掉到床底下了）。

看了几工，房子特觉定落来了（看了几天房，终于定下来了）。

你爷佬病得咁子，你还食得落、歇得落（你父亲病成那样，你还吃得下、睡得踏实）？

11. V+起[ɕi³]，除了有普通话动作从低到高（如捡起）、涉及（提起）、某动作从某人某处开始做起外，还表示某人先做某事，其余人依次做，如：

你走起（你先走，其余人依次也走）。

你食起（从你这里开始吃，其他人依次吃）。

12. V+得[teʔ⁵]（见本章第一节助词）

13. V+转（来），相当于"回来"，表示通过某动作使人或物回到原处，动作朝向说话人，常见的有：带转来、送转来、运转来、搬转来、开转来、拿转来等。

过年个时候，渠带转来一个妹崽子（过年时他带回来一个姑娘）。

偓个东西你拿转我（我的东西你拿回给我）。

14. V+转去，相当于"回去"，表示人或事物随动作从别处到原处，动作背向说话人。常见的有：放转去、带转去、拿转去、走转去、送转去等。

从哪子拿个放转哪子去（从哪里拿的放回哪里去）。

该滴子肉你带转去（这点肉你带回去）。

15. V+过，除了有普通话的经历过、超过、通过、动作改变方向等义外，如来过、赛过、走过、翻过等，还表示事情要重新做。

作业要写过 _(作业要重写一遍)。

材料回了啦，要买过 _(材料受潮了，要重买)。

16. A+到了甲，相当于到了极点，表示程度极高，A 只适合带贬义的形容词。常见的有：懒（丝）到了甲、笨到了甲、屄到了甲（丑极了）、口[so³]到了甲（笨极了）等。

咁么大了碗都唔洗，真个系懒到了甲 _(这么大了碗都不洗，真是太懒了)。

17. V+掔，"掔"为全部聚拢之义，如走掔、舞掔、扫掔等。

恶索子扫掔来明朝来撮 _(垃圾扫拢来明天用撮斗撮起来)。

屋里人做屋要做掔啊子来 _(家里人做房子要做拢一点来)。

18. V+整啊子，V 为音节动词，表示动作比较随意，不是太正式太认真。如：

放几多子盐，偃就估整啊子，懒得称 _(要放多少盐，我就照估计了，懒得去称)。

你不论舞整啊子就做得，难费神 _(你随便弄弄好就行了，不要太费精神了)。

高还唔系你们俩个人话整啊子的事 _(这不就是你们两个人谈好的事)。

第五章 南康方言的内部分片

颜森提出区分是客家方言还是赣方言的标准有三："一是客家人的自我意识，一是词汇的差别，一是语音的特点。"①这个标准同样也适用于南康方言的内部分片，尽管南康话内部差别不太大，可以互相通话，但还是可以分出几个片，这也是南康人长期以来的自我认同，在词汇语音上也确有些不同。"江西境内的客家方言，可分为客籍人说的客籍话和本地人说的本地话。"②南康话除散居在平田、龙华、潭口带的"河源声"带有较明显客籍话的一些特点外，其他"声"都属于本地话。南康方言可以分为北片坑声、唐江声、蓉江声、潭口声、龙华声和河源声。

北片俗称"坑声"，包括南康北部的隆木、坪市、大坪、横市、麻双、十八塘六个乡镇的全部以及凤岗、龙华两乡的北部地区，这几个乡镇很少有闽粤的返迁（除了十八塘有一些），这里地处山区，以前交通不便，方言辨识度较高。

唐江声包括唐江镇全部，凤岗、三江、太窝的大部地区，赣州近郊如蟠龙、水南、水西也说唐江话。

蓉江声包括蓉江街道、东山街道全部以及西华、镜坝、龙岭、潭口的一部分。

龙回小片包括龙回、三益两乡全部以及浮石一部分。

潭口声包括潭口镇、潭东的全部以及龙岭、太窝、朱坊、赤土的大部分。

龙华片目前已向唐江片靠拢，根据王建（2011）作的调查③，龙华的新派已与唐江话相差不大，对比黄雪贞的《梅县方言词典》，龙华的老派与梅县话的相似度极高，也就是所谓的"河源声"。河源声散居各地，以龙华、平田、潭口较多，即那些明末清初由广东迁入人数较多的地方，受本地话的影响较大。目前只有少数老年层的人会说点河源声，年轻人基本上不会

---

① 颜森：《客家话的三个标准》，《江西师范大学学报》2002年第8期。

② 刘纶鑫：《江西客家方言概况》，江西人民出版社2001年版，第43页。

③ 王建：《语言接触视野下的南康（龙华）客家方言词汇研究》，硕士学位论文，江西师范大学2011年。

说了，没有交际价值。本书没有专门调查河源声，在龙华潭口话中还保留一些河源声的痕迹。

整体来说，南康的几种声大同小异，群众可以自由通话。语音上声母基本相同。韵母相对来说差别大一些，但都有明显的鼻化音，没有前鼻音，后鼻音也不丰富。声调稍有不同，阴平都是中升调，阳平均为低降调，上声都只有一个，且为中降调，去声也只有一个，除北片坑声为中平调外，其他均为高降调，入声连读都有喉塞音，其中唐江片、潭口片较明显。词汇上区别较明显的是亲属称谓和代词。语法上基本没区别。另外南康话与周边的赣州近郊、大余、上犹、崇义、赣县、信丰、遂川较接近，可以自由通话，没有交际障碍。

一　各片语音比较

（一）北片坑声

1. 声母：

P 布北 pʰ 爬步 m 门木 f 胡符 v 话围 t 到赌 tʰ 地道 n 难怒 l 兰路 ts 招租 tsʰ 曹虫 s 师丝 tɕ 精经 tɕʰ 秋旗 ɕ 修书 k 哥减 kʰ 葵确 ŋ 岸梗 h 化开 ø 案约

2. 韵母：

ɿ 资支 i 耳力 u 屋故 y 雨输 e 直质 ei 来在 uei 桂该 ieu 斗邹 iu 修流 o 河合 io 茄瘸 ie 日结 ye 决缺 uo 割 ɔ 烧桃 iɔ 条叫 æ 街摆 uæ 怪坏 a 八爬 ia 野壁 ua 刮挂 ẽ 根肯 iẽ 捡廉 uẽ 魂昆 yẽ 卷权 oĩ 暗盘 uoĩ 看官 ɔ̃ 讲党 iɔ̃ 良奖 əŋ 东通 iəŋ 穷紧 yŋ 熊裙 ã 横减 iã 轻饼 uã 关惯 ŋ̍ 唔伍

3. 声调：

阴平：24 高开天坐冷　　　阳平　21 床唐平人扶
上声：42 古口好五老　　　去声 22 变菜放病用
入声：5

4. 说明：（这里只说明与唐江片相比，有哪些不同，相同的语音特点则不作另外说明）

（1）有撮口呼。遇合三鱼韵章组字的"书、鼠"，虞韵的知组字"住、厨、橱、除"，章组字的"输、树"等字的韵母为 y，这与其他点的 u 不同，成为特征语音。其中"树"（遇合三禅母）的声母由擦音读成塞擦音［tɕʰ］。止合三支韵的"吹嘴"脂韵的"水醉"也读 y，这与唐江片的 ue 也相差较大，当然，声母也变成 tɕtɕʰɕ，一听就知道是坑声。

（2）第三人称代词在坑片读［ku²⁴］，陈昌仪的《江西省方言志》有于都、瑞金和浮梁三县读［ku²⁴］，刘纶鑫的《客赣方言比较研究》中"他们"这个词条中，也只有于都读［ku²⁴］，这两部书中都没有写本字，而是用"口"

代替。谢留文《于都方言词典》中写的是"佢"，"佢"就是"渠"的俗字。渠为遇合三群母字，遇合三读［u］的坑片有：初梳助疏着暑等，因此韵母合。至于声母读不送气的［k］，李如龙认为"各种客赣方言几乎都把'渠'读为不送气音（k 或 tɕ），这应该是直接继承了清化前的不送气的特点。"[①]但坑片的［ku²⁴］读阴平，声调不符，目前暂时先写作"渠"。

（3）入声有轻微的喉塞音，连读时更明显一些。

（4）去声字读低平调22，这是北片的一个特色，其他地方都读高降调。

（5）来母不分洪细，都读［l］，这与唐江声的洪音读［t］，细音读［l］不同。

（6）"鱼"读［ni²¹］，说"鱼子"，唐江片说鱼［ŋe²¹］子。

（7）蟹合三书母的"税"读［ɕy²²］，其他点均读［se²²］。

（8）咸山合口部分字与江宕合流，读［ɔ̃］，如甘（咸合一）肝（山开一）官（山合一）岗（宕开一）光（宕合一）江（江开三）都读［kɔ̃²⁴］。在唐江话中前三者为［ũ］，后三者为［ɔ̃］。

（二）蓉江声

1. 声母：

P 布北 pʰ 爬步 m 门木 f 胡符 v 闻围 t 到赌 tʰ 地道 n 难怒 l 兰路 ts 招租 tsʰ 曹虫 s 师丝 tɕ 精经 tɕʰ 秋旗 ɕ 修休 k 哥减 kʰ 葵确 ŋ 岸咬 h 化红 ø 案约

2. 韵母：

ɿ 资支 i 耳力 u 屋故 y 雨跪 ə 事在 e 直斗狗 ue 桂归 iu 丑流 o 河多 io 茄 ɛ 十 iɛ 日结 uɛ 割 yɛ 决缺 ɔ 烧桃 iɔ 条叫 æ 实盖 uæ 怪坏 a 八爬 ia 野壁 ua 刮挂 ẽ 含肯 iẽ 捡廉 uẽ 魂昆暗盘 yẽ 卷权 ɔ̃ 讲党 iɔ̃ 良奖 əŋ 东通 iəŋ 穷胸 yəŋ 熊裙 ã 横减 iã 轻饼 uã 关惯 ŋ̍ 唔鱼

3. 声调：

阴平 44 高开天坐冷		阳平 21 床唐平人扶古口好五老
去声 52 盖变怕坏用		入声 A 24 一七日急歇
入声 B 55 药白读杂袜		

4. 说明：

（1）有撮口呼。

（2）阳平与上声已合流。次浊上一部分归阴平，一部分归阳平；全浊上一部分归阴平，一部分归去声。

（3）入声分为入声 A 入声 B，分布没有明显的规律。入声韵尾脱落。但在连读时，特别是入声字在前时，读高短调，有轻微的喉塞音。

---

① 李如龙：《汉语方言的比较研究》，商务印书馆 2003 年版，第 154 页。

（4）第三人称代词"渠"读 [kə⁴⁴]，是县城话的特色读音。

（5）遇合三晓匣影喻的"遇、圩、芋、"韵母为 [iu]。

（6）绝大部分阳平_{（包括归入阳平的古上声字，以及归入阴平或去声的古浊上字）}+阴平以及阳平_{（只有归入阳平的古上声字，以及归入阴平或去声的古浊上字）}+轻声，前字由 21 变 24，如：

① 台风 tʰæ²⁴fəŋ⁴⁴　　床单 tsʰɔ̃²⁴tã⁴⁴　　年初 niẽ²⁴tsʰu⁴⁴　　荷花 xe²⁴xua⁴⁴

② 水沟 ɕy²⁴ke⁴⁴　　打针 ta²⁴tɕiəŋ⁴⁴　　老鸦 lɔ²⁴a⁴⁴　　牡丹 me²⁴tã⁴⁴

③ 被窝 pʰi²⁴_{被单字读44}pʰo⁴⁴　　丈夫人_{男人}tsʰɔ̃²⁴fu⁴⁴ nˌiəŋ²¹

④ 手指 ɕiu²⁴tsɿ　　老弟 lɔ²⁴tʰi　　姐丈 tɕi²⁴tsʰɔ̃　　眼嘞 ŋã²⁴lə

⑤ 本嘞 pẽ²⁴lə　　梗嘞 kã²⁴lə　　爪嘞 tsɔ²⁴lə　　饺嘞 tɕiɔ²⁴lə

（三）潭口声

1. 声母：

P 布北 pʰ 爬步 m 门木 f 胡符 v 闻围 t 到赌 tʰ 地道 n 难怒 l 兰路 ts 招租 tsʰ 曹虫 s 师丝 tɕ 精经 tɕʰ 秋旗 ɕ 修去 k 哥减 kʰ 葵确 ŋ 岸梗 h 化红 ø 案约

2. 韵母：

ɿ 资支 i 耳雨 u 故祖 a 架牙 ia 爹写 ua 瓜花 o 波过 io 茄瘸 iəu 楼狗 iu 收手 ɔ 包保 iɔ 条雕 æ 败介 uæ 盖帅 e 斗凑 oœ 妹灰 ue 害贵 ã 胆间 i ã 饼命 uã 惯关 ɔ̃ 党短 iɔ̃ 想抢 uɔ̃ 官光 ẽ 本根 iẽ 连圆 uẽ 滚昆 əŋ 魂温 iəŋ 新穷群灵 ɛʔ 舌北 iɛʔ 急月 aʔ 狭辣 iaʔ 踢 uaʔ 刮阔 iuʔ 绿六 uʔ 木 oʔ 合割鹿 ioʔ 欲药 uoʔ 国出 m̩ 唔

3. 声调：

阴平 24 高开天坐冷	阳平 21 床唐平人扶
上声 31 古口好五老	去声 51 盖变怕坏用
阴入 3 一七日急歇	阳入 5 药白读杂袜

4. 说明：

（1）入声的喉塞音明显。阴入低，阳入高。

（2）没有撮口呼。

（3）蟹合一灰韵的韵母为 oœ，如妹 [moœ⁵¹]，这是潭口声的一个特色读音，一听便知是潭口声，外片人很难发这个音。

（4）否定词唔 m̩ 为双唇音的鼻化。

（5）读"去"为 [ɕi⁵¹]，南康其他地方读去声 [he⁵¹]。

（6）蟹开四有不少字读 [e]，如细 [se⁵¹] 洗 [se³¹] 梯 [kʰue²⁴] 弟 [tʰe²⁴] 泥 [ne²¹]，梯读 [kʰue²⁴]，透母字读与溪母字同，这比较少见，不知是否为本字。

（四）龙回声

1. 声母：

P 布北 pʰ 爬步 m 门木 f 胡符 v 闻围 t 到赌 tʰ 地道 n 难怒 l 兰路 ts 招租 tsʰ 曹虫 s 师丝 tɕ 精经 tɕʰ 秋旗 ɕ 修去 k 哥减 kʰ 葵确 ŋ 岸梗 h 化红 ø 案约

2. 韵母：

ɿ 资支 i 耳第 u 故祖 a 架牙 ia 爹写 ua 瓜花 o 河罗 io 茄瘸 iəu 楼狗 iu 收雨 ɒ 圩 ɔ 包保 iɔ 条雕 æ 败妹 uæ 盖帅 əu 斗凑 e 倍贵 ue 害贵 ã 胆间 iã 饼命 uã 惯关 ɔ̃ 党讲 iɔ̃ 想抢 uɔ̃ 官光 ẽ 本根 iẽ 连圆 uẽ 短船魂桑 əŋ 红魂温 iəŋ 新穷群灵 yŋ 群胸云 ɛʔ 舌北 iɛʔ 急月 aʔ 狭辣 iaʔ 踢 uaʔ 刮阔 iuʔ 绿六 uʔ 木鹿 oʔ 合割国出 ioʔ 欲药 ŋ̍ 唔

3. 声调：

阴平 34 高开天坐冷		阳平 21 床唐平人扶
上声 31 古口好五老		去声 51 盖变怕坏用
阴入 24 一七日急歇		阳入 42 药白读杂袜

4. 说明：

（1）入声单念时喉塞音都不明显，但连读时都较明显，读为高调5。这里记音时都记了喉塞音。

（2）遇合三晓匣影喻的韵母为 [iu]，如"圩"读 [ɕiu³⁴]，雨读 [iu²¹]。

（五）龙华声*

1. 声母：

p 布班坡 pʰ 步别扶 m 门问蚊 f 飞苦虎 v 温横 t 到打胆 tʰ 道同择 n 难软日 l 兰吕良 ts 糟祖争 tsʰ 昌虫杂 s 苏书死洗 tɕ 焦蒸周 tɕʰ 枪桥杰 ɕ 线虚 k 贵街鸡 kʰ 跪康客 ŋ 硬眼 h 开灰去抗 ø 元约袄缘

2. 韵母：

ɿ 资支知 i 耳第雨 u 故土裤 a 架牙打话 ia 爹摸姐欺 ua 瓜花华 o 波多禾挪 io 茄瘸楼搜走 iu 收手 ɔ 包保 iɔ 条雕廖 uæ 坏怪帅 æ 败介爱 e 税妹洗 ue 害贵跪 ã 胆间减 iã 饼命姓 uã 惯关掼逛 ɔ̃ 党讲竿 iɔ̃ 娘想抢良 ũ 官短船关 iĩ 连圆权 ẽ 本温根 uẽ 魂滚 əŋ 东中红根 iəŋ 新新线软 iʔ⁵ 力滴 aʔ⁵ 辣袜客 iaʔ⁵ 壁踢 uaʔ⁵ 刮阔 ɛʔ⁵ 十北舌 iɛʔ⁵ 铁接急 ɤʔ⁵ 各木出竹 uʔ⁵ 祖 oʔ⁵ 国郭确 ioʔ⁵ 药约削 iuʔ⁵ 菊粟六足 ŋ̍ 五唔

3. 声调：

阴平　24 高天暖冷		阳平　21 才平人扶
上声　51 口好五女		去声　42 唱世用汉

---

* 这里调查的是龙华的新派音。

入声　5　急月七俗

4. 说明：

（1）没有撮口呼。

（2）保留少量见母一等字读 k 的，如鸡［ki²⁴］机［ki²⁴］。

（3）蟹摄开四等字有些字的韵母为 e，如洗［se⁵¹］细［se⁵²］泥［ne²¹］，这一点与潭口声相同，但字数要少些。

（4）来母在细音前较少读［t］，这与唐江声不同。

（5）欺读［tɕʰia²⁴］，祖读［tsuʔ⁵］，这两个音较特别。

（6）山开一见组字的韵母为 ɔ̃，与宕江摄合流了。

二　各片词汇比较

各片的词汇基本相同，下面列出一些有差异的词汇，也可以说是南康方言内部各片的特征词。

（一）北片坑声特征词

1. 口［nã⁴²或口个 nã⁴²ke²²］：这个词在刘纶鑫的《客赣方言比较研究》中只见于全南，读［nan²²kaĩ²⁴］，在南康方言中是北六乡标志性的词。由于与表示伸长腿踢的"戁［nã⁴²］"相同，坑声在南康方言中属于劣势方言，因此，外地就会笑："口口口［nã⁴²］，等㑯戁你几脚。"

2. 表示排行最小的除了有满、细外，坪市隆木一带还有"口［mɔ²⁴］"，用于"口姑姊（最小的姑姑）"、"口姨毑（最小的姨母）"，由于"口 mɔ²³"与"毛"同音，又用于称呼女性，感觉身上长了很多毛似的，现在的人嫌不好听，已很少用，多用为"细"。

3. 姨母在坪市大坪隆木一带叫毑毑［tɕia⁴²tɕia⁴²］或姨毑［i²¹tɕia⁴²］，本片别处都叫"姨娘或大姨婆"。

4. 女人称自己兄弟的孩子为"外家甥"或"外家甥女子"，称丈夫兄弟的孩子为"侄人"或"侄女子"。这一点在南康其他地方没有区别。

5. 夜暝（辰）［ia²²mã］（晚上）、下暝［ha²⁴mã］（下午）、一暝［iɛʔ⁵ mã²⁴］（一夜）中的"暝"这个语素，只见于北片坑声，其他片用"晡"，如下晡、夜晡。夜暝（辰）一词另见于上犹。这个"暝"也有可能本字是"晚"字，是古无轻唇音的表现。

6. 赶集说成"逢赢"，因为北片的"墟"与"输"同音为 ɕy²³，作为语讳，把"墟"改为"赢"。

7. 喂（猪、鸡……）在坪市大坪隆木说成口［pẽ²⁴］，这个词在江西还见于莲花县，本县其他地方都说"供"。

8. 表示"里面"的语素为单音节语素口［nã²²］，如称家里为"屋口

[nã²²]"，坑里为"坑口 [nã²²]"。南康唐江说口口 [teʔ⁵nã⁴]，或说 [ti³]，如坑口口 [teʔ⁵nã⁴] 也说坑里。蓉江片说 [tiəŋ⁴⁴nã⁵²]。

9. 表示处所的"里""处"的语素为口 [nɔ²²]，如该口 [nɔ²²]（这里），哪口 [nɔ²²]（哪里），你口 [nɔ²²]（你这里），偓口 [nɔ²²]（我这里），口 [nɔ²²] 子（这里），别口 [nɔ²²]（别处）。这个词未见于江西其他地方。

10. 坪市隆木一带称外婆为"婆则 [pʰɔ²tse⁵]"，这个在福建长汀也是这么说。罗美珍（2014）认为这个"则"是借自南方少数民族语言，"在黔东南苗语是'家'的意思，按照苗语的顺序就是"家婆"，有些客家人曾经娶当地土著为妻，所生孩子必然是这些土著母亲用她们的母语先教孩子呼喊'母亲''外婆'。慢慢地，这些词就借进来了"。[①]

（二）蓉江声特征词

1. 程度副词口 [kə⁵²]，表示非常，程度要比"蛮"更高一些，更强调说话人夸张感叹的语气，使用频率很高，后面加动词或形容词，如口 [kə⁵²] 放心，口 [kə⁵²] 好看，口 [kə⁵²] 标致，口 [kə⁵²] 怂（很丑），口 [kə⁵²] 嬿（很精明）等。其他点一般用"系蛮"。这个 [kə⁵²] 的本字可能是"个"。个，《广韵》古贺切，见母，去声。"个"在唐代就有指示代词的用法。唐·李白《秋浦歌》："白发三千丈，缘愁似个长。""个"就是"这、那"的意思。又如：个般（这样，这般）、个样（这般，这样）、个侬（这人，那人）、个时（这时）、个是（这是）、个能（这样，如许）、个中（此中）等。指示代词是可以指示程度的，现代汉语用"这么"表程度。吴方言用"个"表示"这"，用"个么"表示"这么、那么"。蓉江声有时也说"个么"，因此从音义角度说，蓉江声的 [kə⁵²]，应该就是"个"，是"个么"→"个"的发展。在实际读音中，"个"多数读去声52，但也有人读成24，没有条件性。蓉江声的口 [kə⁵²] 前面不加否定词。

2. 语素"嘞"[lə]，读轻声，相当于唐江话中的"子"（见第四章第一节名词部分），如哪嘞（哪里），该嘞（这里），拈嘞（那里），样嘞（怎样），咁嘞（这样），几久嘞（多久），瓶嘞（瓶子），差唔多嘞（差不多）等。

3. 呼"伯母"为"伯伯 pa⁵⁵pa⁵⁵"，南康其他点多为毑毑 tɕiaʔ⁵tɕiaʔ⁵。唐江呼伯父为"伯伯 paʔ⁵paʔ⁵"。

4. 称呼比母亲小的姨母为"小姨婆"。称呼比母亲大的为"大姨婆"，则与其他点一致。

5. 称男子为"丈夫人 [tsʰɔ⁴⁴fu⁴⁴niən²¹]"，此说其他点均说"男子人"。稀饭为"点心 [tiẽ²⁴ɕiəŋ⁴⁴]"，其他点说"粥"或"稀饭"。鞭炮为"爆虫

[pɔ⁵²tsʰən²¹]"，其他点说"爆竹"。下雨为"落水 [lo⁵²ɕy²¹]"，其他点说"落雨"。自行车除了各个点都有说"单车嘞"外，蓉江片还有很形象一说"铁马嘞 [tʰiɛ5ma44lə]"。老婆除了说"老婆"外，还说"内室 [næ⁵²se⁵⁵]"。

（三）潭口声特征词

1. "嫏"用得较多，称母亲为"嫏"[me³¹]"，称伯母为"伯嫏 [me³¹]"，称婶婶为"嫏嫏 [me²¹]"，值得注意的是，"嫏"在称呼母亲伯母与婶婶时声调不一样。

2. 儿媳为"心舅"，这一点与龙华声一样。

3. "娘"这个语素用得较多，如称舅妈为"舅娘"，称婆婆为"家娘"。这个在南康其他点都是叫"舅母""家婆"。

4. 称外公外婆为"驰公""驰婆"，这是保留的河源声。在南康龙华横寨也有少数人这么叫。

5. 子女叫"俫嘞 [lɛ⁵¹lə] 妹嘞 [me²¹lə]"。

6. 说窗户为"光窗"。

7. 问"什么"用"麻介"，这个与梅县话的"脉个"就是一个词，只是有点音变，不读入声了。

8. 语素"嘞"，相当于唐江话中的"子"。

9. 称呼比母亲小的姨母为"满姨"，如果有几个，则叫"大满姨""细满姨"。这与龙回声一样。

10. 起床为"趼床" hɔ̃³¹tsʰɔ̃²¹。

11. 说"不要、别"为"莫"，如莫去（不要去），莫话（别说），南康别的地方说"唔要"或合音为"嫑"。

（四）龙回声特征词

1. 面称母亲为"口 [iɛ³¹]"，引称母亲为"娭佬 [oe³⁴lɔ³¹]"。南康其他地方引称母亲均为"驰佬"。

2. 称呼比母亲小的姨母为"满姨"，如果有几个，则叫"大满姨""细满姨"。唐江、龙华及北片的横市麻双十八塘称比自己母亲小的姨母均为"姨娘"。

3. 呼叔叔为"满满 [mã³⁴mã³⁴]"，这个叫法很特别，其他片未见。

4. 呼舅舅为"舅爷"，除龙华潭口外，其他地方叫"舅公"或"母舅"。

5. 称伯母为"娘娘"。

6. 吃饭用"吃"，读 [tɕʰiaʔ⁴²]，不用"食"。这一点与赣方言一致，与客家方言普遍用"食"不一样。

（五）龙华声特征词

龙华方言新派老派差别较大，老派带有很浓的河源声，新派则受唐江声的影响较大，如老派说雌性动物为"嫲"，新派则说"婆"，此类很多，不一一列举，下面说的特征词是新派中还保留使用的。

1. 母亲的面称除了称"嬤"［mo²⁴］外，还有不少称"阿婆"［a²⁴me³¹］的。这在江西很多地方是这样称的，如乐平、横峰、上高、万载、于都、定南、铜鼓、井冈山、石城等。婆《广韵》："武移切，明母支韵，齐人呼母。"是个古方言词。

2. 儿媳在南康一般叫"新妇"，但在龙华叫"心舅"，这与铜鼓、井冈山、梅县一样。

3. 起床叫"条起"［tʰiɔ²¹ɕi³¹］或"趷床"［hɔ³¹tsʰɔ²¹］，除潭口外，南康其他地方叫"爬起"或"起来"。

4. 子女叫"倈嘞［læ⁵¹lə］妹嘞［mo⁵¹lə］"，与潭口话同，南康其他地方叫"子女"或"崽女"。

5. 叔叔叫口口［se⁵¹se⁵¹］，婶婶叫"心嬤"，这在江西其他地方都未见，本字不明。

6. 呼"伯母"为"伯伯［paʔ⁵paʔ⁵］"，这一点与蓉江声一样。

7. 称家里为"屋夸"。

8. 什么时候说"木个时候"，这里的"木介"应该就是老派龙华话"麻介"的音变。

9. 语素"嘞"，相当于唐江话中的"子"，这一点与蓉江声一样。

10. 说窗户为"光窗"，与潭口话一致，南康其他地方都说"斗门""窗嘞"。

第六章　南康方言与文化

第一节　南康谚语与文化[*]

谚语是民间集体创作、广为口传、言简意赅并较为定型的艺术语句，是民众集体智慧和普遍经验的规律性总结。谚语用简单通俗的话反映出深刻的道理，被誉为"语言之花""智慧海洋的明珠"。

一　从饮食谚语看南康饮食文化

（一）"食饭是食米"

在南康人的固有信仰中，认为"米"是产生力量的源泉，"饭"是身体健康的根本。"食得几碗饭，神仙都唔贪"，"雄就雄该几碗饭，冷就冷该几个风"，"还生食四两，当过死了祭猪羊"。稻米饭在南康人的心中有着很重要的地位，食米饭是硬道理，"食饭是食米，讲事是讲理"。南康民俗中"饭"是不能浪费的，否则会"拿雷公打掉去"。吃剩的饭不能倒掉，一般是留着下餐再吃，若已馊了也要晒成饭干，用油煎一下再吃。南康婴儿往往在月子里就开始吃米羹，大人认为这样才能撑大胃，以后更会吃饭。人只要能吃饭就行，而且一般三顿都吃米饭，水果之类也被称为零食。南康人热情好客，饭桌上常劝人"食饱来，饭就唔要压"，客人放下碗筷，主人则会说"有什么菜，饭就要食饱来"。客人则应道"食饱了，食饭还会搭你客气"。过去还有"压饭"习俗，即抢着给客人添满满的饭，以示好客，客气则边抢着碗不让添边说"食饱了"，饭桌上十分热闹。南康民间有"食新"的习俗，谚曰"新禾一餐唔满足，死也唔瞑目"，这反映的是南康地区农村于每年新谷初收时的一种民俗。所谓"吃新"指的是"食新米饭"，"食新"没有固定日期，一般是小暑节气后某个吉日，各地的形式也不完全一致，一般是将割下的稻谷碾成新米，做好饭及各种祭品先供祀五谷大神和祖先，

---

* 这一节综合了本人发表过的三篇论文，内容有调整：（1）《从饮食谚语看客家精神的特质》，《赣南师范学院学报》2007 年第 1 期；（2）《谚语看客家饮食文化》，《牡丹江大学学报》2007 年第 4 期；（3）《从谚语看客家的传统家庭教育》，《牡丹江大学学报》2011 年第 10 期。

然后请帮忙的人一起来尝鲜。南康人以前除夕饭用大饭甑蒸许多饭，一直要吃到年初四，到了年初五才开始另煮饭，因为初五是"五谷神"的生日，这一方面表明的是"有食"，能从旧年吃到新年，另一方面就是表现敬重"五谷神"之意。

（二）"咸咸辣辣"

南康人吃菜口味较重，特点为"咸咸辣辣，麻麻搭搭"。南康人认为多吃"盐"才有力气，没盐就没味，"要想甜，放点盐"，"省了盐，酸了汤"，牛也"来年要拉（耕）田，冬天喂点盐"。所以外地人吃南康菜，普遍觉得咸了点、味重了点。南康人普遍爱吃辣，许多南康人吃饭若没辣，就觉得吃不下饭，"一餐要有辣，心里就唔得煞夹（不舒服）"。相传有一个不吃辣的人来到南康人家里，告诉主人菜不要放辣，南康女主人发愁了："冇辣椒，高（这）菜怎么炒？"最后让客人自己来炒菜。现在南康人仍喜欢大量晒辣椒干、辣椒酱，浸辣椒（酸泡辣椒），口[ŋɔ³]（盐渍）辣椒油、辣椒片，一直可以吃到第二年新辣椒出来。谚语"大大冬瓜，细细辣椒"，是经验之谈，告诉人们，冬瓜要大的好吃，辣椒要小的更辣。南康"德福斋"辣椒酱名气很大，颇具南康特色。

（三）"猪肉头牲鱼"

南康人生活较艰苦，平时以吃素菜为主，所以认为荤菜才是好菜，在过年节或有客人来时，一定要弄几个荤菜。南康人热情好客，有劝菜的习俗，爱给客人夹菜，往往客人碗里，鸡鸭鱼肉的吃不过来。若"猪肉头牲（鸡）鱼，豆腐冇上台"就算是吃得非常好了，因为豆腐在南康人习俗中也有较高的地位，各种节日、特殊仪式中都要用上它，若豆腐都排不上桌了，可见吃得多"齐整"。有的南康人买的肉，经常用盐腌起来或用油炸起来以待客。过年做的腊货多，品种繁，也是一件很荣耀的事。有的腊货保管好来，能吃到莳田，这种女主人常被人赞为贤女子，无论客人什么时候来，都有像样的菜拿出来，非常体面。南康人以前过年走亲戚常提两三斤猪肉去，女儿女婿则年前就应提"猪肉头牲鱼"去孝敬父母，意思为让父母过一个像样的年。南康人认为人的健康主要在于吃，一个人胖，是吃出来的，一个人白，是吃出来的，一个人气色好，也是吃出来的。这里吃的东西，主要指所谓的好菜，即荤菜。

（四）饭后一杯茶

茶对南康人有很重要的意义，也衍生出了丰富多彩的茶文化，最突出的莫过于采茶戏了，目前赣南采茶戏中一些经典曲目如《钓蚜》《睄妹子》《试妻》等用的都是南康方言。南康人认为，茶水是一种男女老少皆宜的保健饮料，有祛病健身的疗效。南康人以茶待客之俗很盛行，再不富裕的人家一年四季都备有茶叶，邀请别人，常说："走，食杯茶来。"上别人家，若连茶都没有泡一壶，那就会怪罪很深："茶都冇食！"还有谁愿意上他家去？没茶都没人情味了。南康有句谚语"午时茶好做药"，指的是每年端午节那天中午上山采的茶，南康人称之为"午时茶"，南康人相信，喝了午时茶可以消除百病。"隔夜茶毒过蛇"，表示隔夜的茶不能喝。有时茶指的是开水，如"肯食凉井水，唔食叽叽茶"，"叽叽茶"指的是未开的水，因为"响水冇泡，泡（开）水冇响"。南康"食茶"有时不光指喝茶，还包括加茶点招待，如男方第一次到女方家，则女方的叔伯家都要"捡茶"吃，这里的"茶"指茶点。

二　从饮食谚语看南康精神的特质

民以食为天，南康人的生活可以说是从"寻食"开始的。"寻食"在南康方言中使用频率很高，简直就是"生活"的代名词，如问人在哪儿上班说"在哪子寻食"，教育小孩要勤奋，否则长大了就难"寻食"，人的一切努力都是为了更好地"寻食"。南康话中的"食"指各种能入口的"吃"，如"食烟""食酒""食茶""食饭"，南康人在长期的生活中积累了丰富的与"食"有关的谚语，从中也可以管窥南康文化特质。

（一）重吃轻穿的生存忧患意识

"人是铁，饭是钢，一餐唔食饿得慌"这句很普遍的谚语在南康话中也说得很多。南康先民在非常艰苦的环境中求生存发展，解决吃的问题也面临严峻的挑战。所以南康人历来很重视吃，"有食跟食转，冇食打烂碗"，一般不亏待自己。比起吃来，穿只要能穿暖就行，"食到了是自己的，着好了是给别人看的"，所以南康人一般只在做客、上街时穿得比较体面，平时干活又脏又累，穿得非常俭朴，"山精山角落，新裳底下着"，南康人对新衣服非常珍惜。有些食物火气较重，但南康人也勇敢地吃，因为"有食就火气，冇食就起火"。有吃可以成为显摆的事，"偓有钱食瓜，你管得偓食上食下"。有些偶然现象，南康人也与吃相联系，"筷子起焱（跳），有食在明朝"。南康人尽管重视吃，但常居安思危，有忧患意识和长久安排，"有食想到冇食时，等到冇食倒悔迟"，"平时省一口，缺时顶一斗"，而且人生在世"食唔壹〓（尽），着唔壹〓（尽）"，规劝人们要知足常乐，有吃有穿就行，不要太贪心。"千跪万拜一炉香，不如生前一碗汤"，这是一种多么务实的想法，这也是南康人对"孝"的诠释。

（二）务实敬业的普遍性格特征

崇实达理，敦厚质朴，埋头苦干，不尚空谈是南康人的普遍性格特征和价值取向。从其敬神态度就可看出明显的实用主义精神。大部分南康人既崇佛道，又重儒术，更信鬼神。由于南康人所受的磨难史和定居山区后遭受的天灾人祸、疾病兽害等威胁，因此对他们来说，不论哪路仙客，何方神祇，也不管是儒道佛，还是鬼神巫，只要能祈福灭灾，百事呈祥，保佑老少安康，子孙兴旺便供奉。他们往往平时不烧香，遇急临时抱佛脚。南康人最普遍信的神是社公、灶君。社公是土神，几乎每个村庄都有，保佑一方水土，保大家能粮食丰收；而灶神是保一家能吃饱吃好，这二神可谓都与保"食"相关。"拜年拜年，拜到灶前。"初一早上大人小孩起来的第一件事就是去拜灶神，祈求灶神爷能保佑一家大小在新的一年有饭吃。讲求实用性，可谓南康人一个很重要的文化特质，在饮食谚语中也很能体现这一特质。如"千跪万拜一炉香，不如生前一碗汤"，"还生食四两，当过死了祭猪羊"，这是一种多么务实的想法，这也是南康人对"孝"的诠释。南康人论"孝不孝"，一般与"吃"相联系，如南康唐江有"回菜"的习俗，即吃酒席时大部分菜都不能吃，要打包回去给老人孩子吃，这种把各种菜倒在一起的菜，就像叫化子讨的菜，故又名"竹筒菜"。相传这种习俗来源于一个贤惠而孝顺的女子，她丈夫早逝，自己伺候着年迈眼盲的婆婆且抚养年幼的子女，日子过得异常艰辛。每次她去吃酒席，总是舍不得吃，把夹在自己碗里的菜带回去给婆婆吃，后来这个女子受到了当地政府的嘉奖，而她孝敬婆婆的方式也传开来了，成了一种民俗。"食得几碗饭，神仙都唔贪"，南康人没有太多的幻想，什么事情都没有眼前多吃几碗饭来得实在，所以有神仙当也没多少吸引力。南康人的"饭"有时不是实指，而是泛指，如，"食哪行饭，做哪行事"，这里的"饭"相当于"职业"，表现南康人的敬业精神。"有几大子的饭量，就做几大子的事"，这里的"饭量"指的是"能力"，有多大的能力就做多少事，不要空口说白话。"端人家碗，服人家管"，这是多么老实厚道呀。"食得来，使得平"，指有能力做这件事，就一定要把它做好，意为量力而行。"有盐冇盐，尝了才晓得"，这是一种务实的精神，没有实践就没有发言权，"甜酸苦辣涩，入嘴才晓得"，人生的各种滋味，也只有体验了才有真实的感受，没有实践怎能尝遍人生百味？每个人的口味不尽相同，南康人反对说大话空话。

（三）勤俭持家的劳动生活观念

南康人是非常勤劳的，老人经常告诫后代要勤俭持家，"要想日子甜，家无一人闲"，"俭食得食，俭着得着"，不要"坐食山空"。南康过年上菜，必上芹菜，而且要小孩都吃一点，大人边让小孩吃边说"芹菜勤勤恳恳，太菜（芥菜）大发大富"。许多告诉年轻人要勤劳做事的道理也用与吃有关的谚语来说明，如"煮菜不用学，只要勤洗镬"，人只要勤快，就不愁没吃的，"勤快勤快，有饭有菜"，"男要勤，女要勤，三餐茶饭唔求人"，"要想食饭，就得流汗","春天做一日,冬天食一七"。只有自己付出劳动挣来的钱,才能用得心安理得,"血汗钱,食得甜",否则"不义钱,难过年",如果不劳动则"贪吃贪睡,添病减岁"。人不但要勤快,还要会安排生活,不能糊里糊涂,"食唔穷,着唔穷,冇划冇算一世穷","精打细算,油盐不断",这从另一方面反映了南康人的精明能干。

（四）敬祖尊宗的正统儒教思想

南康向存正统,重视儒教。一方面,他们有很频繁的祭祀祖先的活动,如清明、中元、冬至上坟祭祖活动,以及过年过节婚娶等都有祭祖形式。另一方面就是修祠建谱,祠堂族谱有认祖归宗、敬祖收族的作用。南康人人会说的谚语"外孙狗,食了榨⁼(朝)门走",也很能体现这种宗亲思想,这句谚语用有点幽默的语气来形容长辈对外孙的喜爱,外孙是不用客套的,吃了就可以径直走,谢都不用说一声,当然这也反映了南康人对宗姓的重视,外孙属于外姓人,对他怎么好或他对自己再怎么好终究不是自家人,吃了就会走,留不住,所以这句谚语又透露些许伤感,真是什么滋味都有,唉,有什么办法呢,"孙子就是孙子,外孙就是外孙"嘛。因此传统的南康人在对待孙子和外孙子的态度上有很大的不同,孙子是自家人,可以入谱,可以接香火,外孙是别人家的人,是客人。另外就是南康人对自己方言的重视也看出南康人的尊宗思想。过去的南康女子嫁过去"三工要学会打老公声",否则就会挨骂,"食郎饭,打郎声","食男饭,转男声,唔转男声骨头轻",对于嫁过来的女子尚且有这么严格的要求,对于本家男女来说就更不用说了。

（五）乐天知命的多元人生态度

南康人的人生态度总的来说是积极乐观的,能做到的事会努力去做,做不到的事也不勉强自己去做。老人经常劝告年轻人做人做事都不能太贪心,人生在世"食唔壹⁼(尽),着唔壹⁼(尽)",要知足常乐,有吃有穿就行,不要什么东西都想要。"贪嘴损命,饱食伤身",不要"想好又想好,猪肉放油炒",这是劝人们不要过分地奢求,要乐天知命。这种人生态度有其积极的因素,即保持一种达观的精神,在艰苦的条件下能有良好的心态,从而战胜自然,赢得生活;同时也有消极的一面,过于"知命"就会导致"宿命",笔者经常听到一些人说"命里有八尺,唔要求一丈","先注生,后注死"之类的话,这与南康精神很突出的一点"积极进取"似乎不协调,但同时也反映文化的多元性。南康人的乐天知命又反映在积极创造健康和谐的生活,在饮食方面也总结了不少经验之谈,如"冬食萝卜夏食姜,唔劳医师开药方","早晨食姜当得人参汤,晏昼食姜当得猪肉汤,夜晡食姜当得食药汤","饭饱唔要洗澡,酒后唔要剃脑"。

应该说，以上精神特点是中华传统文化的一脉相承，据唐江《卢屋村族谱》记载宗泰公谕十六条（唐高宗上元甲戌年到唐玄宗开元丁丑年）"敦孝弟以重人伦，和乡党以息争讼，尚节俭以惜财用，黜异端以崇正学，明礼让以厚风俗，训子弟以禁非为，诚匿逃以免株连，联保甲以弭盗贼，笃宗亲以昭雍睦，重农桑以足衣食，隆学校以端土习，讲法律以儆愚顽，务本业以定民志，息诬告以全善良，完钱粮以省催科，解仇忿以重身命"。这些就成为卢氏宗亲立言立行的准则，世代加以晓训，成为一种集体意识，也是客家精神的一个缩影。南康的这些传统精神特质总体上比较内敛，保守有余，创新不足。但改革开放后，大量的年轻人到沿海城市打工，思想观念有了显着变化，在继承优秀的传统精神的同时，又大胆突破，勇于创新，不少人有了资金和技术的积累后回乡创业，如今南康的家具、成衣、商贸物流行业在全市乃至全省都有很大影响。

三　从谚语看南康的传统家庭教育

南康的教育在赣南以至江西都是有一定影响的，南康人代代相传，都非常重视教育。据《南康县志》记载，宋、明、清三代南康共出过状元 1 人，进士 54 人，举人 224 人（这些数字不包括武进士、武举人）。南康谚语里面有很多体现南康教育思想，不仅能够帮助我们挖掘传统的教育资源，也能为教育的现代化服务。

（一）教育内容

1. 发奋读书。秉承着厚重的中原文化的南康人多生活在赣南、闽西、粤东，他们远离了战火，却面临新的恶劣生存环境，这里山多地少，瘴气缭绕，所以生活异常艰难。因此，南康人一向崇文重教，认为读书是无比神圣的生存手段，是南康人走出贫穷的通途和希望。耕读传家，也就成为南康人典型的生活模式。南康人普遍认为"人唔读诗书，活着不如猪"，"养崽要读书，作田要养猪"，"唔识字怨爷驰"。鼓励孩子"要想食肉就养猪，要想出息就读书"，否则"人唔读书冇文化，鸡毛上秤人看轻"。小孩还中摇篮里的时候就给他唱"月光光，月娃娃，驮根竹子钓蛤蟆，蛤蟆背上一本书，送得哥哥去读书，读又读唔出，打哥哥的屎窟（屁股）"，同时儒家传统观念"学而优则仕"在南康人心中根深蒂固，"家冇读书子，官从何处来"，读书要锲而不舍，有恒心，有毅力，真是"读唔尽的书，走唔完的路"。

2. 勤俭务实。南康地处赣闽粤边区，这里山高谷深，南康人只有在小块土地上加倍辛勤耕耘，采取俭朴生活方式，尽可能维持人口的增长。因此，南康人在很小的时候，父母就教育孩子一定要勤俭持家，"勤劳摇钱树，节约聚宝盆"，"勤人长寿，懒人短命"，"人勤地出宝，人懒地生草"。人只要勤快，就不愁没吃的，"勤快勤快，有饭有菜"，"要想食饭，就得流汗"，"勤人长寿，懒人短命"。只有自己付出劳动挣来的钱，才能用得心安理得，"血汗钱，食得甜"，否则"不义钱，难过年"，如果不劳动则"懒懒惰惰，受冻挨饿"，"贪食贪歇，添病减岁"。不论男女，都要自食其力，"男要勤，女要勤，三餐茶饭唔求人"，"好子不得爷田地，好女不得嫁时衣"。

3. 孝敬父母。孝敬父母是中华民族的传统美德，特别是南康地区山多田少，"半世光阴肩上捎"，一旦年纪大了，重体力活干不动了，"养儿防老"就显得越发重要，"养子要教，养老要孝"。所以经常教育孩子要孝顺，"敬禾得谷，敬老得福"，只有孝敬老人自己才有福可享。"屋檐水照旧"这句谚语用得较广，如果有人对父母不孝，老人过得比较凄凉，大人往往喜欢用这句话来点评这种行为及教育自己的孩子，意为人人都会老，对老人不孝顺的人也别指望儿孙会孝顺他，因为自己没有树立榜样。南康人对雷公特别敬重，常教育孩子要孝敬父母，否则会被雷公劈死。"千跪万拜一炉香，不如生前一碗汤"，这也反映了南康人的务实精神。

4. 坚韧有志。罗勇教授归纳南康精神时有一条是"经得扳"，意思就是有韧性，耐力好，持久性强。在艰苦的环境下生存，必须吃苦耐劳，坚韧持久。他们相信"勤打铁总有一次火烧炉"。同时勉励孩子一定要有志气，人可以穷，但志不可以短。"人有志，竹有节"，"唔怕路远，只怕志短"，"有钱莫傲气，冇钱莫低志"，"人穷志愿高，甘愿过水唔过桥"。

5. 谦让容忍。南康民风淳朴，儒家文化是南康文化的基本特质。儒家讲究"温良恭俭让"，南康人教育孩子凡事不要跟人争跟人抢，能让则让，能忍则忍，"出门让三辈，处处是便利"，"话到嘴边留半句，事在火头让三分"，"百忍居家，和气生财"。否则"当让不让，十九上当"，"不忍不耐，小事变大"。

（二）教育方法

1. 重视早期家庭教育

南康人深知早期家庭教育的重要性，"人要细时教，竹要嫩时屈"，"补漏趁天晴，读书赶少年"。要从小培养孩子的优秀品质，因为良好的行为习惯和读书习惯是从小养成的，子女若幼时做错事不多加管束的话，势必影响他日后价值观念和行为方式的形成和发展，这个时候再来教育就为时已晚了，因为"树小扶直易，树大扳伸难"，"还细唔管教，大哩对渠叫（哭）"，"细细偷一面针，大了偷一桶金"。

2. 重视言传身教

孩子具有模仿的天性，大人的良好的道德修养，言谈举止，处世态度，待人接物的方式、方法等，都对子女有巨大的影响和重要的教育功能。反之，大人不注意自己的言行举止，孩子也会模仿，上行下效，就会形成不良的行为习惯。"为老唔尊，教坏子孙"，"父正子唔邪，母勤人唔懒"，"好种出好苗，好人出好朝"。特别值得提出的是在家庭教育中母亲的重要性，她们既要操持家务，又要生产劳动，还要肩负教育子女的重任。因此，母亲的身教影响就显得尤其重要，"好子靠好娘，好禾靠好秧"，"买屋看梁，娶妻看娘"。

3. 重视榜样的力量。一方面，充分发挥子女以大带小的作用，"有爷（父亲）听爷，冇爷听老伯（大哥）"，"大做样，细学样"，这样既可以让年少的弟弟妹妹向年长的哥哥姐姐学习，又对年长的子女起到一个约束作用，同时还减轻了母亲的负担。当然实行计划生育政策以后，农村的家庭一般也只有两个孩子，像过去那种哥哥姐姐背着弟弟妹妹干活、玩游戏的情况就较少见了，通过以大带小的教育方式当然也就弱化了。另一方面，教育孩子向周围的人学习，"有样冇样看世上"，"人人是先生，人人是学生"。前面提到的"屋檐水照旧"也是从反面提醒榜样的影响。

第二节　南康詈语与文化*

詈语就是骂人的话，骂人是一种不文明的社会行为，宣泄的是一种消极的情感，当人的情感达到某种顶峰时（如愤怒、悲伤、高兴等），通常就会用詈语的方式表达出来，会给别人造成一定的伤害，"骂人讲口冇好话，怎么恶毒怎么骂"。但是嬉笑怒骂可谓人之常情，不仅市井泼妇会破口大骂，就是修养极高的人也难免涉"詈"。詈语的使用场合不同，其含义和效果也不同，如南康男子的口头禅"偓鸟"就是一般的嬉笑之语。詈语来源于社会禁忌，与语言崇拜有关，可以说是社会意识形态的一面镜子，许多清规戒律、精神和文化都反映在其中。

一　宗族詈语

建立在农业经济基础上的以父系为中心的宗法制，自商周以来一直成为中国社会结构的核心，宗族成了传统社会构成的重要支柱，所以中国人的宗族观念很强。宗族对于漂泊不定的南康人尤为重要，不管南康人居住的地域或历史如何变迁，以血缘纽带维系的宗族组织从未间断与消失，最显着的表现就是修家谱和建祠堂。攻击要找其要害、泄愤要找其痛处，詈

---

*　此节为本人发表过的论文《赣南客家詈语研究》（载于《牡丹江大学学报》2007 年第 8 期）的改写。

语关涉的往往就是社会看重的东西。因此由尊崇祖先、重家族延续观念、重长幼尊卑等就派生出大量的侮辱别人祖宗及咒人无后类詈语。如"鸟你的祖宗""你祖宗逼多了冤"等，又如：

割末绝代/兜、绝代/兜的［kei⁵¹］、死绝的：全家死光，没有后代。南康有地名叫"割末坑"，这个地方原有人居住，后不知什么原因人或死或迁，人们就叫这个地方为"割末坑"，没人愿意去住了。赣南称孤寡老人为"割末老子"，这种人当然是极没福的人了。

关门倒灶、倒灶的：全家死光，不留后嗣。南康人很敬重灶神，认为灶神护佑着全家老小的饮食生活，所以过年过节都要敬灶神，灶倒了就意味着"一锅端"。

冇人埋给：没有子嗣，死了没有人埋。

×过×绝：一种结构，如"做过做绝""舞过舞绝""话过话绝"，许多单音节动词都能进入这种格式，南康人忌"绝"，因"七"与"绝"同音，数字禁忌中南康人最忌讳的就是"七"，"七"往往与死有关，如死了人要"做七""撞七"等，其他事都要避"七"。

二　性詈语

"性"是非常隐讳的，要受到社会规范的约束，平常人们说话总是避免接触它，非说不可的时候，人们就用委婉语，如南康人说洗下身叫"洗新脚"。越是平时人们小心在意不好意思去说的东西，在詈语中出现的频率就越高。南康詈语中关涉"性"的主要表现为：一是用"鸟"，这主要是男性骂人时用，"鸟"的对象往往是对方的母亲、奶奶或祖宗，如"鸟你嫲""鸟你奶""鸟你的前世娘"等，或不用"鸟"，直接骂"你嫲""你爸"。南康男子的口头禅"偃鸟你"已经没多少骂意，只是一般的粗话，见面先说一句这样的粗话，显得格外亲热，当然这只限于男人说，女人很少用；二是骂对方母亲不洁或对方血统不纯，这类詈语男女都用，如"婊子崽""野种子""王八蛋"等。三是骂对方女子不洁或不贞，这一般是女性骂人时说，如"卖千家个""卖上卖下个""歇了上坎歇下坎个""卖（老、烂）鳖个""烂得朵朵跌个""唔要面个"等，一般来说骂到这个份上了，双方已处于唇枪舌剑状态中，口不择言，很伤感情，因为对于女子来说，贞操比性命还重要，骂人不贞是很毒的，像一把匕首一样，直插对方的心窝。从以上可看出，性詈语针对的主要还是女性，这与传统文化中的男尊女卑思想是一致的。

三　死亡詈语

生老病死是一种自然现象，是任何人都要走的人生历程，但人们总是祈求健康长寿、幸福吉祥，对死亡、灾祸是厌恶、害怕和否定的态度。《逸周书·度训解》"凡民之所好恶，生物是好，死物是恶"。平时说人的死亡，一般是用委婉语，如"过身""唔在了""老了啦""升天了""走了啦"等，"四"与"死"谐音，也是数字中的忌语，赣南有些地方的人说"四岁"为"对数岁""红岁""两两岁"等，因此，与死亡有关的东西都是忌语，都可以入詈。

（一）咒人不得长寿。如"畚箕拷的"，指小孩死亡，用一个畚箕装到埋了。另有"打短命个""短命种"等。

（二）咒人不得好死。如"有去有转的""寻死个""好死唔死个""冇好死个""阎王等个""雷打个""发瘟个""歇到冇爬起"。

（三）以鬼咒人。鬼与神相对，是面目狰狞的恐怖形象，而且在地狱中受尽痛苦，所以人们非常害怕。如"鬼寻到了个""砍头鬼""鬼打个""打靶鬼"等。

（四）对老人的詈语。尊老爱幼是中华民族的传统美德，南康人总的来说是非常敬重老人的。詈语就是反传统，对老人不敬，称老人为"老头拐""老东西""老姐壳""老柴火""棺材板子""老唔死个""进棺材个""见阎王个"等。

（五）"死"不是实指的詈语。如"死得去（训人赶紧去）""死过来（训人快过来）""死东西""死人""死冇用""死相""跌死抹［ma $?^5$，入声］杀（小孩摔跤时挨的骂）"。

四　身体詈语

身体毛发受之于父母，人们对之非常看重，人们总是希望有健康强壮的身体。在赣南南康"地无三尺平"的恶劣生存环境中，过去交通极不便利，人们可说是"半世光阴肩上挑"，没有健康的身体几乎就没有生存的能力，因此身体有缺陷或有疾病是人们非常惧怕的，出于同情或善意，人们一般都会回避说它，但在骂人时，往往会脱口而出，给对方造成极大的伤害。如"拐脚子""聋牯子""瞎眼子""蒙眼子""缺嘴子""瘌痢子""口［ŋɔ ^{21}］脑子（歪脖子）""驼背子""矮牯/婆子""壮牯/婆子""（死）颠佬/婆（疯子）"等，都有一定的歧视意味。詈语有"瘌脚瞎眼""瞎了啦眼""生瞙啦（瞎了眼）""烂牙颌""烂牙颌嚼蛆（乱说话）""烂蛇子头（烂手指头）""骨头骨渣""屙痢疾子""发麻风"等。

五　其他詈语

（一）异类詈语：把人贬为非人类的异类，包括动物、植物及一般东西等，便是对人莫大的侮辱，如"驴马畜生""狗屌给""死歇猪""白尾狗（骂小孩）""瘟鸡子""死蚴子（这两个都骂人做事太慢或没反映，蚴子指青蛙）""王斑虎（说人很霸道）""番薯""薯儿（指很笨）""木苑子（指人反应慢）"等。

（二）品性詈语：骂人懒、笨、脏、不善良、不善持家等。如"丫叉佬/婆""笨佬子""口［so²¹］佬子""口［e⁵¹］牯子""死木烂笨""懒尸佬/婆（懒男/女子）""撒捱佬/婆（脏男/女子）""造多了恶的（做多了坏事）""恶绝""恶婆""逼多了冤"。

（三）行为詈语：骂人乱花钱、乱说话、不懂划算等。如"败家精""八败（指很会破坏东西的人）""喊冤的（骂人不该总叫）""嚼蛆（说话就像嚼蛆，极恶心）"。

第三节　南康禁忌语、委婉语、口彩语

语讳是一种言语躲避行为，目的是避开对自己或别人不吉利的话。口彩即吉利话，主要为了表达美好愿望和增添喜庆色彩。语言禁忌的结果是产生委婉语，而破禁则产生詈语。其实口彩语、禁忌语、委婉语都是人类"避忌求吉"的普遍心理反映，人们认为语言有种神力，说的话会作用于现实，因此"过往行人，格外小心"，一般不会去"触雷"。当然，上一节中讲的詈语都是日常生活中的禁忌语，如果不是吵架一般是会用更委婉、更尊敬的方式来表达了。

一　禁忌语　委婉语

（一）丧事禁忌语

忌说"死""丧""埋""坟墓"。家里老人死了说"过身了""走了啦""登仙啦""过了啦""老了人"。装殓工人叫"金刚"。"报丧"，说成"报生"。治丧，说成"做白好事"。二次葬收尸骨叫"捡金"。埋葬叫"上岭"。"扫墓"叫"挂纸"，"坟墓"叫"地"。

"死"做形容词可以放在动词后，构成动结式结构，表程度达到极点，如累死人、忙死了、闹死了、笑死人等。在南康方言中，这种用法的"死"后面带了"人"，则常常改用"生"，如寻生人（找东西找得人好苦）、累生人、闹生人、做生人等。

（二）生病禁忌语

忌说"病""药"，小孩生病叫"变狗""唔乖"。大人生病叫"唔新鲜"

"唔舒服"。"开药"叫"开单子"，买中药叫"捡茶"，但现在的年轻人已不忌"药"，较少说"捡茶"。孕妇害喜可说"病子"。

（三）数字禁忌

忌"七"，喜事最避"七"，因"七"与"绝"同音，凶事则要"绝"，故问仙给仙婆子的钱要"七"的倍数。喜事尽量避免逢单的日子，要好事逢双，但喜欢"九"，取音"天长地久"，看病及探病却最忌"九"，因怕病久不愈。

"七不去，八不归"，即"初七不去做客，初八不往家赶"。上菜忌"七"和"八"，因"七七八八"有"麻烦"的意思，"七衰八败"一词，也说明"七"和"八"都是不吉利的，"八败"指很败家的人，"读八页"指不认真读书，白读了。但由于受粤语的影响，全国都认为"八"意为"发"，南康年轻人也很喜欢"八"，尤其在车牌、门牌、电话号码等上。若在传统事务上，还是遵循老规矩。

过去出门忌五人三姓，忌三十六人同船。现在给小孩取名字仍忌名字的总笔画数是三十六画（包括繁体字），认为这样不吉利。

（四）忌与"性"有关的词

夫妻生活叫"同房"，洗屁股叫"洗新脚"。

（五）对小孩忌贵爱贱

忌说小孩长得"壮"，要说"鄙（不好）""屎（丑）""狗样"等。要把小孩往"贱"里说，所以取小名喜欢叫"狗"，如"狗牯""狗则""歪狗""毛狗""贱狗"，还有"捡妹""告化子""水牛子"等也是常见贱名。

（六）忌"蚀""输""苦"类词

"猪舌头"改叫"猪利子"，因"舌"与"蚀"同音。北片把"赴圩"叫"逢赢"，因当地的"圩"与"输"同音。北片常把"苦"改说成"醉"，如将"累得蛮苦"常说成"累得蛮醉"，因为表味道的苦读［fu³］与表辛苦的苦读［kʰu³］不同音，所以"苦瓜"之类的词不避忌。

（七）穿鞋忌穿一只

有句俗话叫"一只赤脚一只鞋，死了冇人埋"，所以穿鞋忌穿一只。

（八）过年节做客等喜庆日子忌说"冇""霉""结"等

碰到确实没有的时候，也要说"有"。如饭没了，要说"有，下餐来"。过年忌吃"霉豆腐"之类食物，因"霉"意味着"倒霉"。过年节忌说"打结"之类的词，因"结"有"结结赖赖，诸事不顺"的意思。

（九）姓氏禁忌

过去，姓温的避说瘟，如"瘟鸡子，发瘟"之类，忌娶姓"刘"的为妻，因为"瘟公公，留太婆"，当然，现在的人已没那么多讲究，姓温与姓刘通婚已不受限制。过去，姓陈的人上船要说自己姓"耳东"，否则不让上船。

（十）在有些场合，不宜说"屙屎"等不雅词，就会以"还粮"代"拉屎"

二　口彩语

升官、发财、吉祥、如意、健康、长寿、快乐、幸福等是人类共同的向往，自然这类口彩语是有普遍性的，南康也不例外。

（一）年节口彩语

过年最要讲吉利话，要特别交代小孩不要乱说话。过年过节的一些菜也蕴含吉祥意，如"大菜"意为"大发大富"，"芹菜"意为"勤勤耕耕"，"肉丸"意为"团团圆圆"，"鱼"意为"年年有余"，以前的大人在吃年夜饭时，会每带夹一个菜，就说一句吉利话，其他人都顺次夹这个菜。上菜一般是九个菜，意为久久长长，有的是四盘八碗，意为四平八稳。吃年夜饭时家里要灯火通明，被子要铺平铺顺，意为"亮堂伸叉"。如打碎了东西，要说"岁岁(碎碎)平安"或"越打越发"。小孩"跌跤(摔跤)"，大人要说"越跌越高"。

（二）婚娶口彩语

男方结婚当日扛盒上要挂猪头猪尾，表示"有头有尾"，"三牲"上要盖些柏枝，意为"百子百桴(分枝散叶)"。女方家要一两个有儿有女的亲戚妇人帮忙收拾嫁妆，意为"儿女双全"，现在只要生了儿子的也可以。女方会往嫁妆中的鞋子、衣服、盆子上撒一些红枣、花生、桂圆、莲子类的东西，意为"早生贵子"。女孩子出嫁都穿红装，也有一些女孩红装中夹点别的颜色，主要嫁家认为"留一点红给娘家"。男方家会撒帐，床上撒五彩花纸、瓜子、花生和水果糖等，床上要有若干男孩抢捡糖果，表示新婚以后"早生贵子""子孙满堂"。

（三）乔迁口彩语

南康人很重视"过火""下水酒"，搬家一般先搬竹篙，意为"步步高"，过火时从旧灶引火到新灶，重时辰和人数，人数一定是双数，表示"好事逢双"。过去人们的房顶上往往会故意让一根木头翘起来，南康说"翘"为"发"，客人则笑着指着说："看看看，发起来了，发起来了。"这时主人听了很开心。

（四）雪片糕谐音高

南康人送人礼物喜在上面加两封雪片糕(有的地方叫云片糕，一种以糯米粉为主要原料，加芝麻、木油制成的糕点，南康尤以坪市、隆木两地的雪片糕有名气)，尤其是送学堂、送下水酒，因"糕"谐音

"高"，表示步步高升，生活节节高。隆木的雪片糕很有名，一直是人们的送礼佳品，既便宜，寓意又好，深受人们喜爱。

第四节　南康歇后语与文化*

歇后语，是流行于民间，为群众熟识的诙谐幽默、形象生动、通俗明快的固定短语。歇后语一般由两部分组成：前一部分是引子，像谜面，往往借物隐喻；后一部分是本意，像谜底，语意双关。说话时人们故意说前半句，也常常前后两部分都说出来。南康歇后语十分丰富，是随着南康人的生产和生活发展而逐渐丰富凝练出来的。有些南康歇后语和整个大汉语系中的歇后语是通用的，如"哑巴食黄连——有苦话（说）唔出""狗咬老鼠——多管闲事"。但大部分南康歇后语是与本地生产生活密切相关的，歇后语所借喻之物，有自己鲜明的地域特点，从而具有丰富的南康传统文化的内涵。

一　从入语词看南康歇后语的农业特色

南康地处山区，农业生产以种水稻为主，辅之以种芋头、红薯及蔬菜等。家畜家禽以牛、猪、狗、猫、鸡、鸭等为主，鱼以鲩子（草鱼）、鲫鱼为主。歇后语来自民间，人们总是拿自己最为熟悉的事物来说事，因而，在南康歇后语中，出现得最多的就是与农村生产生活有关的事物，这也反映了南康的农业文化。

（一）与农村生产劳动有关

牛耕田马吃谷——唔公平（不公平）

落雨天背秆（稻草）——越背越重（负担越来越重）

月光晒谷——冇用

烂田里打碌碡——越陷越深

苎麻畦上掂豆仔——杂种

墙头上栽菜——没园（缘）

瞎子打（榨）油——乱撞

竹篙上晒番薯（红薯）片——好摆（好显摆）

冷水打布壳——黏不拢

这里"牛耕田、背秆、晒谷、打碌碡、掂豆仔、栽菜、打油、晒番薯

---

* 本节为本人发表过的论文《赣南客家歇后语的地域特色》（载于《牡丹江大学学报》2009年第9期）的改写。

片"都是南康农村地区最常见的生产劳动,"打布壳"过去几乎家家都自己做鞋,特别是新娘子出嫁前得做很多鞋子,做鞋的第一道工序就是打布壳,是大家所熟知的南康生活。人们用这些熟知的事物作为隐喻,用比喻或谐音的方式生动形象地说明一定的道理。

（二）与农村植物有关

芋荷缠颈——该衰（就该运气不好）

老眉豆翻花——转少（开始变少了）

火烧苗竹山——一派光棍

刀切蕹菜——两头空

一箩芋子——净头（尽是头头）

灯草敲铜锣——无响

灯草贴牛栏——大方

火烧芭蕉——唔死心（不死心）

这里的"芋荷、眉豆、苗竹、蕹菜、芋子、灯草、芭蕉"等都是南康常用见的植物,南康人根据这些植物的特点,加以联想,从而产生丰富的寓意。如看到火烧芭蕉,第二年又长出来,说明外面枯焦,里面还活着,即"心"未死,由此而语意双关,借指人"心"不死。

（三）与农村用具有关

擂槌掷碓——冇叉（差）（刚好）

蛇进竹筒——没路走

米筛洒猪血——眼红

烂斗篷好遮头——有比冇好

老鼠跌下砻糠箩——一场欢喜一场愁

烂篓子装黄鳅——走的走,溜的溜

盆盆钵钵——共该窑（一样的货,没高低）

"擂槌"是洗衣和擂茶等的用具,"碓"是舂米的工具,"竹筒"是农民常用来抓泥鳅等的用具,"米筛"是筛米的用具,"斗篷"是遮雨用具,"箩""篓子""盆钵"是盛物用具。这些用具中,像"筛"等常用来设喻,如"筛子做门——难遮人眼（掩盖不住）""米筛筛豆子——过眼唔得（看不惯）"等。

（四）与农村动物有关

厕屎捉虱婆——一举两得

老虎借猪——有借没还

田螺下坎——跌壳（的确）

满塘鲫鱼——冇条鲤（理）

惹起黄蜂叮屎盒（屁股）——自讨苦吃

一颗老鼠屎——搭坏一锅羹

蚊子脚——冇臂（无比）

狗咬裹粽——没解

蛇过打棍——事后诸葛亮

猴子上树——天生的，不用教

除了"老虎""猴子"现在南康地区一般见不到（《南康县志》记载本县明清时有华南虎），其他都是山里、河里、塘里、家里最常见的动物，遍布南康各地。

二　歇后语反映南康方言特点

（一）使用南康方言词

落雨洗衫衣——要眼（郎），眼即晾的意思，与"郎"同音，属于谐音双关。

点火犁田——照俵。俵就是分发的意思。

菜篮荷水——一场空。荷就是挑。

圆鱼下滚汤——爬到死。滚就是烫。

狗咬乌蝇——信嘴合。乌蝇就是苍蝇。

草蜢撩鸡公——唔知死（自寻死路）。鸡公与普通话公鸡词序不同。

石灰焱路——打白行（白跑一趟）。焱意为洒。

黄鳝钓蚜——引（瘾）长。蚜就是青蛙。

瞎眼雕子——天来供（喂）。雕子就是鸟儿。

火笼无底——跌钵。跌钵意为落魄。

地背穿眼——出鬼。地就是坟。背，应用较广，可指后面、侧面、反面。

驼背子下崇——势不可当。崇指山脊。

泡圆晓得食谷——不可能。泡圆即板鸭。

三斤的老鼠四斤的尾巴——禁得拖。"禁得"指花很长时间或精力做某事。如反映南康精神的一词"禁得扳"就是指南康人做事有韧性、有毅力、有恒心。

（二）反映南康语音

米粉猪肉——蒸（真）的，反映 ［iəŋ］与［in］不分。

花针丢在草坪里——有寻（情）。反映 ［yn］与［iəŋ］不分。

烂毡帽——有弦（嫌）。反映南康有的地方没有撮口呼。

猫公上树——爪（早）来。舌尖前与舌尖后不分，南康一般没有舌尖后音。

（三）反映南康语讳

狗食猪利——噍舌头（胡言乱语），猪利即猪舌头，南康人忌"蚀"，"舌"与"蚀"谐音，改为反义词"利"。"食猪红——吞血块（甚感苦楚），猪红即猪血，南康人忌说"血"，改说其性状"红"。

三　从入语词看南康饮食文化

南康先民在非常艰苦的环境中求生存发展，解决吃的问题也面临严峻的挑战。所以南康人历来很重视吃，一般不亏待自己。比起吃来，穿只要能穿暖就行，甚至会有人"脱下衫衣换酒食——顾嘴唔顾身"。过去南康人过年前置年货品种多，往往花很多时间和金钱，人们见了面寒暄常说："偃该段时间'七八九唔讲——净话十'"（专讲食），另如"老鼠嫁女——专讲食""灶门口食饭——又饱又暖"。

1. 豆腐

豆腐在南康人习俗中也有较高的地位，各种节日、酒席、特殊仪式中都要用上它，当然比豆腐更"齐整"的是"猪肉头牲（鸡）鱼"，但这些东西毕竟贵，平时人们舍不得吃，"豆腐"则用自家的豆子做成，用来待客既体面又量多。因而南康歇后语中，用"豆腐"来设喻的特别多。

豆腐上打钉子——稳唔住脚
石膏豆腐落镬煮——面上热心里冷
老爷的豆腐印——动不得
十二月的霉豆腐——各打各（各顾各的）
利刀切豆腐——两面光（两面讨好，和事佬）
篾骨子串豆腐——提不得
豆腐掉在炉灰上——拍不得
排骨炒豆腐——有软有硬（软硬兼施）
快多切豆腐——一刀两断
黄豆煮豆腐——父子相会
豆腐渣贴对联——黏不拢

2. 狗肉

赣南南康人一般认为"狗肉"比较毒、热和发，吃狗肉有较多忌讳，如感冒、身上有溃烂及身体有任何不适，都不宜吃狗肉。在季节上，春夏季不宜吃，秋冬季宜吃，尤其是冬季，适合大补，吃点狗肉血气旺，人更不会怕冷。这一点与梅县客家人的"夏至狗，冬至羊"的饮食习惯不同。所以歇后语"麻风佬食狗肉——就咁么大一回事"就反映了这一思想，麻风佬的主要症状就是溃烂，不吃狗肉也是烂，吃了也是烂，所以就无顾忌了，没什么可怕的了，表示破罐子破摔或豁出去，也反映出南康人吃狗肉有较多禁忌。

3. 盐与辣

南康人吃菜口味较重，特点为"咸咸辣辣，麻麻搭搭"。南康人认为多吃"盐"才有力气，没盐就没味。"纸角装盐——包涵（咸）""豆腐冇盐——狗都唔食"，没盐的豆腐连狗都不吃，何况人乎？另外南康人普遍爱吃辣，许多南康人吃饭若没辣，就觉得吃不下饭。现在南康人仍喜欢大量晒辣椒干、辣椒酱，浸辣椒（酸泡辣椒），口 [ŋɔ³]（盐渍）辣椒油、辣椒片，一直可以吃到第二年新辣椒出来。"拳头擂辣椒——辣手（指事不好办）"，"菜园辣椒——越老越红（越老越有价值）"，"山顶上的红辣椒——最辣（最厉害）"。"姜"的味道主要是"辣"，也是南康人的所爱，谚语就有"冬食萝卜夏食姜，不劳医师开药方"。"早晨食姜，当得食人参汤；晏昼食姜，当得食鸡汤；夜晡食姜，当得食药汤。"说明姜的功用及吃姜的讲究。歇后语"猴子咬姜——又有味又太辣"常用来形容孩子学吃辣的可爱模样，吃也不是，不吃也不是，当然也指人们不好拿主意、进退两难的样子。

4. 饭甑

现在的南康人做饭一般用电饭煲、高压锅，农村则更多的人用蒸饭器，一般很少用饭甑，但在过去，家里人多，做饭时先把淘好的米放在锅里煮到七成熟，用笊篱捞起，放在饭甑里，隔水蒸十几分钟，蒸出来的饭松软可口，可供十几口人吃，有的人家为了节省时间和燃料，早上蒸的饭一直吃到晚上。现在南康人家里一般还有饭甑，在办酒席等需饭量大的时候，还用得上。另外，自家蒸米酒、蒸红薯干、蒸南瓜酱等时也用饭甑。饭甑由盖子、木桶、甑箅三部分组成，用饭甑设喻的歇后语有很多，如：

饭甑蒸黄鳅——气在死（被气死）

饭甑里蒸干鱼——出咸（闲）气

书本落甑——蒸斯文（真斯文）

饭甑肚里放铁尺——蒸（真）家伙

饭甑冇盖——气冲天

年三十的饭甑箅——没闲

饭甑落镬——认蒸（真）

四 从内容上，反映了南康地区的风俗文化

1. 七月半

过去，"七月半"是个重要的节日，农历七月十四或十五过，家家杀鸭

子、血染纸钱、烧纸祭祖。人老而终的第一个七月半，后代、内亲、女儿等要制冥器，如纸衣、红箱、纸床、纸人等，烧给先人用。因而用"七月半"作为歇后语的引子，其寓意有多样性。如：

七月半烧纸——哄鬼

七月半的鸭子——命不长

七月半出世——鬼精（特别精明）

2. 吹打

南康人在红白喜事上都有吹打，其乐器以唢呐为主，配以扁鼓、铜锣、钹等打击乐器，所以俗称"吹打"。唢呐调分为喜调和悲调两种：喜调轻快、欢乐，悲调深沉、低吟，是南康人最喜欢的乐器。

年老学吹打——过了时

两把哒（唢呐）一起吹——响（想）在一起

高山上打铜锣——响（想）得远

麻布绷鼓——不咚（懂）

铜锣面上跌铜钱——上铜（同）下铜（同）（指两人关系密切，形影不离）

3. 唱山歌

以前南康人爱唱山歌。南康山歌的内容广泛，语言朴素生动。歌词善用比兴，韵脚整齐。词曲不固定，一般都是即兴编唱，可以一曲多词，反复演唱。过去，很多会唱山歌的人并没有文化，他们能唱但不识字，所以俗语"唱山歌"，指这个人背得出却写不出、认不出。歇后语"随口唱山歌——心里早有谱"（心里早有数）就能看出南康山歌的特点，唱山歌是"随口"的，不需要提前做准备，但有一定的曲律，即"谱"，反映出"自古山歌从口出"的特点。

五　从思想上反映南康人的性格特征

1. 谨慎求稳

南康人性格特征上普遍较为保守，做事谨慎求稳，不太敢冒险，这一点与闽西、粤东的客家人有所不同。做事要求"三只手指捡田螺——稳拿""上树戴斗篷——老成（谨慎）""伞把上挂鸡蛋——小心又小心"，而像"凳头上放蛋——危险""鹅卵石垫台脚——唔稳""老虎嘴里拔牙——太冒险""柱头上并伞——靠不住"的事是万万不能做的。否则就像"驼背佬歇觉——两头冇落席（心里没着落）""芭等上晒菜——心吊吊"。又十分爱面子，若要开口求人，那真如"新打剪刀——难开口""十二月蛤蟆——开不了口"。

2. 求真务实

南康人反对空谈，做事要求务实达理，强调实干，要有真才实学，像"墟背摆摊——外行""田塍背莳芋子——外行""蟛狗捉前脚——外行"的事是会遭人笑话的，"月光晒谷"这种虚的东西是"冇用"的。对鬼神也是敬而不信，"纸做猪头——哄鬼""七月半烧纸——哄鬼"，用纸做猪头，本来是烧给先人烹用的，但南康人却很清楚这是假的。"神台上生草——荒（慌）了神"，南康人一般大厅里都有神台，以敬供神灵之用，但平时他们往往平时不烧香，遇急临时抱佛脚，所以"荒神"之事是常有的。

3. 勤勉节俭

南康人是非常勤劳的，老人经常告诫后代要勤劳节俭，要会安排生活，要注意平时下功夫，不要"年三十夜养猪""屎急挖粪坑"（两句的后半句均为"来唔赢"，意为来不及）。另外，过去，南康人生活很艰苦，大家平时很节俭，"俭食得食，俭着(穿)得着"，但也有人节俭到了吝啬的程度，这样大家就会说他"斗篷安把——各样的伞"（特别节省，"省"有文白异读，表节省时与伞同音，是白读音）。

第五节　南康地名与文化*

地名是特定的地域之名。地名包括自然地理实体、人工地物、聚落（城镇聚落和农村聚落）和行政区划等。本书主要探讨聚落名，含片村、村、自然村和圩市。数字统计依据的是《南康地名志》（1984 年）。

一　通名的类型

（一）与山有关的通名。除了"岭、山、峰"等各地通用的外，还有一些有地方特色的通名

坑［hã¹］：461 个，两山之间的山谷地带。村民往往依山谷而居，大的"坑"有好几个自然村，成为片名，小的"坑"只有一两户人家，同一"坑"中的人们出入交往频繁，一般都认识，往往会说是"同一条坑的人"。南康北八乡以山地为主，其他地方的人称他们为"坑里人"，方言也被称为"坑声子"。南康有带"坑"的村落名，列村落通名之首。

坳（垇）、窝：山窝。其中坳（垇）142 个，窝 35 个，坳里一般有小块平地，有溪水，生活较方便，往往有人家居住。如菖蒲坳、茶叶垇、大窝、富足窝、石壁窝等。

---

* 此节为本人发表过的论文《赣南农村聚落名研究》（载于《农业考古》2006 年第 3 期）的改写。

排（土非）：105 个，山坡。如珠沙土非、桃树排、排（子）上（有 24 个）、下排子等。

坪：58 个，山中较平坦的地方。如大塘坪、大坪、下坪、丫岔坪。

岗：48 个，较低而平的山，岗上有树有田，农民可以在此生活。如桐木岗、横田岗、戽水岗（因岗上耕地常用人力戽水，故名）等。

凼 [hẽ⁴]：40 个，入坑不远处的较高平地。如雷公凼、黄泥凼、罗伯凼、龙车凼、天井凼、芭蕉凼等。

崬：山的较高处。山里的路难走，常常就是"上崬下崬"，十分辛苦，不少人就住在山的较高处的小块平地上，如崬背。聚落名中用崬的较少，山名中有崬的则很多，如漂子崬、竹子崬、岐岭崬、竹篙崬、十八崬等。

斜、岐：较缓或陡的山坡，如岐岭、黄土斜、斜阶、斜角、斜边、斜窝等。

嵊 [iəŋ⁴]（应、墇、印，本字应为"岅"）：指矮山或较陡峭的山，如牛牯墇、君田嵊、兔子嵊、印背、松树墇、石子应等。

洞 [təŋ⁴]：指山坑或山洞，如茶罗洞、毛粟洞、罗洞、扁洞。

埠 [pʰu²]（布）：指山丘下。如仙女埠、黄埠、大麻埠、章良埠、广埠、石埠、坞埠、过埠、合布等。

（二）与水有关的通名

"塘"最多，有 188 个，指池塘，如石塘、十八塘、井塘、洋塘、沙塘等。

"坝"其次，有 75 个，指河的冲积洲，坝子里土地平整而肥沃，是较理想的人居之地，如沙坝土、陂田坝、松江坝、坝子里、大塘坝、下坝等。

陂有 46 个，指人工筑的或自然生成的拦水坝，如河陂、横陂头、陂上、陂头下、大石陂等。

坞（石乌）：山窝有水洼处。如大坞子、鸭子坞、烂泥坞、石坞、坞坑孜、八粒坞、张天坞。

与水有关的还有"水、湖、源（元、沅、芫）、溪、江、圳、河、滩、枧（笕）。

（三）与田地有关的通名

墈：51 个，山下稍微大的田段。如墈上、大陂墈、大水墈、墈里等。

丘（坵）：36 个，赣南称一畦田为"坵（丘）"。如禾场丘、埂丘、蛇丘、铜锣丘、四角丘等。

垄（垅）：28 个，较高的田、山丘下的田。垄田多为山坡上的梯田。如垄子上、黄竹垄、横垄、沙下垄等。

此外，南康还有 20 多个（已排除"杨、羊" 等音讹以及表"洋气、西洋"之义的）带"洋"的地名，虽然不是通名，但也与田地有关，指大空地，地势平洋。南康说大片的田会说"洋田"。按："洋"古义就有多、大等义，《广雅·释诂下》："洋，多也。"《诗经·卫风·硕人》："河水洋洋。"毛亨传："盛大也。"南康地名中带"洋"的一般也是大而平坦之地，如位于谭东的康洋，是个地势开阔、水田较多的地方。凤岗的洋山下，处于开阔平坦的山冈下。镜坝的洋坑地势平洋，西华的洋坝位于公路两侧。

（四）与民、居有关的通名。

① 姓+屋（+村/里/湾/排/坝/坑/佃）：如坪市乡就有钟屋村、袁屋里、叶屋湾、陈屋、杨屋、曾屋、谢屋、郭屋、彭屋、涂屋等。

② 姓+边/帮：客家人初迁时，有些荒山场并无主人，于是，先来者插草为标，各占一边，便有了聚落名称"姓+边"，南康含"边"的地名有 20 个，如凤岗的"陈边"为陈姓开基，早已易姓为罗，但仍用原村名。另如罗边、肖边、朱边、张边、易边、黎边、范边等。

③ 姓+源（沅、元）：此村一般建于溪源边，如陈源为南康隆木乡地名，陈姓开基、小溪发源处，又如麦元、黎源、李源、朱源、黄源等。

④ 姓+其他与住地有关的通名：如张坑、李村、朱坊、黄背、余村、朱基下、朱河田、朱圳岭、邹塘、朱地、谭邦、各帮（在大坪圩西南 4.5 千米处的，郭姓开基，原名为郭帮，后音讹为各帮）等。

其他有特色的民居名有：

① 寨，过去山寨文化的反映，如洋拦寨、山寨、寨头、小寨 、铁钻寨、灯笼寨、布谷寨。

② 寮（僚）、棚（朋）、槽：原为一些极简易的棚子如油寮下、油槽下、上寮、下棚、鸭婆寮、田寮下、双棚。

③ 围，客家围屋是中国的五大民居之一，具有鲜明的地方特色，具有居住、防御、聚族等功能，南康虽已没有真正的围屋，但在地名中仍有不少保留，含"围"的村落名有 24 个，如土墙围、围下、烂围子、红土围、代围、傲塘围等。

④ 畬，即"畲"字，反映畲族的痕迹。龙华有上畬、下畬，那里早已没有畲人生活，但地名还保留着。

二　有特色的一些地名词

（一）与山水有关的方位名词

南康地名中除了常用的上、下、东、南、西、前、里、中、头、外等，还有一些明显的与山水有关的方位名词。

背：应用较广，多指后面，在赣南各个县市村落名中均为高频词，仅次于"上""下"。如岭背、社背、大圳背、大路背、塘背、江背等，南康地名中含"背"的有 195 个。

脑（垴）：上面。如大岭脑、斗笠脑、龟脑、八仙脑、坪脑等。

尾：结束处，与"头"相对。如村尾、坑尾、龙塘尾、蛇舍尾等。

口或咀：山或水的开始。如江口、水口、坑子口、沙口、合溪口、犁头咀、象咀上等。

心：中间。如南康地名含田心（含田心子、田心里、田心孜）的有 14 个，又如罗心上（本写作箩心上，村前两山形似谷箩，村对二山中心上）、塅心子等。

面：正面，与"背"相对。如白石面、塘面、水孜面、石皮面等。

舷（土玄）：本指容器的边缘，地名一般指水边，如河土玄上、圳土玄上等。

额、轭：最里面，如岭额下、岭轭下、大额下。

笃、圥 [tuʔ⁵]，指底部，"笃""圥"指容器或水域的底部，"笃"为本字的同音字，如貌笃塘（指水很深探不到底的塘，因以之为地名），"圥"为俗字，其本字应该是"𡱝"，𡱝《集韵》都木切，臀也。音相合，义也可引申为底部。在广东广西也有较多带"圥"的地名，据统计，广东有 95 处，广西则有 174 处。

湾（塆）：水湾处或山转弯处。如塆背、石公湾、大塆。

（二）与人们的生产生活有关的词

圩（墟）：商品交易之地，如圩下、圩场、圩背、圩肚孜，南康有些地方圩与输同音，口语中叫"赢"，如赶集叫逢赢，但在地名输入中没有采用。

车：即水车，当地人叫天车，过去是重要的灌溉工具，现在已不多见，但地名中仍有不少，如：水车、车前、车田、车子上、河车等。

窑（瑶）、罐：做瓦窑、砖窑的地方，如：窑灶背、瑶前、窑坑、罐里等。叫"窑下"的就有 18 个。

社、庵（安）、庙、寺、观、仙、姑，反映过去的宗教活动，此点将在后文详述。

三　与地形地貌生态有关的地名词

石：山中多石，南康有的地方把"石"当神灵崇拜，称之为"石公""石官"，因此，"石"成为地名的标志物，"石"在地名中是高频词，光以"石"打头的地名就有 151 个，其中叫"石壁下"的就有 11 个，叫"石陂（下、头、仔）"的有 12 个，叫"石公（前、背）"的有 4 个。

黄：南康多黄土。人们往往用直接感受到的该地景物的外部特征来为聚落命名，其中颜色词是最直观的。如黄土斜、黄土陂、黄泥洞等。南康有 74 个"黄××"（不含黄姓地名）的地名。

形：地形复杂，山多溪众，给人很大的联想空间，所以很多地名都是因势命名的。南康就有 36 个"××形"地名，如人形、磨形、月形、狮形、蛇形、靠椅形、虎形、瓠勺形、班鼻形等。动物类地名中动物排名最前的是"龙××"地名，有 65 个，如龙回、龙头石、龙坑、龙岭、龙口、龙虎山、龙塘、迎龙丘等，这反映了中华民族"龙"文化的一体性。

竹：竹子较多，带"竹"地名有 61 个，如"竹山排、竹山里、竹子圳、竹子仚、竹子坑、竹下"等，其中叫"竹山下"的就有 16 个。

松：南康山上最常见的就是松树，叫"松石×、松山×、松树×、松岭×、松林、松木、松皮"等地名的共 28 个，其中叫"松山下"的有 8 个。

枫：枫树也是南康较多的植物。有叫"枫树×、枫坑子、枫坑、枫芫下、枫竹×、枫形×"等地名共 28 个，其中叫"枫树下"的有 13 个。

四　唐江地名：××行

唐江镇位于南康中部，是江西省的四大名镇之一，市场繁荣，商铺林立，素有"小赣州"之称。农历逢一、逢四、逢七为墟期，每逢墟日，四方乡邻蜂拥而至，集市上人头攒动、人声鼎沸，热闹非凡。1912 年唐江商会成立，资料显示，1936 年，唐江有贸易商店达 700 余家，同期县城蓉江只有 343 家。民国年间唐江有 30 多个商行，分工很细，如扁担行、木行、布行、猪条行、轿行、牛岗行、带子行、豆子行、柴行、罂罐行、席行等，甚至还有粪行（农家肥交易地）和姑娘行（妓女活动处），专业街巷有打铁街、盐街、瓷器街等。这些行同时也是地名，目前还在按行业营业的只有牛岗行和猪条行。由于经济重心的转移和古镇街道的改造，唐江在 20 世纪 90 年代就大不如县城了，人们的贸易分类也没那么细了，只有打铁街、轿行里、盐街上、瓷器街、豆子行、油行、席行子、荸荠行等地名还在，还在唤醒人们沉睡的记忆。布行里、零布行、扁担行、花生行、罂罐行这些地名在前 10 年已整修成一个菜市场了，这些地名也不复存在了。

五　南康地名反映出的文化特性

（一）客家特性

客家民系主要分布于赣南、闽西、粤北，这三地在文化上有很多共性，在地名上也保持很强的一致性。如"屋、背、崠"是客家较一致的村落名通名，在福建客家，据李如龙统计分别有 52 处、46 处、38 处，闽方言区则在闽南见少量，其他地方几乎没有，而用"厝、兜"表"房子""方位"，

"峚"则没有对应的词。粤东地名中也有大量的含"屋、背、峚"的地名，如梅州兴宁市带"屋岭"的村有刘屋岭、田屋岭、李屋岭、黄屋岭等，新丰有石角背，仁化有板岭背等，台湾的客家居住区也称房子为屋，如苗栗县的头屋、桃园县的宋屋等。又如"排"为南康聚落名的高频词，在福建也主要分布于客家地区，如宁化一县就有 70 处，在闽方言区除闽北也有不少外，其他地方就很少见。《深圳地名志》中，带排字的地名共有 42 个，可分两类：一类是礁石名，共 28 个，全部在近海地区；另一类是村落地名、山名，共 14 个，全部在今客家地区。又如以"畲"字为地名，据陈龙统计，福建全省有 251 处带畲字的地名，光长汀一处就有二三十处之多。广东带"畲"字的地名有 793 处，司徒尚纪指出以畲为地名多分布在山地、丘陵和台地地段，尤以内陆客家人地区至为普遍。例如平远有欧畲、下畲、季花畲、良畲等。南康龙华有"上峯"和"下峯"，这反映这里曾经是少数民族畲族居住过的地方。南康地名含"埠"并不是停船的码头，而是山丘下有一些旱地，这与广东福建客家地名中常见的"埔"应该是同一个字的不同写法。

（二）低山丘陵特性

南康北部为山地，中部为低丘，南部为高丘。反映在村落名中，具有很鲜明的"山地丘陵"特色。南康地名通名中排在前 20 名的"坑、屋、背、塘、岭、石、圳、排、黄、坝、寨、坪、墩、岗、陂、仓、形、窝、社、丘"（没加"上、下、大、小"四个字）中，66%反映山地丘陵特色。比如说"形"要能尽收眼底才能观出其形象是老虎还是狮子，太高太大了则难于拿有形的事物来打比方。南康叫"障""峰""山"的地名较少，因为那一般指大山。

（三）强烈的宗族观念

南康很多村落以姓氏为名，这个姓氏往往是当地的开基姓或大姓，这反映宗族文化，聚族而居可以合族同心协力，增强生存的能力。南康带姓的村落有 240 个左右（没统计那些因年代久远，发生音变或字变的地名，如赤土的油屋场，原为游姓人居，游姓迁走后，朱姓迁入，地名也由"游"讹写成"油"。又如大坪的"良屋"本为"梁屋"，"奖吾"本为"蒋屋"等），约占 9%。如坪市的钟屋村与谭邦、大坪的张坑、横市的蔡屋、平田的幸屋村、唐江镇的卢屋村、大岭的钟屋村等都是历史悠久、人口众多的大村落。另外还有少量以祠堂为名的村落，如麻双枫竹坑的"雷公堂"是方姓聚族而居，既是堂号也是地名，相传上古帝王神农氏之代孙帝榆罔之子雷，在黄帝与蚩尤大战之时立下大功，封于方山，因以为氏。潭东的"祠堂下"是何姓聚居地，处祠堂边得名。唐江的"祠堂坝"也是由祠堂得名。2010

年南康在南山脚下建了一个全国最大的姓氏文化城——中国南康百家姓和谐城，该城共有南康的 108 姓宗祠神位，这是新时代宗亲思想的又一重大发展。另外，各姓的南康通谱也修了不少，如《南康刘氏通谱》2007 年修好，编委会确定的编纂宗旨是："增进团结，加深宗情、尊重历史、理顺世系、弘扬祖德、激励后世。"编纂原则有："一、以史为据，求实存真；二、把握重点、理顺世系；三、敬宗睦族、亲宗联谊。"这些都反映了客家强烈的宗亲思想。

（四）多神崇拜的宗教信仰

客家人的宗教信仰有两个特点：一是多神崇拜，二是有浓郁的地方乡土色彩。南康人现在的宗教信仰并不浓厚，大多属于"平时不烧香，临时抱佛脚"的，很少有人家中会供神案佛龛。相对来说，敬奉祖先要大大重于敬奉神灵。但从地名中可管窥一斑南康以前的宗教信仰。

1. 社：或叫土地，指土地神，南康人普遍信奉的就是土地神，几乎村村都有土地庙，有的极简易，就用几块石头搭在一起，用"社"的地名有 37 个，如社公前、社官背、社下、社山、土地前、土地背等。还有几个"社"讹成"石"，如石官坪、石官排、石官坑等。

2. 寺、庙、庵（安）、观、仙等反映的是佛教道教文化。查看《南康县志》的主要寺庙简介，如今基本上都废了，只能在地名中去想象其昔日的辉煌。所以说地名是文化的活化石，其言不假。2005 年唐江石角庵重建，命名为宝台寺，如今香火较旺。

3. 地方乡土神。赤土有"猪古庙"，"猪古"《南康地名志》解释是"着古"的讹写，"着古"是何样神灵不得而知。南康过去中秋节晚上有请"扁担神、月姑姐、猪师姑、台神"等活动，也许此处的"猪古"就是"猪师姑"的缩写。潭口有"思姑圳"，十八塘有"思姑庄"，朱坊的李姑，境内有一"李姑庙"，不知这些姑为何姑。

浮石的贤女埠，据《南康县志》，北宋刘女，幼时父母许适蔡姓，已而悔之，更许吴。吴卒又欲以归蔡。女曰："先使我弃蔡许吴，今又欲从蔡，是大伤风化，何视吾身大轻也"，因悲愤沉水塘而死①。宋端拱年间立祠潭上，名贤女祠，世人供奉至今，刘氏女由凡而入神。

宋代的汪革写了两首《贤女埠》，其一为"贤女标名几度秋，行人抚事至今愁。湘弦楚雨知何处，月冷风悲江自流。"无独有偶，南康坪市乡谭邦村，清朝乾隆年间立过一贞女牌坊，纪念一个名叫谭开姑的女人，其字端楷，端庄贤淑，自幼聪慧，喜读书写字，颇解义理。成人后，其父母为其

---

① 江西省南康县志编纂委员会编：《南康县志》，新华出版社 1993 年版，第 516 页。

择一钟姓男家为婚，未及嫁，男人先夭。从此，她便"屏膏沐卸铅华淡素自若"，再也不肯另嫁，情愿在父母身边奉守一生。直至她母亲过世的前一年某日，"沐浴整衣端坐而逝"，安详之状令村人大奇，族人遂奉之为贞女、孝女。此女虽未成神，但牌坊光辉了好几百年。

南康横寨有正月送"大神"的活动，从正月初六起，村里的老人举着五条龙灯护着用彩纸和竹子扎成的"大神"至每家每户拜年，直到正月十五将"大神"停放在彭氏祖厅，正月十六则各村民携带鞭炮、香烛和猪肉、活鸡等祭品前来拜"大神"，祈盼新年吉祥安康。直至中午 12 点，村民才会举着龙灯护送"大神"到一溪水边焚烧，一年一度的"送大神"活动宣告结束。

4. 以"石"为神。我国许多地方都有祭石神的习俗，带有原始信仰的象征。客家人认为"石"有避邪、镇压不祥和保佑村寨作用。南康山多土少石，所以有稍大的石，人们都会把它当神灵来祭。横市崇脑有座山上有巨石平坦，边上有四块小石，当地人加以联想，认为这是"仙人下棋"处（山也以此为名），每年初一都有大量的人携香火前往祭拜。另有石坞寺、石公背、石公湾、石公脑、石公前等地名。人们对神灵有敬畏之心，所以在巨石前一般不敢吐痰、排污物、说脏话，怕因亵渎神灵而遭报应。

第七章　标音举例

一　语法例句

① to¹ ɕiã² ，ŋæ² sɿʔ⁵l a² fã⁴
多 醒， 偓 食 啦 饭。（多谢，我吃了饭）

② miən² miən² ，sɿʔ⁵ fã⁴ la²
明 明， 食 饭 啦。（明明，吃饭了）

③ ŋæ² sɿʔ⁵ vẽ³ fã⁴，ŋa² tsɿ³ tɕʰiu⁴ tʰoʔ⁵liɔ³ la²
偓 食 稳 饭，牙 齿 就 脱 了 啦。
（我吃着饭，就掉了一颗牙）

④ tsʰo¹ tɔ³ niɔ⁴va⁴ sɿ⁴， lɔ³ sɿ¹ sɔ̃ ¹ kʰo⁴ la²
坐 到 嫑 话 事，老 师 上 课 啦。
（坐着别说话，老师上课了）

⑤ ni³ tɕiən³ va⁴ teʔ⁵ he⁴， tɕi³ tu¹ iɔ⁴ tɕiɔ⁴ la¹
你 紧 话 得 去，渠 都 要 叫 啦。
（你总说得去，他都要哭了）

⑥ ni³ tɕiən³ kã¹ tsɿ³ va⁴， iu¹ seʔ⁵mo² iən⁴
你 紧 咁 子 话，有 什 么 用。（你总说有什么用）

⑦ tsoʔ⁵ niɛʔ⁵iɔ⁴ ɕia³ ko⁴
作 业 要 写 过。（作业要重写）

⑧ tən³ tɕi² kɔ̃³ ha¹ he⁴， ŋ̇³ niɔ⁴ ta³ tsʰã⁴
等 渠 讲 下 去，唔 要 打 赚。（让他说下去，不要插嘴）

⑨ ŋæ² ɕiɔ̃³ ɕiɛʔ⁵koʔ⁴la¹， ni² mẽ² liɔ² kʰeʔ⁵ tsɿ³ tʰɿ̃¹
偓 想 歇 觉 啦，你 们 聊 刻 子 添
（我想睡觉了，你们继续聊吧）

⑩ kũ³ teʔ⁵ tɕi³， ɕiɛʔ⁵ kã² iɛʔ⁵ ko⁴ le²
管 得 渠，歇 减 一 觉 来（管他，先睡一觉再说）。

⑪ niən⁴ niən⁴tɕiən¹ tɕiən¹ tso⁴ ni³ ke⁴ sɿ⁴， ŋ̇³ niɔ⁴ kũ³ hã² sɿ⁴
认 认 真 真 做 你 介 事，唔 要 管 闲 事
（认认真真做你的事，别管闲事）。

⑫ niəŋ^1 niɛʔ^{5}ke^{4}niɛʔ^{5}tʰio^2 mã^2 hɔ^3 ，təŋ^1 ɕi^1 sæ^{4}teʔ^{5}kʰuã^{4}tsɔ^1
　　今日　的　日头　蛮　好，东西　晒　得　框　燥
　　（今天的太阳真好，东西晒得很干）

⑬ tsʰo^1 tsʰa^1 tsʰo^1 teʔ^{5}ŋæ^2 fã^3 fã^3 ɕi^3 a^1 tsʅ^3
　　坐　车　坐　得　倕　反　反　起　阿　子（坐车坐得我胃不舒服，想呕）

⑭ ŋ̊^{3} ɕiɔ^3 teʔ^5 tɕi^3 iɛʔ^{5}tsɔ^3 ɕiəŋ^2 ha^1 ha^{4}ha^2 ha^1 ɕiɔ^{4}seʔ^{5}mo^2
　　唔　晓得　渠　一　早　晨　哈　哈　哈　哈　笑　什　么
　　（不知道他一大早在不停地笑什么）。

⑮ ŋæ^2 tsʰe^1 kæ^2 tsʅ^3
　　倕　在　该　子（我在这里）。

⑯ su^1 tsʰe^1 kæ^{4}tsaʔ^{5}tsʰu^2 teʔ^{5}nã^4
　　书　在　该　只　橱　口　口（书在那个橱子里）。

⑰ nĩ^1 ɕi^3 təŋ^1 ɕi^1 ŋ̊^{3}　hɔ^3　sʅʔ
　　拈　起　东　西　唔　好　食（那种东西不好吃）。

⑱ ŋæ^2 iɔ^4 nĩ^4 ɕi^3 su^4 sɔ^4 ke^4 ko^3　tsʅ^3
　　我　要　拈　起　树　上　的　果　子（我要那种树上的果子）。

⑲ kɔ^1　təŋ^1 ɕi^1 ŋ̊^{3}　hɔ^3　sʅʔ^5
　　高　东　西　唔　好　食（这种东西不好吃）。

⑳ ni^3 iɔ̃^{4} seʔ^5 tsʅ^3 tɕio^3 la^2 kã^2 mo^2 tɕiu^3
　　你　样　什　子　走　啦　咁　么　久（你怎么走了那么久）？

㉑ ka^1 ni^3 tɕʰiu^4 ve^4 sʅ^3 la^2
　　加　你　就　会　死　啦（这你就要死了）。

㉒ ni^3 iɔ̃^{4}seʔ^{5}tsʅ^3 ŋ̊^{3} hɔ^3 hɔ^3　tʰu^{5}su^1
　　你　样　什　子　唔　好　好　读　书（你为什么不好好读书）？

㉓ ni^3 he^4 niəŋ^{4}niəŋ^2
　　你　系　人　人（你是谁）？

㉔ kæ^2 pẽ^3 su^1 he^{4}mã^2 hɔ^3 kʰũ^4
　　该　本　书　系　蛮　好　看（这本书特别好看）。

㉕ tɕi^2 ke^{4}ɕiəŋ^1 fu^{4}koʔ^{5}iɔ̃^{4} ke^4 væ^1
　　渠　的　新　妇　各　样　个　歪（他的儿媳特别凶）。

㉖ tʰæ^{4}ka^1 ia^4　　le^2 la^2
　　大　家　一　下　来　啦（大家全都来了）。

㉗ kɔ̃^{1} ɕi^1 ŋæ^2 tu^1 tɕio^3 kɔ^1 la^2
　　江　西　倕　都　走　交　了（江西我都走遍了）。

㉘ ŋæ² tsã⁴va⁴vẽ³ni³, ni³ tɕʰiu⁴le²la²

偓 正 话 稳 你, 你 就 来 啦（我刚说你，你就来了）。

㉙ lɔ³ pa⁴iɛʔ⁵tsũ³, ŋæ² hɔ̃³sʅ⁴ tso⁴ tsoʔ⁵nieʔ⁵

老 爸 一 转, 偓 放 势 做 作 业（老爸一回来，我赶紧写作业）。

㉚ tɕi² sʅʔ⁵təŋ¹ ɕi¹ hũ¹ ɕi³ sʅ⁵ tseʔ⁵tɕʰiã⁴

渠 食 东 西 欢 喜 食 直 尽（他吃东西喜欢吃到一点不剩）。

㉛ hɔ³ teʔ⁵ni³ le² la²

好 得 你 来 了 啦（幸亏你来了）。

㉜ va⁴ ɕi³ ni³ ŋ̊³ ɕiɔ³ teʔ⁵kæ² hɔ̃² sʅ⁴

话 起 你 唔 晓 得 该 行 事（难道你不知道这件事）？

㉝ ŋæ² həŋ³ koʔ⁵tʰuʔ⁵suʔ¹, tiəŋ³ niɔ̃¹ tso⁴sʅ⁴

偓 肯 觉 读 书, 顶 脦 做 事（我宁肯读书，不愿做事）。

㉞ təŋ³ tu¹ təŋ³ la², tsoʔ⁵seʔ⁵toʔ¹ təŋ³ keʔ⁵tsʅ³

等 都 等 啦, 着 实 多 等 刻 子
（等都已经等了，干脆再等会儿）。

㉟ kã³ to¹ tsoʔ⁵nieʔ⁵niɔ̃³ /iɔ̃² teʔ⁵ to⁴teʔ⁵ saʔ⁵ kaʔ⁵

咁 多 作 业 样 得 做 得 煞 甲（这么多作业怎么做得完）。

㊱ tɕiəŋ¹ nieʔ⁵ni³ ŋ̊³ tsã¹ ɕi³ vũ³

今 日 你 唔 争 洗 碗（今天你不用洗碗）。

㊲ tʰʅ̃¹ teʔ⁵kuɔ̃¹ le² la²

天 得 光 来 啦（天亮得来了）。

㊳ tɕiəŋ¹ nieʔ⁵sʅʔ⁵kua¹ kã⁴kua¹ tsʅ³ ia⁴ sʅʔ⁵liɔ³ la²

今 日 食 瓜 间 瓜 子 一 下 食 了 啦
（今天吃瓜连瓜子都一起吃掉了）。

㊴ ni³ kʰeʔ⁵ve⁴he⁴sã¹

你 克 会 去 生（你去不去）？

㊵ vã⁴ ieʔ⁵loʔ⁵ ŋ̊³ tɔ³ sʅ¹

万 一 录 唔 倒 斯（万一录不到怎么办）？

㊶ ni³ ti³ tɕi² to⁴tsa³

你 理 渠 做 者（你理他干什么，意为你别理他）？

㊷ tɕi² ŋ̊³ ŋæ¹ le² nɔ̃² nɔ̃²

渠 唔 捱 来 芒 嚷（他可能不会来）。

㊸ tɕi² kʰeʔ⁵piɔ¹ tsʅ⁴

渠 克 标 致（她漂不漂亮）？

㊹ ni³ pi³ ŋæ² kɔ⁴iu¹ tɕʰɿ²

　你 比 倕较 有 钱（你比我更有钱）。

㊺ tɕi² na¹ niəŋ² ka¹ pʰɿ⁴la² ŋ̍³ tɕʰɿ¹ kʰuæ⁴tɕʰɿ²

　渠 拿 人 家 骗 了 五 千 块 钱（他被人骗了五千元）。

㊻ ŋæ² le² tsʰɔ³ tsʰe⁴, ni³ le² tɕʰiɛʔ⁵tsʰe⁴

　倕 来 炒 菜, 你 来 切 菜（我来炒菜, 你来切菜）。

㊼ ŋæ² le⁴vu³ fã⁴sɿʔ⁵

　倕 来舞 饭 食（我去做饭）。

㊽ na¹ iɛʔ⁵kʰuæ⁴tɕʰɿ² naʔ⁵ŋæ² mæ¹ sɿʔ⁵ke⁴

　拿 一 块 钱 拿 倕 买 食 个（给我一块钱买吃的）。

㊾ tɕi² səŋ⁴la² tiɔ̃³ pẽ³ su¹ ŋæ²

　渠 送 了 两 本 书 倕（他送了我两本书）。

㊿ ŋæ² ta³ tɕi² ŋ̍³ iã²

　倕 打 渠 唔 赢（我打不过他）。

二　童谣

ma²tiɔ¹tseʔ⁵

麻 雕 则

ma²tiɔ¹ tseʔ⁵, fi¹ ko⁴ ho², tɕi¹tɕi¹tsa¹tsa¹tʰɔ³lɔ³pʰo², iu¹tɕʰɿ²tʰɔ³kæ⁴ ɔ̃² hua¹nie³,

麻 雕 则, 飞 过 河, 叽叽喳喳 讨 老 婆, 有 钱 讨 个 黄 花 女,

mɔ²tɕʰɿ²tʰɔ³kæ¹laʔ⁵ti²pʰo², laʔ⁵ti² pʰo², tsʰɔ³tse⁴, oʔ⁵tsʰã³pa⁴tsɿ³kʰɔʔ⁵nɔ³kue⁴.

冇 钱 讨 个 癞 痢 婆。癞 痢 婆, 炒 菜, 镂 铲 把 子 揎 脑 盖。

niɛʔ⁵kɔ̃¹kɔ̃¹

月 光 光

niɛʔ⁵kɔ̃¹kɔ̃¹, niɛʔ⁵ uaua, tʰo²kən¹tsuʔ⁵tsɿ³ tiɔ⁴ ha²ma²。ha² ma ²peʔ⁴sɔ̃³ iu¹ pẽ³ su¹,

月 光 光, 月 娃娃, 驮 根 竹 子 钓 蛤 蟆。蛤 蟆 背 上 有 本 书,

səŋ⁴teʔ⁵ko¹ko¹he⁴tʰuʔ⁵su¹, tʰuʔ⁵iu¹tʰuʔ⁵ŋ̍³tsʰoʔ⁵, ta³ko¹ko¹ke⁴ sɿ³ hoʔ⁵.

送 得 哥哥 去 读 书, 读 又 读 唔 出, 打 哥哥 的 屎 窟。

三　谚语

ue⁴sã¹ kio³, sɿʔ⁵ liɔ³ tsa⁴ mẽ² tɕio³

外 甥 狗, 食 了 榨（朝）门 走。

tse¹ niuʔ⁵tʰio² sã¹ŋe², tʰio⁴ fu³ mɔ³ sɔ̃¹ tʰe²

猪 肉 头 牲鱼, 豆 腐 冇 上 台。

fã⁴ pɔ³ niɔ⁴ɕi³ tsɔ³, tɕiuʔ⁵hio⁴niɔ⁴ tʰi⁴¹nɔ³

饭 饱 嫑 洗 澡，酒 后 嫑 剃 脑。

le²kəŋ¹ɕĩ¹tsʰɔ⁴kɔ¹, iu¹i³ mɔ³ tɕi³to¹

雷 公 先 唱 歌，有 雨 冇 几 多。

sɿʔ⁵liɔ³tũ¹ŋ̃³ tsəŋ⁴, hæ²iu¹sã¹kəŋ¹təŋ⁴

吃 了 端 午 粽，还 有 三 工 冻。

le²¹ta³təŋ¹, seʔ⁵tsaʔ⁵niu¹lã²tɕiu³tsaʔ⁵kʰəŋ¹

雷 打 冬，十 只 牛 栏 九 只 空。

mẽ²tsʰɔ² nã², mɔ³sɿʔ⁵tu¹lã²hã², mẽ²tsʰɔ²peʔ⁵, iu¹sɿʔ⁵tu¹ tʰɔ³ keʔ⁵

门 朝 南，冇 食 都 烂= 闲（可以），门 朝 北，有 食 都 讨 革=（担心）

təŋ¹ sɿʔ⁵lɔ²fuʔ⁵ha⁴sɿʔ⁵tɕiɔ¹, ŋ̃³lɔ² i¹ sɿ¹ hue¹ ioʔ⁵ fɔ¹

冬 食 萝 卜 夏 食 姜，唔 劳 医 师 开 药 方。

四 传说

tʰɔ²kɔ̃¹, he¹ kɔ̃¹ ɕi¹ sɿ⁴ tʰæ⁴ miã²tɕiəŋ⁴tsɿ¹ ieʔ⁵, tɕi²tseʰiu¹ ieʔ⁵kæ⁴ɕiɔ³ɕi¹tɕiəŋ⁴ faʔ⁵ tsẽ³

唐 江，系 江 西 四 大 名 镇 之 一。渠 在 由 一 个 小 墟 镇 发 展

tɕʰiəŋ²mã²tɕiəŋ⁴、tʰæ⁴tɕiəŋ⁴keʔⁿ⁴kɔ⁴tɕʰiəŋ²tsəŋ¹,tɕiəŋ¹lieʔ⁵la²seʔ i⁴ tɕʰiu⁴sɿ⁴ tɔ⁴ fẽ¹ hɔ̃² iu⁴sɿ⁴

成 名 镇、大 镇 的 过 程 中，经 历 了 随 意 就 市 到 分 行 就 市

ke⁴kɔ⁴tɕʰiəŋ². tɕʰi¹tsɔ̃¹ iɛ¹ iu¹ kɔ⁴ iu¹tɕʰi⁴ke⁴ ku⁴ sɿ⁴.

的 过 程。其 中 也 有 过 有 趣 的 故 事。

tsʰũ² suoʔ⁵, kʰæ¹ sɿ³¹ke⁴ tʰɔ̃² kɔ̃¹he⁴ ŋ̃³ fẽ¹ hɔ̃² ke⁴, iu² ñ̃²tsʰæ²mi²、 i¹seʔ⁵ i¹ kəŋ¹

传 说，开 始 的 唐 江 系 唔 分 行 的，油 盐 柴 米、衣 食 医 工

ɕiɔ̃¹ fu⁴ kɔ¹ tsʰo⁴tsʰaʔ⁵tɕʰiəŋ². iu¹ieʔ⁵ tsʰɿ⁴, mæ⁴tsʰæ²ke⁴ tʰəŋ² mæ⁴sã³ ke⁴, mæ⁴sɔ̃²

相 互 交 错 杂 陈。有 一 次，卖 柴 的 同 卖 伞 的，卖 烧

tɕiu³ke⁴təŋ²mæ⁴tʰã⁴ ke⁴, mæ⁴me² tʰio⁴ fu³ ke⁴ tʰəŋ² mæ⁴ iu² tɕʰi²ke⁴ fẽ²pʰiɛʔ⁵pæ³tə

酒 的 同 卖 蛋 的，卖 霉 豆 腐 的 同 卖 油 蜊 的 分 别 摆 得

tsʰe¹ iɛʔ⁵kʰuæ⁴tsɿ¹, kɔ¹ pẽ³ le² iɛ¹mɔ² iɔ⁴ tɕiəŋ³, koʔ⁵mæ⁴koʔ⁵ke⁴ ma, tã⁴he⁴iɛʔ⁵hue¹

在 一 块 子。高 本 来 也 冇 要 紧，各 卖 各 的 嘛。但 是 一 开

hio³ uẽ⁴tʰi² tɕʰiu⁴le² la².

口 问 题 就 来 了。

hue¹sɿ⁴ i³hio⁴fã⁴tsɿ³ ia⁴＊iəŋ⁴ tʰu³ hua⁴ ta³tɕʰi³o²ho¹ le². mæ⁴tsʰæ² ke⁴ hã³:

开 市 以 后 贩 子 一下 用 土 话 打 起 吥 喝 来。卖 柴 的 喊:

"tsʰæ²ho³——", mæ³sã³ke⁴iɛ¹hã³: "sã³o¹——", tɕiɔ̃¹hɔ³ seʔ⁵tsɿ¹ tʰɔ̃² kɔ̃¹ sã¹"sã³"

"柴 火——"，卖 伞 的 也 喊:"伞 哦——"。将 好 什 子 唐 江 声 "伞"

＊ia⁵¹是 "一下" 的合音，意为 "都"。

tʰəŋ² "sã¹" iəŋ¹tsʰa¹n̄¹to¹, ka¹ sã⁴ fã⁴tsɿ³ tsẽ⁴hio³ tʰo¹tɕʰiɔ̃¹ tʰo¹ tʰio⁴, "tsʰæ²hɔ³——",

同 "生" 音差唔多，加上贩子挣口拖腔拖调，"柴　火——""

"sã¹o¹——", tɕʰiu⁴ sã²la² "sã³o¹——sã¹ o¹". mæ⁴tsʰæ²ke⁴ tsẽ⁴iɛʔ⁵tɕi⁴, mæ³ sã³

伞哦——" 就成了 "柴火——生哦"。卖柴的挣一句，卖伞

ke⁴kəŋ¹iɛʔ⁵tɕi⁴. sã¹tsʰæ²sɔ¹ ŋ̃³ tsʰo²⁵, iu¹niəŋ³niəŋ² ue⁴ mæ¹? ɕi⁴teʔ⁵ mæ⁴tsʰæ²ke⁴

的跟一句。生柴 烧唔着，有人人会买？气得卖柴的

təŋ² mæ³sã³ke⁴ kɔ̃³ ɕi³ hio³ le², tsʰẽ¹ti²⁵tsɿ³ tɕʰiu⁴ ta³ ɕi³ kɔ¹ le² la.

同 卖 伞 的 讲 起 口 来，争 滴 子 就 打 起 交 来 啦。

nĩ⁴ pĩ¹ mæ⁴sɔ¹tɕiu³ ke⁴ tʰəŋ² mæ⁴tʰã⁴ke⁴ iɛ³nɔ̃⁴teʔ⁵ mɔ̃³ha¹tʰe². iɛʔ⁵kæ⁴hã³

拈边卖烧酒的同 卖 蛋的也闹得冇下台。一 个喊

"sɔ̃¹tɕiu³——", iɛʔ⁵ kæ⁴ hã⁴ "tʰã⁴a¹——", tʰɔ̃²kɔ̃¹sã¹ "tʰã⁴" taʔ⁵ "tʰã⁴" iəŋ¹tʰəŋ²,

"烧酒——"，一 个喊 "蛋啊——"，唐江声 "蛋" 搭 "淡" 音近，

tʰiã¹ɕi¹le¹tɕʰ iu¹sã²la² "sɔ̃¹tɕiu³——tʰã¹a²". tʰã¹ sɔ̃¹tɕiu³ iɛʔ⁵ tʰiəŋ¹tsʰã¹ la²se³, hæ²

听 起来就成了 "烧酒——淡啊"。淡烧酒一 定掺了水，还

iu²¹niəŋ³niəŋ² iɔ⁴? tiɔ̃³kæ⁴niəŋ²n̄³ kɔ̃³hio³ tsʰæ²kuæ⁴nə!

有人人要？两个人唔讲口才怪呢！

mæ⁴me²tʰio⁴fu³ ke⁴taʔ⁵mæ⁴ iu²tɕʰi² ke⁴ tɕʰiu³ kẽ⁴kɔ̃³ɕiɔ⁴la². me² tʰio⁴ fu³——"

卖 霉 豆 腐 的搭卖油蛴的 就 更 搞 笑 了。"霉 豆 腐——"

"iu²tɕʰi²——", lĩ²tsʰe¹iɛʔ⁵tɕʰi³ tɕʰ iu³sã² la² "me²tʰio⁴fu³——iu¹tɕʰi¹". tʰɔ̃² kɔ̃¹ sã¹

"油蛴——"，连在一起就 成了 "霉豆腐——有 蛆"。唐江声

"tɕʰi²" taʔ⁵ "tɕʰi¹" iəŋ¹tʰəŋ², iu¹tɕʰi¹ ke⁴ me² tʰio⁴ fu³ niəŋ³ niəŋ² iɔ⁴? tiɔ̃³ kæ⁴niəŋ² nɔ⁴

"蛴" 搭 "蛆" 音近。有蛆的霉豆腐人人要？两个人闹

teʔ⁵ tsʰa¹tiʔ⁵tsɿ³ɕĩ¹ tʰã¹ lo²tsɿ³.

得 差 滴 子 掀 摊 笋 子。

kã¹ tsɿ³kɔ̃³kɔ̃³kaʔ⁵kaʔ⁵ ke⁴ hæ² iu¹ tiəŋ³ to¹, tu¹nɔ⁴ tɔ⁴kū¹fu³he⁴ la². ue⁴liɔ¹pʰiɛʔ⁵

咁 子讲讲夹夹的还有 挺多，都闹到官府去啦。为了避

mĩ³mɔ² tẽ⁴, kū¹ fu³kue¹tʰiəŋ⁴ i³hio⁴ iɛʔ⁵ liɔ²⁵fẽ¹hɔ̃¹tɕʰiu⁴sɿ¹, ŋ̃³ kʰo³ i³ huẽ⁴taʔ⁵,

免 矛盾，官府规定以后一律分行就 市，唔可以混搭。

tsʰəŋ²kã¹tsɿ³ɕi³sɿ¹, tʰɔ̃²kɔ̃¹kæ¹sã¹tɕʰiu⁴ iu¹la³ "hua¹ sẽ¹ hɔ̃²" "mi³ hɔ̃²" "ã¹ kū¹ hɔ̃²"

从 咁子起势，唐江街上就有了 "花生行""米行""罂罐行"

"tɕʰio⁴ hɔ̃²" "niu³kɔʔ⁵hɔ̃²" "pĩ³tã¹hɔ̃²" "tse¹ tʰiɔ²hɔ̃²" "muʔ⁵tɕʰi⁴hɔ̃²" "pu⁴hɔ̃²" təŋ³.

"轿行" "牛角行" "扁担行" "猪条行" "木器行" "布行" 等。

kæ¹tʰɔ⁴miã² tsʰɿ¹, ɕi¹tɕiəŋ⁴ke⁴ mɔ⁴ i⁴ tiəŋ³iu¹ɕi⁴la³, iɛʔ⁵ hɔ̃² kue¹ iɛʔ⁵ hɔ̃², pĩ⁴teʔ⁵seʔ⁵

街道名 字，墟镇的贸易挺有序啦，一行归一行，变得十

fẽ¹ fã²iəŋ² nɔ⁴　niɛʔ⁵。tʰæ⁴ka¹　ŋ̃³ ŋæ¹　çiɔ³tɔ⁴, fẽ¹ hɔ̃²　ke⁴　ĩ²iəŋ¹　taʔ⁵tɔ̃²kɔ̃ ¹sã¹ iu¹kuã¹。
分 繁 荣 闹 热。大 家 唔 捱 想 到, 分 行 的原因搭康江声 有 关。
（温世烨讲述，参考了卢筹的博文《赣南民间语文故事》）

五　民间故事

tʰɔ̃²kɔ̃¹, liu²tʰũ² iɛʔ⁵ kæ⁴　hã³ "muʔ⁵luʔ³tçiəŋ¹"　ke⁴　kuʔ⁴ sʅ⁴, tʰæ⁵ka¹ iɛʔ⁵kɔ̃³　çi³ tçi³ læ²
唐 江，流 传 一 个 喊 "木 乳 精" 的 故 事, 大 家 一 讲 起 渠 来,
tçʰiu⁴çiɔ⁴teʔ⁵niɔ̃³niɔ̃³tʰəŋ¹, pĩ¹　çiɔ⁴　　pĩ¹　vaʔ⁵: "kæ²kæ⁴sʅ³muʔ⁵luʔ³tçiəŋ¹。"　muʔ⁵ lu³
就 笑 得 口 口 动, 边 笑 边 话: "该 个 死 木 乳 精。"　木 乳
tçiəŋ¹he⁴　iɛʔ⁵ kæ⁴ "kɔ¹mɔʔ ⁵lɔ³ tsʅ³", hã²　sʅ¹ mɔ³ sʅ⁴ tsɔ⁴, hũ¹ çi³ tsuoʔ⁵　　nəŋ⁴niəŋ², iɛ³
精 系 一 个 "瘌 末 老 子", 闲 时 冇 事 做, 欢 喜 捉　 弄 人, 也
tçʰiu⁴he⁴vaʔ⁵, kæ²kæ⁴niəŋ²tiəŋ³ "tçiɛʔ⁵teʔ⁵", ha⁴mĩ⁴kɔ̃³iɛʔ⁵tsaʔ⁵sʅ⁵tʰæ⁴fẽ⁴　ke⁴ kuʔ⁴　sʅ⁴。
就 系 话, 该 个 人 挺 "缺 德"。下 面 讲 一 只 "食 大 粪" 的 故 事
iɛʔ⁵　kəŋ¹, muʔ⁵luʔ³tçiəŋ¹mæ⁴la²tçi³　kæ　⁴pɔ³tsʅ³　tsũ³uʔ⁵ti³ sʅ², tçʰũ²tʰio²tiɔ̃³kæ⁴kʰæ¹
一 工, 木 乳 精 买 了 几 个 包 子 转 屋 里 食, 前 头 两 个 荷
tʰæ⁴ fẽ⁴ ke⁴tsã⁴tse¹　i⁴ luɛ²: "muʔ⁵luʔ³tçiəŋ¹　kæ²　kæ⁴ niəŋ²　tçʰiɛʔ⁵ tsɔ⁴ huæ⁴sʅ⁴, iɔ⁴ he⁴na¹
大 粪 的 正 在 议 论: "木 乳 精　该 个 人　尽 做 坏 事, 要 是 拿
ŋæ³ pʰəŋ¹ tɔ⁴ la², ŋæ³ tçʰiu⁴ iɔ⁴ tçi³ sʅ⁵ tʰæ⁴　fẽ⁴。" "he⁴ iɔ⁴ he⁴ iɔ⁴。"　liã⁴ iɛʔ⁴　kæ⁴
偃 碰 到 啦, 偃　就 要 渠 食 大　粪。" "系 要 系 要。"　另 一 个
va⁴。tiɔ̃³kæ⁴niəŋ²tu¹niəŋ³ŋ̃³　　teʔ⁵ muʔ⁵lu³ tçiəŋ¹, ŋ̃³ çiɔ³　　teʔ⁵ muʔ⁵ luʔ³tçiəŋ¹ tçʰiu⁴　tse¹
话。两 个 人 都 认 唔 得 木 乳 精, 唔 晓 得 木 乳 精 就 在
hiɔ⁴　sʅ¹　pe⁴, muʔ⁵ luʔ³ tçiəŋ¹tʰiã⁴la² çiəŋ¹　　ti³ mã²tsɔ⁴, laʔ⁵　çiã³tsʰɔ¹ kɔ⁴ tçi³　mẽ², tsɔ̃¹
后　尸 背。木 乳 精 听 了 心 里 蛮 躁, 辣 想 超　过 渠 们, 装
tsʰɔʔ⁵ iɛʔ⁵ fu⁴tçiɛʔ⁵ mã²tçiɛʔ⁵sʅ³ke⁴ iɔ̃⁴tsʅ³, tʰiɛʔ⁵sʅ¹tsʰəŋ²tʰe⁴　teʔ⁵nã⁴　tʰiɛʔ⁵ tsʰɔʔ⁵tçi³　kæ⁴
出 一 幅 急 忙 急 死 的 样 子, 特 事 从 袋 口口* 跌 出 几 个
pɔ¹ tsʅ³, piã⁴ piã⁴tsʅ³　tʰio¹ kʰũ⁴。kæ²tiɔ̃³　kæ⁴ kʰæ ¹tʰæ⁴　fẽ⁴ke　⁴kʰũ⁴vẽ³ tçʰĩ²tʰio² iu¹ niəŋ²
包 子, 偃 偃 子 偷 看。该 两 个 荷 大 粪 的 看 稳 前 头 有 人
tʰiɛʔ⁵　liɔ³ pɔ¹ tsʅ³, hæ²paʔ⁵laʔ⁵kuẽ³, tçiã³ çi³　le²tiɔ̃³ ha⁴ tsʅ³tçʰiu⁴sʅʔ⁵liɔ³la²。muʔ⁵luʔ³tçiəŋ¹
跌 了 包 子, 还 八 辣 滚, 捡 起 来 两 下 子 就 食 了 啦。木 乳 精
kʰũ⁴vẽ³　tçi³mẽ sʅ⁵sa⁵kaʔ⁵la², ma³sɔ̃³ tsɔ̃¹ tsʰɔʔ⁵iɛʔ⁵ fu⁴ mã²tçi³ ke⁴iã⁴ tsʅ³, təŋ¹ çiəŋ²
看 稳 渠 们 食 煞 甲 啦, 马 上 装 出 一 幅 蛮 急 的 样 子, 东 寻
çi¹ çiəŋ², mẽ⁴　ka² tiɔ̃³kæ⁴ kʰæ⁴tʰæ⁴fẽ⁴ ke⁴: "ni³mẽ² kʰeʔ⁵tse²kũ⁴　tɔ⁴ tçi³ kæ⁴ pɔ¹ tsʅ³
西 寻, 问 该 两 个 荷 大 粪 的: "你 们 克　才 看 到 几 个 包 子
tse¹ tʰi¹　ha¹?" kʰæ¹tʰæ⁴fẽ⁴ ke⁴　laʔ⁵　çiã³　ẽ⁴: "mɔ³。" "mɔ³ tçʰiu⁴hɔ̃³, mɔ³ tçʰiu⁴hɔ̃³
在 地 下?" 荷 大 粪 的 辣 想 应: "冇。" "冇　就 好, 冇 就 好。

---
* 里面。

ŋæ³na¹la²tɕi³ke⁴ pɔ¹tsŋ³, fɔ̃⁴ la² ti?⁵tsŋ³ lɔ³ se³ io?⁵, tɕiəŋ³pʰi⁴ na¹ tsū³ he⁴ nɔ¹ lɔ⁴ se³,
偃　拿　啦　几个 包 子，放　啦　滴子　老鼠　药，准　备　拿　转 去　闹老鼠，

ŋ³¹ɕiɔ³¹te?⁵ tʰiɛ?⁵ te?⁵ tse²³næ³¹tsŋ³¹。tiɔ̃³¹kæ⁵¹ kʰæ²³tʰæ⁵¹fɛ̃⁵¹ ke⁵¹ha?⁵te?⁵mĩ⁵¹tu²³pĩ⁵¹se?⁵
唔　晓　得　跌　得在 哪子。" 两个 荷　大　粪 的 吓 得 面 都 变色

la²:" æ² ia¹　le¹, ŋæ³ mẽ² ŋ̃³ ɕiɔ³ te?⁵ he⁴nɔ⁴　lɔ⁴　se³ ke⁴, ŋæ³ mẽ² tiɔ̃³ niəŋ² tsã⁴
啦:" 哎 呀来，偃们 唔　晓　得 系 闹 老鼠 的，偃们 两 人　正

tɕĩ³ te?⁵ sŋ?⁵liɔ³la²。" mu?⁵　lu³tɕiəŋ¹ tsuɔ̃³pa³ tsŋ³ ha⁴ te?⁵ tiəŋ³kʰu³: tʰĩ¹　lɔ³ia² ke⁴ tʰĩ¹
捡　得　食 了 啦。" 木 乳 精 装 把 子 吓　得 挺 苦:" 天 老 爷 的 天，

kɔ¹ tu¹ iu¹ tʰu?⁵ ua¹, ni³mẽ²iɔ¹kʰuæ⁴ ti?⁵ tsŋ³ iɔ³, iɔ⁴ŋ̃³ ŋe⁴ tɕʰiu⁴mɔ² miã⁴ la²。"
高 都 有 毒 哇，你 们 要 快　滴 子 呕，要 唔 系 就　冇　命 啦。"

kʰæ¹fɛ̃⁴ ke⁴ kʰuæ⁴sŋ⁴ kʰio¹tsue⁴,tɕiəŋ³kʰio¹tu¹iɔ³ ŋ̃³ tsʰuo?⁵le² ,mu?⁵lu³tɕiəŋ¹ iu⁴ua⁴:
荷 粪 的　快 势 抠 嘴，紧 抠 都 呕 唔　出 来。木 乳 精 又 话

"tu¹iɔ³ ŋ̃³tsʰuo?⁵ iu⁴ ɕiɔ¹, kʰuæ⁴ ti?⁵ tsŋ³ sŋ?⁵ tʰæ⁴fɛ̃⁴iu⁴iɔ³ te?⁵tsʰuo?⁵le²,tsæ⁴ tsʰŋ²
"都 呕 唔 出 又 消，快　滴 子 食 大 粪 就 呕　得 出 来，　再 迟

ti?⁵tsŋ³tɕʰiu⁴mɔ²miã⁴la²。" kʰæ¹fɛ̃⁴ke⁴iɛ?⁵tʰiã¹, ta?⁵kæ⁴ i⁴　tɔ⁴　la² pu² sa?⁵ iɛ?⁵iɔ̃⁴,
滴 子 就 冇 命 啦。" 荷 粪 的 一　听，搭 界 遇 到 啦 菩　萨　一 样，

tiɔ̃³ke⁴ niəŋ²　iɔ³　tɕi³ tæ⁴ fɛ̃⁴ tɕʰiu⁴sŋ?⁵ɕi⁴　le²,iɔ³te?⁵ɔ̃⁵ɔ̃¹ tã¹　tu¹ iɔ³tsʰuo?⁵le² la²,
两个 人 舀 起 大 粪 就　食 起 来，呕 得 黄 胆 都 呕 出　来 啦，

mu?⁵ lu³tɕiəŋ¹ te?⁵ i⁴　la²:" kʰū⁴se?⁵tsŋ³hã⁴niəŋ⁴niəŋ²sŋ?⁵fɛ̃⁴。"　kæ² tiɔ̃³kæ⁴ niəŋ²
木 乳 精 得 意 啦:" 看 什 子 喊 人 人 食 粪。" 该 两 个　人

ka¹ tsã⁴ fã³ iəŋ⁴　kɔ⁴ le², tã⁴ he⁴ iɔ³ te?⁵ tʰiɔ³ ɕi⁴tu¹ tʰiɔ³ ŋ̃³ ɕiəŋ¹ tsʰa¹, tɕʰi¹ tu¹tɕi¹ ŋ̃³¹ uẽ³,
加 正 反 应 过 来，但 系 呕　得 放 气 都 放 唔 伸 叉，倚 都 倚 唔 稳，

tse?⁵hɔ³kʰū⁴uẽ³ mu?⁵lu³ tɕiəŋ¹ tɕio³ liɔ³　la², mɔ³ti?⁵ tsŋ³ pã⁴fa?⁵, tɔ³ me¹ sŋ³　la²。
只 好 看 稳 木 乳 精 走 了 啦，冇 滴 子 办 法，倒 霉 死 啦。

（温世烨、温珍鸿讲述）

附录：童谣、谚语、歇后语

童 谣

斗鸡鸡

斗鸡鸡，斗虫虫，
虫虫走，鸡鸡飞，
鸟鸟篷嗬。

月光光

月光光，月娃娃，
驮根竹子钓蛤蟆。
蛤蟆背上有本书，
送得哥哥去读书，
读唔出，
学作田。
田爆坼，
学做客。
做客打烂碗，
拿只米馃打口［po⁴］转。

月光光

月光光，月娃娃，
砍根竹子钓蛤蟆。
蛤蟆背上一本书，
送得哥哥去读书。
读书读一年，学种田。
种田难勾腰，学打雕，
打雕难托铳，学捡粪……

月光光

月光光，月娃娃，
砍根竹子钓蛤蟆。
蛤蟆背上一本书，
送得崽子去读书。
读书读唔懂，
送得崽子去箍桶。
箍桶要破篾……

月光光

月光光，月娃娃。
驮根竹子钓蛤蟆。
蛤蟆背上一根线，
送给大姐镶鞋面，
镶到鞋面双双好，
留到明年讨大嫂，
讨到个大嫂矮的得，
煮到饭香得馥馥。

月光光

月光光，口［tsa⁵¹］河上，
骑只马，过唐江，
唐江路上一盆花，
摇摇摆摆接亲家，
亲家门口一口塘，
养的鱼子八尺长，
大的舞倒来食，
细的舞倒来讨妇娘，
讨倒的妇娘十八岁……

月光光

月光光，在路上。
船来等，轿来扛。
扛什么，扛花鞋。
几多双，十八双。

哪双好，双双好；
留到明年讨大嫂；
讨到大嫂矮的掇，
煮到个饭烂没没；
阿爸食了唔敢声，
阿哥食得蛮自在。

月光光

月光光，在路上。
你卖糖，我卖姜。
姜录录，好种竹，
竹打花，好种瓜，
瓜儿黄，奶奶摘到大家尝。

月光光

月光光，顺路上。
你卖糖，我卖姜。
姜录录，好种竹。
竹打花，好种瓜。
瓜籽圆，好作田。
田好作，敲牛角。
牛角弯，打铁钉。
铁钉烊兮兮，养只乌骨鸡。
鸡球球，养只鹅。
鹅生蛋，生了半谷箩，
送给我的老阿婆。
阿婆眼珠蒙，日日守大门，
阿婆耳朵聋，话事听不清。
阿婆嘴冇牙，吃饭着力扒。
阿婆吃了大鹅蛋，牵牛上坎跑下坎。

麻雕勒

麻雕勒，照壁飞，
冇爷冇驰净吃亏，
哥哥喊你台上食，

嫂嫂叫你灶背徛。
嫂嫂唔要骂，
再过两年我会嫁，
嫁到哪子，
嫁到唐江马齐坝，
又有糖又有蔗，
豆子花生剥到夜。

麻雕崽

麻雕崽，鸰棉花，
鸰到姐姐门楼下，
姐姐问你哪久嫁，
嫁哪子，
有钱嫁到马齐坝，
又有糖又有蔗，
豆子花生剥到夜。

水豆腐

水豆腐，水泱泱；
白豆腐，四四方；
炸豆腐，灯笼枪；
黄豆腐，煮黄浆。

推砻

推砻，叽咕者，
养只哦罗子冇尾巴，
花生豆子剥到夜，
屙一床，屙一院，
舞得老崽食叽叽。

摇

摇，摇，摇到九驳桥，
白米饭，饭汤淘，
一手捉到十八乔。

烟

烟，烟，烟上天，

铜锣转，丝绸边，

两只鸡鸡对花边。

花边薄，花鸭担水桥上过，

猪劈柴，狗放火，

猫公灶上咚咚坐。

懒尸婆

懒尸婆，捡田螺。

捡到一箩，送得外婆。

捡到一担，送得外甥。

捡到一桶，留到老崽自家口［tsən³¹］（吃）。

打掌掌

打掌掌，卖糖糖。

糖好食，酒好尝。

长衫

长衫老表，

下河洗澡。

哎呦哎呦，

蚊子叮波。

歇后语

瘦猪子屙硬屎——人穷量大

三十日夜养猪——来唔及

米粉猪肉——蒸的（真的）

猪肉放油炒——想好又想好

米筛筛猪血——眼红

冷水劚猪——扯皮

老虎借猪——有借冇还

鸭公背上倒勺水—— 一踢就有啦、一流过去啦

鸭婆背上倒勺水——冇反应

芒头蔸下捡鸭蛋——难碰

三两鸭子四两嘴——多嘴

鸭子走路——大摇大摆

泡圆（板鸭）晓得食谷——不可能

猴子捡到一饼姜——进退两难

麻风佬食狗肉——就咁么大回事

狗肚里一条肠——笔直

瘹狗捉前脚——外行

狗食粽子——冇解

狗打啊气（哈欠）——天晴

屙屎唔怕撑死狗——过量了

老虎嘴里拔牙——太冒险

惹起黄蜂叮屎盒——自找麻烦

田螺冇脚——滚得走

三只手指捡田螺——稳拿

城墙的麻雕子——见过世面

麻雕子嫁女——叽叽喳喳

饿狗追飞雕——枉费心机

瞎眼雕子——天来供（喂）

黄鳅进灶——走红门

粒篓子装黄鳅——走个走，溜个溜

黄鳅听水响——别人说什么你说什么

黄鳝钓蜗子——引（瘾）头长

劈头棚里钓蜗子（青蛙）——难得

十二月的蛤蟆——开口唔得

蛇过打棍——事后诸葛亮

半夜捉蛇——两头唔拉脑

蛇过打棍——事后诸葛亮

老鼠咬秤钩——自称

水缸里的脚鱼——上缸（纲）唔得

三个钱买甑刷——试一把

烂甑算蒸饭——出闲气

年三十的甑算——冇闲

花生仁拌糖——又香又甜

灶门前食饭——又饱又暖

田塍上晒豆角——好摆

田塍背莳芋子——外行

冬下头子卖冰水——不是时候

八十斤的薯子——进唔得窖

十二月的霉豆腐——各完各

老爷的豆腐印——动唔得

利刀切豆腐——两面光

（你自家）一篮豆腐冇盐煮——不要管别人的闲事

筷子拱浸缸——止唔到瘾

冷水泡茶——慢慢来味

厕屎挖竿子——找借口

屎急挖粪坑——临时着急，来不及

大髀上放点心——卵都唔嗦〔嗦（喝）与表示搭理的口〔soʔ⁵〕同音，表示不搭理〕

老啦吹口〔tʰiaʔ⁵〕（唢呐）——太迟啦

年老学吹打——过了时

两把哒（唢呐）一起吹——响（想）在一起

高山上打铜锣——响（想）得远

灯芯打鼓——冇响

七月半烧纸钱——哄鬼

七月半出世——鬼精

棺材里伸手——死要钱

棺材头上画花——死要好看

阎王佬子贴布告——鬼话连篇

道士念经——打鬼话

老馳子进厅下——死要摆

癫痫子做和尚——将好什子（刚好）

老馳子个下巴——冇须望（没希望）

麻婆子打粉——好摆

老馳子唔曾带过人——哄人（骗人）

聋股子个耳朵——做样子个

瞎子看书——做样子

瞎子看戏——目中冇人

瞎子打油——瞎撞

驼背佬歇觉——两头冇落席（两边没着落）

矮子上楼梯——步步升高

木匠解板——有来有往
木匠担枷——自造
告化子倒了啦饭——苦上加苦
石壁上装香——全靠
出窑的砖——定了型
盎盎钵钵——共该窑
火笼穿底——跌钵
杉树兜下孵一夜——一脑子个杉油（得意扬扬貌）
贴翻的门神——互不理
两公婆拜年——多了的道理
剥了裤子打屁——多此一举
捞长卵来鸟自家个屎盒——自家舞自家
火烧屋——连累邻舍
酒罂里量米——难量（南良，地名）
壁上挂尺——量屋（良屋，地名）
木桩晒酒罂——倒转来
石壁上点香——全靠
竻篷上晒网——勾勾搭搭
伞把上挂鸡蛋——小心又小心
脚上生毛——老脚（老手）
神台上生草——荒（慌）了神
粪坑里的石头——又硬又臭
鼻公头上吊擂锤——有食唔晓得食
用别人的拳头打铁钉——个人得利
夭泥粉壁——扶唔上
屋檐水——照旧
眼珠长在头顶上——看上唔看下
背竹篙进巷子——直上直下
过时的皇历——唔要再翻
落雨天担禾草——越担越重
落雨天的伞——个个都要
一想歇觉都来了枕头——正好
早稻冇望望晚稻——子辈冇用望孙辈
桥板下吊布袋——屙屎滤渣
六月天里着长衫——摎起来（主动揽事做）

十八塘的斗篷————一顶完（归）一顶

驰婆（外婆）个手势——习惯了

大髀丫上磨刀——吓死人

全靠牛食禾——懒惰得便宜

谚　语

外甥狗，食了榨（朝）门走。

猪肉头牲鱼，豆腐冇上台。

饭饱要洗澡，酒后要剃脑。

寒从脚起，病从口入。

平时省一口，缺时顶一斗。

贪吃贪睡，添病减岁。

臭鱼烂虾，害命冤家。

看菜食饭，量体裁衣。

若要长寿，经常食素。

煮菜唔争学，只要勤洗镬。

冬食萝卜夏食姜，不劳医师开药方。

立夏唔食蛋，上坎滚下坎。

过夏唔食糍，饿得颈筋吊颈皮。

豆豉放盐食，食得眼鼓鼓。

新禾一餐唔满足，死也唔瞑目。

雄就雄该几碗饭，冷就冷该几个风，穷就穷该几个钱。

食唔穷，着唔穷，冇划冇算一世穷。

筷子起燊，有食在明朝。

我有钱食瓜，你管得我食上食下。

有食跟食转，冇食打烂碗。

大火煮粥，细火炆肉

鸡婆清火鸡公燥火，梢鲢搜病甲鱼滋阴

雄鱼头，鲢鱼肚

有食想到冇食时，等到冇食倒悔迟

早晨食口水，疏通肠和胃。

贪嘴损命，饱食伤身。

不染烟和酒，活到九十九。

有钱难买老来瘦。

勤人长寿，懒人短命。

饭后行百步，唔争上药铺。

三分长相，七分打扮。

有样冇样看世上。

煮饭要米，讲事要理。

人比人，气死人。

再大的蓑衣都在斗篷下。

话多不甜，浆多不黏。

老鼠跌下砻糠箩，一场欢喜一场愁。

雷公先唱歌，有雨冇几多。

吃了端午粽，还有三工冻。

雷打冬，十只牛栏九只空。

十二月南风当夜雪。

蚂蚁牵线，大雨连绵。

人唔读诗书，活着不如猪。

磨刀不误切菜。

唔才做亏心事，半夜唔怕鬼敲门。

一颗老鼠屎，搭坏一镬羹。

耳朵越挖越聋，牙齿越挑越空。

一百岁命，要自家会净。

三岁看大，七岁看老。

老古人话个冇错。

一人难合千人胃。

冷茶冷饭难食，冷言冷语难听。

家养三只猪，当得肥料厂。

作田唔养猪，错定有一输。

养崽要读书，作田要养猪。

猪身全系宝，农家少不了。

牛系农家宝，作田少不了。

山上树木光，好田会变荒。

若要富足，栽树处竹。

靠山食山，食山养山。

来年整倒稿，禾苗长不好。

一年红花草，三年地力好。

人勤地出宝，人懒地生草。

清明前后，种瓜种豆。

有收冇收有于种，收多收少在于管。

早子唔怕火烧天，番稻唔怕连夜雨。

一草养三鲢，三鲢带一鳙。

家庭要发，养好鸡鸭。

卖菜婆婆食黄叶，木匠厅下冇凳坐。

人有千层皱，地有千层灰。

先钓的鱼子先翻肚。

水打东山田，南康出状元。响水冇泡（开），泡水（开水）冇响。

江西老表眼水好，饭饱菜也了。

宁可丢手，不可丢丑。

深栽洋芋浅栽姜。

先注死，后注生。

一福二命三风水。

医药不明杀一人，地理不明杀全家。

早子莳颗米，晚稻莳到底。

来年唔倒稿，禾苗长不好。

来年倒稿，顶过捡窖。

老成唔怕多，上树戴斗篷。

猫来穷，狗来富。

七十三、八十四，阎王唔请自家去。

公不离婆，秤不离砣。

夫妻冇来隔夜仇，床头相打床尾好。

隔夜茶毒过蛇。

路在嘴上。

天上雷公，地下舅公。

蛇有蛇路，蚓有蚓路。

食了端午粽，还有三天冻。

早子莳颗米，晚稻莳到底。

来年不倒稿，禾苗长不好。

来年倒稿，顶过捡窖。

若要家庭长，养好鸡和鸭。

过夏不吃"脐"，饿得颈筋吊着颈皮。

食过元宵酒，各行各业快动手

参考文献

［1］江西省南康县志编纂委员会编：《南康县志》，新华出版社 1993 年版。

［2］江西省南康县地名志办公室编印：《南康县地名志》，1984 年。

［3］罗勇：《客家赣南》，江西人民出版社 2004 年版。

［4］中国南康百家姓和谐城姓氏文化研究会编：《源远流长——中国南康百家姓和谐城姓氏文化研究专辑》，《南康文史》第十四辑，2012 年。

［5］南康县刘氏编纂委员会：《南康市刘氏通谱》，2009 年。

［6］赣南温氏联合编写：《赣南客家温氏文化发展史》，江西人民出版社 2012 年版。

［7］周振鹤、游汝杰：《方言与中国文化》，上海人民出版社 2006 年版。

［8］唐江卢屋村卢氏编纂委员会编：《卢氏谱族》，1998 年。

［9］邱常松：《宁都姓氏人口综观》，江西科技出版社 1994 年版。

［10］朱祖振：《石城客家姓氏》，石城县档案史志馆，1993 年。

［11］刘纶鑫：《江西客家方言概况》，江西人民出版社 2001 年版。

［12］刘纶鑫：《客赣方言比较研究》，中国社会科学出版社 1999 年版。

［13］罗美珍：《谈谈客家方言的形成》，《客家纵横》（增刊），1994 年。

［14］黄雪贞：《梅县方言词典》，江苏教育出版社 1998 年版。

［15］闵家骥、晁继周、刘介明：《汉语方言常用词词典》，浙江教育出版社 1998 年版。

［16］谢留文：《客家方言语音研究》，中国社会科学出版社 2003 年版。

［17］孙宜志：《江西赣方言语音研究》，语文出版社 2007 年版。

［18］陈昌仪主编：《江西省方言志》，方志出版社 2005 年版。

［19］温昌衍：《客家方言》，华南理工大学出版社 2006 年版。

［20］游如杰：《汉语方言学导论》，上海教育出版社 1992 年版。

［21］谢留文：《于都方言词典》，江苏教育出版社 1998 年版。

［22］罗美珍主编：《客家话通用词典》，中山大学出版社 2004 年版。

［23］陈昌仪主编：《江西省方言志》，方志出版社 2005 年版。

［24］温美姬：《梅县方言古语词研究》，华南理工大学出版社 2009 年版。

［25］温昌衍：《客家方言特征词研究》，商务印书馆 2012 年版。

[26] 朱德熙：《现代汉语语法研究》，商务印书馆 1980 年版。

[27] 吕叔湘：《现代汉语八百词》，商务印书馆 1980 年版。

[28] 兰玉英主编：《客家研究新论》，黄山书社 2014 年版。

[29] 李如龙：《汉语方言的比较研究》，商务印书馆 2003 年版。

[30] 周振鹤、游汝杰：《方言与中国文化》，上海人民出版社 1986 年版。

[31] 李如龙：《汉语地名学论稿》，上海教育出版社 1998 年版。

[32] 崔恒升：《中国古今地理通名汇释》，黄山书社 2003 年版。

[33] 林晓平：《客家民间信仰与民俗文化》，中国社会科学出版社 2012 年版。

[34] 罗勇主编：《客家文化特质与客家精神研究》，黑龙江人民出版社 2006 年版。

[35] 王建：《语言接触视野下的南康（龙华）客家方言词汇研究》，硕士学位论文，江西师范大学 2011 年。

[36] 刘汉银：《南康客家方言语法研究》，硕士学位论文，云南师范大学，2006 年。

[37] 肖文悦：《南康（唐江）话"拿"字句研究》，硕士学位论文，江西师范大学，2013 年。

[38] 林仁芳：《客家文化论坛》（第一集），客家文化研究会内部资料，2004 年。

[39] 罗美珍：《谈谈客家方言的形成》，《客家纵横》（增刊），1994 年。

[40] 张倩：《赣南客家方言古精庄知章今读的类型和层次》，第十一届客家方言国际学术研讨会论文集，2014 年。

[41] 练春招、张双庆：《客家方言古去声字的演变考察》，2007 年广东社会科学学术年会。

[42] 刘纶鑫：《上犹社溪江头方言特殊语音记略》，第十届客家方言国际学术研讨会论文集，2012 年。

[43] 熊正辉：《南昌方言里曾摄三等读如一等的字——为第十五届国际汉藏语言学会议而作》，《方言》1982 年第 3 期。

[44] 郭沈清：《广州话溪母字的历史层次与音变》，《语言科学》2013 年第 7 期。

[45] 黄雪贞：《客家方言声调的特点》，《方言》1988 年第 4 期。

[46] 严修鸿：《客家话匣母读同群母的历史层次》，《汕头大学学报》2004 年第 1 期。

[47] 缪九花、温昌衍：《方言词的来源分类初探》，《嘉应大学学报》2002 年第 2 期。

[48] 练春招：《客家方言与南方少数民族语言共同词语考略》，《嘉应学院学报》2001 年第 2 期。

[49] 李辉等：《客家人起源的遗传学分析》，《遗传学报》2003 年第 9 期。

[50] 罗毅：《南康（浮石）客家方言的词缀研究》，《宜春学院学报》2014 年第 2 期。

[51] 大江网赣州频道：《南康横寨上演民间习俗——送"大神"》，2011 年 2 月 9 日。

[52] 温美姬：《客赣方言量词比较研究》，第十届客家方言国际学术研讨会论文集，2014 年。

[53] 练春招：《从客家谚语看客家人的家庭观》，《客家纵横》（增刊），1994 年。

[54] 朱晓农：《亲密与高调——对小称调、女国音、美眉等语言现象的生物学解释》，《当代语言学》2004 年第 3 期。

[55] 温珍琴：《南康方言的"子"字探析》，《牡丹江大学学报》2009 年第 11 期。

[56] 温珍琴：《南康方言形容词的生动形式》，《牡丹江大学学报》2013 年第 8 期。

[57] 黄小平：《宁都客家话疑问语气系统略述》，《赣南师范学院学报》2013 年第 2 期。

[58] 钟俊昆：《赣南客家礼俗与方言中的委婉语》，《赣南师范学院学报》1998 年第 1 期。

[59] 胡德荣：《赣南客家方言中的委婉语》，《语言应用研究》2008 年第 5 期。

[60] 曹保平、冯桂华：《赣南客家民俗中的语言禁忌》，《赣南师范学院学报》2003 年第 1 期。

[61] 温珍琴：《饮食谚语看客家精神的特质》，《赣南师范学院学报》2007 年第 1 期。

[62] 温珍琴：《谚语看客家饮食文化》，《牡丹江大学学报》2007 年第 4 期。

[63] 温珍琴：《从谚语看客家的传统家庭教育》，《牡丹江大学学报》2011 年第 4 期。

[64] 古晓君：《从客家熟语看客家教育传统》，《嘉应学院学报》2007 年第 5 期。

[65] 温珍琴：《赣南客家詈语研究》，《牡丹江大学学报》2007 年第 8 期。

[66] 温珍琴：《赣南客家歇后语的地域特色》，《牡丹江大学学报》2009 年第 9 期。

［67］温昌衍：《客家歇后语浅说》，《农业考古》2007 年第 3 期。

［68］邱庆山：《汉语詈语致詈方式的文化心理》，《安庆师范学院学报》2004
第 3 期。

［69］米敏：《"死亡"类詈语》，《滨州学院学报》2005 年第 4 期。

［70］王燕：《宗族及性詈语的文化阐释》，《宁夏大学学报》2005 年第 2 期。

［71］温珍琴：《赣南农村聚落名研究》，《农业考古》2006 年第 3 期。

［72］黄俊明：《南康黄姓的根在中原》，《赣南日报》2006 年 7 月 5 日。

后　记

　　自 1922 年罗香林《客家研究导论》问世以来，就不断有人研究客家方言和文化。一方面，研究者们在广度和深度层面不断地挖掘客家方言，另一方面，客家方言本身却在急剧萎缩，会说地道客家方言的人越来越少。据笔者了解，比如南康县城、唐江镇等 2000 年后出生的孩子大部分已不会说土话，家长们都教孩子说普通话。而这些年来，由于南康家具、成衣、食品等行业的发展，南康的城镇化发展迅速，光城区人口就突破 30 万，许多乡下村子平时人烟稀少，土地荒弃严重。因此，南康 2000 年后出生的孩子会说南康方言的估计不到 50%。作为一名语言教学和研究者，面对方言的急速萎缩，有一种很强的惋惜感，同时也有一种抢救方言的责任感，因此想写一部南康方言的综合研究是我多年来的心愿。

　　令我与方言的结缘是读研期间的陈昌仪老师，他不仅给我们开设了《方言学》的课，还手把手地指导我们怎样进行方言调查，一个音一个音地给我们把关，读研期间参与了他的《江西省方言志》的调查，承担了赣州与南康两个点的调查并被采用，这些系统的调查研究为我后来的方言研究打下了一定的基础。2000 年回到赣南师范学院工作后，为汉语言文学的本专科学生开设过选修课《方言与文化》，为 2004、2005、2006 级的专门史专业的研究生开设过《客家方言与文化》，为了上好这门课，要收集整理大量的资料，因此在科研方面也就自然向客家方言靠拢，相继发表了一些相关的论文并完成了一些省市级课题。通过这些积累，想对自己的母语进行全面研究的愿望就更加强烈了，但俗务所羁，这项工作几年来做得断断续续。今年，正好文学院有了"明湖文丛"这一出书计划，好风还要借力，我终于下定决心要完成这部方言论着，有压力才有动力，在此，对文学院的领导和老师深表谢意。

　　感谢业师孙力平教授，孙老师辛苦地帮我修改硕士论文的情景还历历在目，他严谨的治学态度和真诚的为人风格一直深深地影响着我。毕业之后他一直关注我的成长，每每有好书出来就寄过来。这次又拨冗提序，这些鼓励之言就当作我前进的动力吧，今后要继续努力，以不负恩师之望。

　　感谢客家研究院的罗勇教授，他鼓励我要多做客家方言的研究，并且多次邀请我参加"客家高级论坛"，另外，还推荐我给专门史专业的研究生上《客家方言与文化》的课，这些都为我方言的研究积累了大量的资料。

感谢我的好朋友李春燕，多次帮我找方言调查的合作人，还不辞辛苦陪我搜集南康姓氏的宝贵资料。

这次方言调查合作人有：南康蓉江郭瑕，唐江温珍凤、李春燕，潭口刘秀莲，龙华钟红梅、何石英，大坪邓庚凤，横市赖金莲、刘善权，十八塘李大兵，坪市刘新美、刘良英，横寨杨新兰，浮石赵小林，龙回赵小林母亲，在此对你们的辛苦付出和无私帮助表示深深的谢意。

掩卷遐思，感慨万千。在高校工作，科研水平是评价一个老师最主要的标准。我这个人天生愚钝，在科研方面总觉得悟性不高，心有余而力不足，虽有几篇拙文发表，却也"难上档次"。自 1994 年来校授业解惑已有二十余载，常怀愧疚之心。如今书稿终于完成，虽然文中有很多不足，但毕竟是我多年的心血凝聚而成，敝帚自珍吧，也期待自己会有更多的突破。当然书中存在的错误和不足，也恳请读者和专家批评指正，倘承不吝赐教，不胜感激。

温珍琴

2015 年 10 月 20 日